Kerzenlicht im Sturm

Geschichte einer Deutschen

Naveen Sridhar

Zum Schutze der Beteiligten wurden die Namen teilweise geändert. Ähnlichkeiten mit lebenden oder toten Personen sind daher nicht beabsichtigt und dem Zufall geschuldet.

Haftungsausschluß: Keine Seite dieses Buches darf ohne die schriftliche Zustimmung des Autors reproduziert, in einem Datenabfragesystem abgespeichert oder durch gleich welche Mittel übertragen werden.

Aufgrund des dynamischen Charakters des Internets können sich Webadressen oder Links, die in diesem Buch enthalten sind, seit dem Zeitpunkt der Veröffentlichung geändert haben und nicht mehr gültig sein.

Copyright: © 2016 Naveen Sridhar
Übersetzt von Anna-Christina Mainhart aus der englischen Fassung
»Candlelight in a Storm: Born to be a Berliner«
Satz & Umschlag: Erik Kinting - www.buchlektorat.net

Verlag: tredition GmbH, Hamburg
978-3-7345-4289-3 (Paperback)
978-3-7345-4290-9 (Hardcover)
978-3-7345-4291-6 (e-Book)
Printed in Germany

Das Werk, einschließlich seiner Teile, ist urheberrechtlich geschützt. Jede Verwertung ist ohne Zustimmung des Verlages und des Autors unzulässig. Dies gilt insbesondere für die elektronische oder sonstige Vervielfältigung, Übersetzung, Verbreitung und öffentliche Zugänglichmachung.

Bibliografische Information der Deutschen Nationalbibliothek:
Die Deutsche Nationalbibliothek verzeichnet diese Publikation in der Deutschen Nationalbibliografie; detaillierte bibliografische Daten sind im Internet über http://dnb.d-nb.de abrufbar.

Der Autor

Dr. Srinivasan Naveen Sridhar ist ein Wissenschaftler und Schriftsteller. Er hat in Chemie promoviert. Geboren in Indien kam er nach Deutschland, um in Berlin zu studieren. Er lebt in Deutschland mit seiner Frau zusammen. Sie haben zwei gemeinsame erwachsene Söhne.

INHALT

Vorwort 17

Kapitel I: Exodus 23

Kapitel II: Die Zuflucht 31

Kapitel III: Mächte der Finsternis 58

Kapitel IV: Entkommen 96

Kapitel V: Die Suche 139

Kapitel VI: Schlangen und Leitern 220

Kapitel VII: Im Rampenlicht 308

Kapitel VIII: Wiedergeboren 343

Epilog 357

Glossar 367

REZENSIONEN

Kerzenlicht im Sturm von Naveen Sridhar ist eine historische Biografie seiner Frau. Sie wurde während des Zweiten Weltkriegs geboren und floh vor der Gewalt, später floh sie als Teenager vor dem kommunistischen Regime, sie bereiste die Welt und traf ihren Ehemann in Berlin – ihre Geschichte ist farbenfroh und gleichzeitig erschütternd. Als John F. Kennedy nach Deutschland kam, sagte er: „Ich bin ein Berliner" und signalisierte so, dass Deutschland nicht für immer durch das Vermächtnis der Nationalsozialistischen Partei beeinträchtig sein muss, und dass es eine Generation Deutscher gab, die den Frieden und die Freiheit in diesem Land aufbauen wollte.

Kerzenlicht im Sturm ist eine Ode an diese Generation.
Es wurden viele Bücher über den Zweiten Weltkrieg geschrieben und, verständlicherweise, sind die meisten aus Sicht der Helden oder Opfer von Nazi-Deutschland geschrieben. Es gibt sehr viel weniger Bücher, die aus dem Blickwinkel von Deutschen geschrieben wurden, die oft selbst Opfer waren, auch wenn sie auf der Seite des Aggressors waren. Nicht jeder Deutsche wollte, dass sich Hitlers Deutschland so entwickelte, wie es passiert ist – sie waren dem Gutdünken ihrer Führer ausgeliefert. *Kerzenlicht im Sturm* zielt darauf ab, die Lücken dieser Zeit in der Weltgeschichte zu füllen... Kurz gesagt, beide Seiten des Krieges leiden furchtbar, egal, ob es

die „Guten" oder die „Bösen" sind. Das ist die Kernaussage von *Kerzenlicht*, und es ist eine wichtige.

Durch Sridhars Respekt und Liebe für seine Frau beschreibt er ihre Kämpfe mit Empathie und Wärme. Selbst veröffentlichte historische Memoiren können manchmal den Anschein eines persönlichen Projektes haben, d.h. es ist etwas für die Familie, aber weniger interessant für einen zufälligen Leser außerhalb dieser Familie. Sridhar ist nicht in diese Falle getappt, da er einen starken Schreibstil und sehr genau recherchiert hat. Wie er schon in der Einleitung klarstellt, hat er sehr viele Menschen interviewt, um eine Basis für das Buch zu schaffen. Daher ist es weit mehr als nur die Geschichte einer Familie, es ist die Geschichte einer ganzen Generation...

Insgesamt ... ist Sridhar auf bewundernswerte Weise sehr effizient darin, größere Zusammenhänge darzustellen. Er hat offensichtlich eine große Leidenschaft dafür, nicht nur für die Geschichte seiner Frau, sondern auch dafür, wie Deutschland zum „Feind" wurde, obwohl die Kultur dieses Landes sehr viel fortschrittlicher und vielfältiger ist.

Für jeden, der diese Art von Familienbiografie schreiben möchte, ist dieses Buch eine Anleitung, wie das gemacht wird: objektive Übersicht mit subjektiven Erfahrungen verbinden. Zudem hilft es, dass Sridhars Schreibweise stilistisch sehr reich ist.

Die Erzählung schafft es, sowohl detailreich als auch leicht zu sein und sie enthält genug Dialoge, sodass sie wirklich lebendig wirkt, anstatt einfach eine schwülstige, auf Fakten bezogene historische Erzählung zu sein. Gelegentlich liest sich das Buch wie eine Fiktion, aber es erreicht nie eine Ebene, auf der es offensichtlich erfunden scheint und historische Bedeutung verlieren würde.

Wenn Sie sich für den Zweiten Weltkrieg interessieren und sich noch nie mit „der Kehrseite der Medaille" befasst haben, ist *Kerzenlicht im Sturm* ein guter Anfang, da es dieses Buch schafft, die oft vernachlässigte Seite der historischen Geschichte dieser Ereignisse zu erzählen.

--- SPR Review

Ich nehme mir die Freiheit, mit einem Zitat aus dem Buch zu beginnen:
„Es gibt Vorfälle im Leben eines jeden, die man am liebsten am nächsten Tag vergessen haben möchte, die aber verweilen und einen Menschen jahrzehntelang verfolgen." Seite 185 (englische Version). Ich würde sogar noch einen Schritt weitergehen und „jahrzehntelang" zu „ein Leben lang" umändern! Und es passiert tatsächlich! Um wieder auf das Buch zu kommen, ich erhielt diese wunderbare Sammlung an Erinnerungen in Form des Buches Kerzenlicht im Sturm von einem sehr bemerkenswerten Wissenschaftler (und jetzt auch Autor), Naveen Sridhar aus Deutschland…. Das ist zweifellos eine Neuheit, beginnt man jedoch zu lesen, fühlt es sich an, als würde man die verschiedenen Schichten wie Schleier beiseite wischen und dass etwas passieren wird. Es geht um das Leben einer Frau, einer weiteren Frau, eines Mannes, eines weiteren Mannes und schließlich um jede Person, die in den Nachwehen des Naziregimes und auch danach „schlimme Zeiten" durchmachen musste. Wie auch der Autor selbst im Vorwort richtig zusammenfasst:
„Die Protagonistin dieser Geschichte steht für all jene, in der Vergangenheit und in Zukunft, die schwere Tage in jungen Jahren erdulden mussten."

Beginnt man das Buch zu lesen, kommt man in den Fluss hinein; man leidet, wenn die Menschen im Buch leiden, und man freut sich über jeden ihrer noch so kleinen Schritte in Richtung Zufriedenheit. Um ehrlich zu sein, es ist ein sachbuchartiger Stil der Fiktion. Der Autor erzählt wahre Begebenheiten, wobei diese kaum (oder vielleicht auch gar nicht) ausgeschmückt sind. Darum kann man sich bei jedem Umblättern in die Seiten einfühlen. Bei einem fiktionalen Werk ist man vielleicht gespannt, was als Nächstes passieren wird. Diese Spannung ist jedoch im Bewusstsein begrenzt, da man weiß, dass alles in den Händen des Herrschers dieser Welt liegt – in den Händen des Autors. Aber im Falle von *Kerzenlicht im Sturm* ist man ernsthaft gespannt zu wissen, was kommt. Man weiß, dass der Autor sehr bald etwas erzählen wird, das tatsächlich passiert ist.

Um eine Zusammenfassung des Buches zu geben: Es beginnt mit einem Exodus und endet mit Wiedergeburt. Die Geschichte einer Frau, die schließlich mit ihrer Tochter, Schwiegersohn und Enkelkindern geteilt wird...Im Buch sind einige Passagen, die ich hier teilen möchte. Das Erlebnis auf Seite 155 (englische Version), in welchem ein „verkleideter Ausländer in Begleitung einer blonden Puppe" vorkommt, ist mir ins Auge gestochen. Es kritisiert offen die „sture" Denkweise von Menschen, die einer Person nicht einmal dann trauen können, wenn es um Leben oder Tod geht! Trotzdem, wie viel haben wir dazu beigetragen, dieses Misstrauen der Menschen zu verdienen? Diese Passage hat mich gezwungen, darüber nachzudenken! Ein weiteres interessantes Detail dieses Buches sind die Untertitel. Zum Beispiel trifft man auf ein Kapitel „Der Mensch beschließt" und das darauffolgende heißt „Gott entscheidet". Es hält den Humor des Buches aufrecht. Ich möchte Naveen sehr dafür danken, dass er auf wunderbare Art und Weise beschreibt, wie ein Außenstehender den Besuch in Indien erlebt. Die Erfahrung und ein Weg, um diese Erfahrung darzustellen:

„Ich habe nie gedacht, dass ich lange genug leben würde, um etwas so Fantastisches zu erleben [Indien besuchen]."

Zum Schluss möchte ich das Buch folgendermaßen (*mit der Erfahrung der Mutter*) zusammenfassen:

„Sie hatte ihr ganzes Leben lang in einem Umkreis von 500 Kilometern gelebt, aber sie hatte viele Regierungen und Regierende mitgemacht. Geboren war sie in einem Kaiserreich, hatte den Niedergang dessen erlebt, das Versagen der Weimarer Republik, dann die Verwüstungen unter Hitler, die Flucht in den Osten, wo sie in der amerikanisch besetzten Zone festsaß, die danach von den Sowjets übernommen worden war, und Erika war Zeugin des Aufstiegs und Falls der Deutschen Demokratischen Republik. In Westberlin lebte sie in einer von drei Alliierten besetzten Zone. Ihre letzten Jahre hatten sie im Freistaat Bayern verbracht, der ein Teil Westdeutschlands und nun zuletzt Teil von Deutschland war. Mensch!" Seiten 226 (englische Version)

Fazit ist, wenn man sich für die Nachkriegszeit des Zweiten Weltkriegs interessiert, erhält man hier Einblicke in die Lage von Indien, Deutschland und dem Vereinigten Königreich! Holen Sie sich eine Ausgabe und verbringen Sie eine angenehme Zeit beim Lesen der wahren Ereignisse durch die Linse einer wunderbaren Erzählung von Naveen.

--- Ashvamegh International Journal of English Literature,
Jan. 2016

Ein Ehemann bringt eine liebevolle Biografie seiner Frau zu Papier: KERZENLICHT IM STURM - GESCHICHTE EINER BERLINERIN Von Naveen Sridhar...

Fazit: KERZENLICHT IM STURM verwebt geschickt Familienerinnerungen mit lesenswerten historischen Bezügen.

Sridhar erfüllt diese Aufgabe in kompetenter Weise, es ist gebildet ohne gleichzeitig überheblich zu wirken.

In einer Zeit des Krieges, des Chaos und der Unterdrückung lernt ein mutiges junges Mädchen zu überleben. Diese Geschichte wurde von einem liebenden Ehemann niedergeschrieben.
Für Renate...begann der Lärm des Krieges als sie erst drei Jahre alt war. Sie lebte in Berlin, als die Stadt unter schweren Beschuss von Luftangriffen geriet. Sogar Hitler, der fanatische Führer, dem so viele treu gefolgt waren, drängte die verbleibenden Bürger, die noch in der Stadt waren, zu fliehen. Renates Mutter Erika hatte alles geplant, die Koffer waren bereits gepackt ...
KERZENLICHT IM STURM – ALS BERLINERIN GEBOREN ist eine einzigartige, faszinierende Biografie, in welcher Sridhars Lobgesang auf seine mutige Frau mit einer wissenschaftlichen faktischen Arbeit einschließlich Fußnoten verwoben ist und so die Leben von Renate und Naveen mit den Geschehnissen auf internationaler Bühne in sowohl Deutschland als auch Indien verbindet. Sridhar erfüllt diese Aufgabe auf kompetente Art und Weise und schafft es, gebildet zu sein, ohne dabei anmaßend zu wirken. Sowohl Familienmitglieder wie auch engagierte Studenten der Menschheitsgeschichte von Berlin ab dem Fall der Nationalsozialisten über die Ära der Mauer bis heute werden Sridhars Werk gleichzeitig charmant und erhellend finden.
KERZENLICHT IM STURM verwebt geschickt Familienerinnerungen mit lesenswerten historischen Bezügen.

--- **IndieReader Review**

Dieser berührende und positive Bericht über die Erfahrungen einer Familie in der Nachkriegszeit in Deutschland belebt einen kaum untersuchten historischen Zeitraum.

Kerzenlicht im Sturm von Naveen Sridhar ist ein strahlender biografischer Bericht über eine deutsche Familie vom Zweiten Weltkrieg an bis zum Ende des Jahrhunderts.

Dieses sorgfältige Porträt einer weniger bekannten Geschichte – jene der Deutschen, die dem Leben in Ostdeutschland nach Westberlin entflohen – konzentriert sich hauptsächlich auf die Frau des Autors, auf Renate. Sie ist eine Frau mit einem abenteuerlustigen, robusten Naturell. Renates Optimismus und ihre Überzeugung, dass sich die Ereignisse schon von selbst lösen werden, hauchen Leben ein eine Reihe von Reisen und alltäglichen Vorkommnissen.

Renates Vater…wurde an der Front als vermisst gemeldet und ließ so Renates Mutter, Erika, zurück, um für die Kinder zu sorgen. Unter diesen angespannten Umständen reiste die Familie von Ost- nach Westberlin. *Kerzenlicht im Sturm* fügt die Fakten sehr gekonnt mit den Jahren an Erinnerung zusammen, sodass Renates Leben zusammen mit der historischen Geschichte voranschreitet.

Wenn Figuren des kulturellen Lebens wie Harry Belafonte und Marlene Dietrich sowie politische Ereignisse wie die Errichtung der Berliner Mauer und der Besuch Kennedys 1963 in Berlin mit Renates Leben zusammentreffen, wird dieser Zeitabschnitt unglaublich lebendig. Die kleineren Momente jedoch veranschaulichen ihre Erfahrungen: ein Nachbar, dessen Aufgabe die Denunzierung anderer war, drückte zur richtigen Zeit beide Augen zu, der Währungsumtausch zwischen Osten und Westen geht zugunsten von Renate über die Bühne und eine erregte Diskussion mit ihrem Bruder Dieter führt dazu, dass auch dieser aus Ostberlin flieht. Scheinbar völlig gewöhnliche Details bieten einen einzigartigen Einblick in den Kalten Krieg und seine Auswirkungen.

Manchmal verlagert sich der Fokus von den Komplexitäten und Komplikationen des Lebens unter einem strengen Regime zu Renates Verlobung und ihrer Ehe mit Naveen – der in einer erinnerungswürdigen Passage die Zügel der Geschichte übernimmt und als Ich-Erzähler über das erste Treffen mit Renates Familie berichtet – aber diese Zwischenspiele bringen Wärme in die lose chronologische Erzählung. Andere bemerkenswerte Momente zeigen Einblicke in die 6-wöchige Reise zu Naveens Zuhause in Bangalore. Die Reise hebt Renates Spontanität hervor und erweitert das Werk um einflussreiche Erfahrungen außerhalb der deutschen Grenzen.

Die Unterthemen Zugehörigkeit und Vertreibung zeigen sich in einem Zitat über die Bitterkeit der Berliner Mauer sowie in Randbemerkungen. Das Buch vermeidet jedoch die Trostlosigkeit.
Sridhar hat ein Talent dafür, das Gute in diesen Berichten hervorzuheben und er erschafft eine charmante Geschichte mit ständiger Neuerfindung. Während es für eine einzige Person schwer ist, das Symbol einer ganzen Generation zu sein, ist Kerzenlicht im Sturm eine vollendete Hommage an Renates Selbstbewusstsein, ihr Glück, Durchhaltevermögen und Temperament.

--- Clarion Review

Diese Biografie zeigt durch die Augen eines aus Indien stammenden Ehemanns, der den Verlauf seiner Ehe betrachtet, indem er die Biografie seiner deutschen Frau erforscht, was passiert, wenn Kulturen und politische Systeme sich zerreiben und aufeinanderprallen.

Renate war während des Zweiten Weltkriegs in Berlin auf die Welt gekommen und verbringt ihre Jugend damit, für eine Ausbildung zu kämpfen, die ihr durch den Polizeistaat Ostdeutschland verwehrt wird. Nachdem sie es nach Westberlin geschafft hat, trifft sie und verliebt sich in den Autor, der erst vor Kurzem nach Deutschland eingewandert war, reist nach Indien, um sich seinen Verwandten vorzustellen und kehrt dann zurück nach Deutschland, in die Ehe und das Familienleben....

Einige Details bleiben jedoch im Gedächtnis. Eine Beschreibung der Reisen des Paars durch Ostdeutschland in den Zeiten des Kalten Kriegs, die Nachwehen eines beinahe tödlichen Autounfalls und die häufigen Hindernisse, welche die Bürokratie ihnen in den Weg legt, stechen hervor. Am erinnerungswürdigsten sind jedoch die Einblicke in die Kompromisse, die jedes Paar eingehen muss, um als Ganzes zu überleben, einschließlich der Neugestaltung der Familie durch den Autor (nachdem die beiden Söhne ihr Tanztraining abgeschlossen hatten) als reisende Zauberkünstlertruppe...

Auch in gebundener Ausgabe und als E-Book erhältlich.

--- blueink Review

In Gedenken an meine verstorbene Schwiegermutter
Erika Marie Helmtrud Dora
Behnke (geborene Wenck)
und an die Nachkriegsgeneration

Vorwort

Dies ist die Lebensgeschichte eines Mädchens, das in Zeiten des Krieges geboren wurde und im Deutschland der Nachkriegszeit, in den Nachwehen des Nazi-Regimes, aufwuchs; eine Familie auf der Flucht mit der zusätzlichen Bürde, den Vater an der Front verloren zu haben.

Die historische Geschichte beschäftigt sich hauptsächlich mit den Taten der Monarchen und Tyrannen, sei es aus Mangel an Information oder aus mutmaßlichem Interesse am Glanz und der Glorie der Vergangenheit. Übersehen wird dabei das Elend der Opfer: des gewöhnlichen Mannes, der Frau und ihrer Kinder. Die Aufmerksamkeit richtet sich auf den Machthaber, der oft ihr Grab schaufelt. Wofür eine solche vom Krieg zerrissene Generation kämpfte und was sie auch erreichte, war die Wiederherstellung der Nation, wie es zum Beispiel in Japan oder Deutschland in der Nachkriegszeit passiert ist. Als bescheidenen Dank könnte man erwägen, die Augenzeugenberichte der Personen, die in den von anderen, von selbst ernannten Führern und deren Gefolgschaft hervorgerufenen Sturm gerieten, zu lesen und zu würdigen.

In Deutschland gab es die Gepflogenheit, samt und sonders zu leugnen, dass die Menschen, sogar die Kinder, nach dem Krieg litten. Vor dem Hintergrund der unvergleichlichen Tragödie des Holocausts herrschte ohne Zweifel die Überzeugung, dass die Besiegten eine kollektive Schuld und eine kollektive Strafe teilten, und so auch die nächste Generation und im weiteren Sinne auch deren Nachkommen - jetzt und für immer.

Übermäßiges Erwähnen des Leidens in der Kriegszeit war Tabu, ebenso das der wahllosen Bombardierungen ihrer großen Städte, außer Berlin auch Danzig und Hamburg, die den einzigen Zweck verfolgten, Zivilisten auszulöschen.

Normalerweise erwartet man nur von Romanautoren oder Filmregisseuren ein Herz für die unbesungenen Opfer, die ungesehenen Protagonisten und ihre unerzählten Geschichten, während andere Unbeteiligte ihr Lachen und Weinen, ihr Lächeln und Seufzen ignorieren. Wie aber W.G. Sebald in seinen Vorträgen „Luftkrieg und Literatur"[1] betonte, führte sogar eine solche Massenvernichtung nur selten dazu, dass ein Autor in Deutschland seine Feder rührte. Er nennt nur zwei Romane, die sich mit diesem Thema beschäftigen, einer von Peter de Mendelssohn und ein weiterer von Heinrich Böll, beide in den 1940ern geschrieben, aber erst in den 1980ern veröffentlicht.

Diese Gedanken dienten mir als Hintergrund, bevor ich begann, die Biografie einer Person niederzuschreiben, die in diesen Zeiten und in den Nationen, die kurz nach ihr geboren wurden, aufwuchs und lebte, und bis zur Wiedervereinigung und auch danach in Deutschland blieb.

Die Bühne war also schon vorhanden, was noch fehlte, war zu erzählen, wie es dieser Person erging. Jede Lebensgeschichte ist von Natur aus einzigartig, wie auch eine Person und die Zeiten. Auch diese Erzählung bleibt ohne Zweifel einzigartig. Die Essenz dieser Lebensgeschichte kann jedoch nicht auf Begegnungen, Geschehnisse und Erfahrungen einer Zeit der vaterlosen Kinder und alleinerziehenden Mütter beschränkt werden. Die Protagonistin dieser Geschichte steht für all jene, in der Vergangenheit und in Zukunft, die schwere Tage in jungen Jahren erdulden mussten. Daher möchte ich den Leser dazu anregen, dieses Werk von beiden Seiten aus zu betrachten und es als sowohl einen einzigartigen Fall als auch eine repräsentative Fallstudie zu verstehen. Jeder, wenn es auch nur familiäre und persönliche Probleme sind und man nicht mitten im politischen Chaos lebt, entwickelt die Fähigkeiten, wenn sie nicht schon vorher zutage getreten sind, zu kämpfen, zurückzuschlagen und zu überleben und in diesem Prozess alle Bedenken und Selbstzweifel über Bord zu werfen. Wenn diese Schilderung auch den Lesern hilft, sie auf das eigene Leben zu beziehen, seine oder ihre Konflikte und Kämpfe zu überdenken, Parallelen oder Unterschiede zu sehen, dann hätte ich mein Ziel erreicht.

Ein weiterer Grund dieses Buch zu schreiben, war es, schlicht und einfach „zu erzählen, wie es war", um Besonderheiten ihres Lebens für zukünftige Generationen, die vielleicht mehr über die Zeit ihrer Vorfahrin wissen möchten, was für sie und ihre Mitmenschen von Bedeutung war, zu beschreiben und aufzuzeichnen. Diese Geschichte könnte auch für andere, die nur an der Entstehung und dem Wachstum des modernen Deutschlands, nicht wie es aufgezeichnet, sondern wie es persönlich durchlebt und empfunden wurde, interessant sein.

Die Geschehnisse und deren Ablauf waren festgelegt und nicht meiner Lust und Laune unterworfen. Da dies keine Fiktion ist, hatten Erfindungen keinen Platz. Ein Sachbuch, vor allem eine Biografie, ist ein Versprechen dem Leser gegenüber, ein ungeschriebener Vertrag, sich auf die Wahrheit und nur auf die Wahrheit zu beziehen. Alle Begegnungen, Orte und Begebenheiten müssen der Wahrheit entsprechen und dürfen nicht Gegenstand von Verzerrungen, Übertreibungen oder Änderungen sein. Es gibt einige Fälle zweifelhafter Praxis von Autoren, die Fiktion als wahre Lebensgeschichten darstellten, nur um Aufmerksamkeit und Auftritte in Fernsehshows zu bekommen. Marjorie Garber von der Harvard Universität beschreibt einige Beispiele in ihrem herausragenden Werk „The Use and Abuse of Literature[2]" (deutscher Titel nicht verfügbar; sinngemäß übersetzt bedeutet der Titel „Der Gebrauch und Missbrauch von Literatur"). Die Geschichten wurden vor dem Hintergrund des Holocausts, der dem Zweck der Effekthascherei diente, erfunden oder ausstaffiert.

Im Vergleich zu einer Autobiografie kann eine Biografie immer nur aus zweiter Hand sein. In meinem Fall hatte ich den Vorteil, nicht versuchen zu müssen, das Leben einer Person aus der Vergangenheit zu deuten. Ich wühlte nicht durch vergessene Briefe und zurückgelassene Notizen oder entzifferte verstaube Dokumente mit Eselsohren. Ich traf die meisten Personen, die in dieser Biografie beschrieben werden, nicht nur für Interviews, sondern auch privat, wenn es die Gelegenheit dazu ergab. Ich habe sie beschrieben, wie ich sie kannte.

Dies ist die Lebensgeschichte meiner Frau. Im Allgemeinen konnte ich mich an ihre Version halten, nur manchmal bedurfte es der Bestätigung, Vervollständigung oder Korrektur anderer, die sich besser erinnern konnten. Stellen, an denen ihre Erinnerungen an die Kindheit Löcher aufwiesen, musste ich mit den Versionen anderer stopfen, mit denen ihres Bruders Dieter Behnke, der vier Jahre älter ist als sie, und mit denen ihrer verstorbenen Mutter Erika Behnke. Vor einigen Jahren besuchte ich Apolda zusammen mit Dieter und Renate. Wir alle sind Rüdiger Eisenbrand, dem Bürgermeister der Stadt, für den herzlichen Empfang dankbar. Auf seine Veranlassung hin erhielten wir beträchtliche Unterstützung vom Stadtarchiv. Durch die Hilfe von Mutter Erikas Cousine, Renate Müller, wohnhaft in Apolda, waren wir in der glücklichen Lage, die Wohnung in der Schillerstraße, in der Dieter und Renate gelebt hatten, zu besuchen. Die junge Dame, die jetzt darin wohnt, war von unserem Besuch begeistert. Gleichermaßen stehe ich in der Schuld des Verbandes bi-nationaler Familien und Partnerschaften, vor allem in der von Michaela Schmitt-Reiners (Leiterin für Nordrhein-Westfalen), Maria Ringler (verantwortlich für interkulturelle Angelegenheiten) und von Renate Michaud-Rustein, eine der ersten Mitglieder, da sie mir Hintergrundinformationen gegeben haben. Der zeitliche Aufwand von Jan Beukenberg hat dazu geführt, dass ich das Werk mit einem Bericht über Renates Vater als Epilog abschließen konnte. Ich möchte meinen Dank für seinen persönlichen Einsatz zum Ausdruck bringen.

Mein Leben in Deutschland seit 1960 konnte mir nur dabei helfen, Bezug auf die Ereignisse zu nehmen, die ich von diesem Zeitpunkt an miterlebt habe. Da ich nicht in der unmittelbaren Nachkriegszeit in Deutschland war, musste ich mit der Rolle eines Reporters, der zu spät am Ort des Geschehens eintraf, zufriedengeben. Zeitlich gesehen war ich nur ein distanzierter Beobachter, ein Mann, der am Ufer stand und seine Geliebten schwimmen, treiben oder ertrinken sah.

Wie bei der Erschaffung eines Filmes versuchte ich, das Thema mit drei verschiedenen Kameraobjektiven einzufangen: Tele-, Standard- und Weitwinkelobjektiv. Mit dem ersten Objektiv konnte ich die persönlichen Erfahrungen, Herausforderungen, Umstände und die

Geschehnisse, die die Protagonistin betrafen, betrachten. Mit einem Standardobjektiv konnte ich all diese Details in Zusammenhang mit ihren Zeitgenossen, die in vergleichbaren Situationen waren und ihr Schicksal teilten, wie sie litten, kämpften und wie es ihnen erging, sehen. Mit dem Weitwinkelobjektiv versuchte ich, den breiteren Rahmen des Schauplatzes und der Zeit, des Ortes und der Ära als ein Gesamtes, als dessen Schachfiguren die einzelnen Personen bestimmt waren, einzufangen. Je weiter zurück in der Zeit, umso unschärfer wurde das Bild, vor allem jene Zeit, die sich die jüngere Generation immer als ein schwarz-weißes Bild vorstellt.

Das ständige Befassen mit Zeit und Raum hat mich erkennen lassen, wie zeitlos eine Lebensgeschichte ist. Gewissermaßen ist jede Person in einer Zeitschleife aus Konflikten und Kampf gefangen, da eine Lektion zur nächsten führt. Der gesamte Prozess ist fortlaufend, aber spiralförmig, vergleichbar mit einer Wendeltreppe. Die Wiederholung der kausalen Konfliktkreisläufe und deren Lösung erscheinen endlos. Aufgrund dessen wurde mir im Verlauf des Buches klar, dass es ein Ende haben wird, aber keinen Abschluss. Wenn ich Marjorie Garber[3] zitieren darf: „Wie sehr auch ein bestimmtes Werk in einer bestimmten Zeit verwurzelt ist, es wird immer in der Gegenwart' gelesen, ein wechselndes Konzept, das in sich selbst offen, nie geschlossen ist." Sofern sich die Elemente einer solchen Geschichte auf die eine oder andere Weise in den Leben anderer wiederfinden, solange wird die Geschichte im Wesentlichen immer gegenwärtig und endlos sein. Eine Erzählung mag zu einem Ende kommen, ein Leben mag zu einem Ende finden, nicht aber die Essenz einer Lebensgeschichte.

Bis jetzt bin ich ein Ansager gewesen, aber nun, lieber Leser, als Erzähler, darf ich in den Hintergrund treten, der Vorgang hebt sich.

Kapitel I

Exodus

Mit nur drei Jahren war sich Renate der Situation nicht bewusst. Sie befand sich mitten im Auge der Art von Sturm, in dem sich der Himmel verdunkelt, um Bomben abzuwerfen.

Der Ort war Berlin; das Jahr war 1943. Die Stadt wurde angegriffen. Die „Schlacht von Berlin" begann im vorigen November, war mit einer Serie von Bombenangriffen durch die Royal Air Force in vollem Gange. Die westlichen Wohngebiete Tiergarten, Charlottenburg, Schöneberg und Spandau hatten schwere Schäden genommen. Die Kaiser-Wilhelm-Kirche war eine Ruine.

Kilometerweit entfernt, im südlichen Bezirk Mariendorf, war es ruhig. Es war ein trüber Morgen, die blassen, schrägen Sonnenstrahlen, die teilweise von den Wolken verdeckt wurden, schienen auf die Schützenstraße, eine angenehme Wohngegend der Mittelklasse. Nur die Fabrik der Firma Fritz Werner weiter im Süden bot dem Feind ein Ziel. Das Unternehmen stellte mechanische Teile her, die von der Kriegsmaschinerie gebraucht wurden.

Die Kinder spielten nach dem Frühstück im Haus. Ihre Mutter, Erika, wusch in der Küche ab und hörte wie immer den Nachrichten im

Radio zu. Funkstörungen, von Rauschgeräuschen bis hin zu Heultönen auf voller Lautstärke, wetteiferten mit dem Nachrichtenprogramm um Aufmerksamkeit. Es gab eine Unterbrechung und die Stimme des Reporters wechselte zu der anderen, der gefürchteten Stimme, dieses Mal zu einem tiefen und ernsten Ton, nicht die gewohnte hohe Tonlage. Erika drehte das Radio ab. Sie wusste, die Zeit war gekommen. Sie ging aus der Küche.

Renates Bruder, Dieter, krabbelte mit einem Holzspielzeug herum und murmelte „Brrrm, brrrm"; es war ein klotziges, rotes hölzernes Auto, das der Nachbar, der alte Hans Lehmann, geschnitzt, bemalen und mit groben Rädern versehen hatte. Renate schimpfte mit ihrer Puppe, Inge, und ermahnte sie, sich zu benehmen. Die Kinder sahen auf. Erika platzte heraus,

„Gut, Kinder, ich habe tolle Neuigkeiten für euch. Wir werden jetzt mit dem Zug fahren und Emi besuchen. Jetzt sofort!"

Emi war die Großmutter der Kinder. Die Kinder wussten, dass sie sehr weit mit dem Zug fahren mussten, um sie zu sehen.

„Oh ja! Mit dem Zug, mit dem Zug!" Renate sprang auf und schrie: „Aber Inge kommt mit mir mit!" Die blonde Puppe war aus Zelluloid, fast dreißig Zentimeter groß und hatte blaue Augen. Die Puppe war ihre liebste Freundin und ständige Begleiterin, Tag und Nacht. Sie stellte Inge jedem vor, den sie traf, und dieses Mal würde es ihre Oma sein.

Mama Erika, für die Kinder „Mutti", hatte beschlossen, ihre Kinder zu überraschen, denn wie konnte sie mit ihnen die Angst, die sie fühlte, teilen? Sie wusste, dass die Erwähnung der Verwandten und einer Zugreise auf sofortige Begeisterung stoßen würde.

Zum einen genoss es Renate zu reisen und liebte es, immer in Bewegung zu sein und neue Orte zu entdecken. Dieter war nicht weniger glücklich als seine Schwester. Er liebte Züge über alles. Ihn begeisterte die majestätisch gleichmäßige Bewegung dieser gewaltigen eisernen Tiere, wie sie stampften und zogen, wie Kamele weite Entfernungen überwanden, aber nur von Wasser und Kohle lebten.

Adolf Hitler, der in erster Linie für das Unheil verantwortlich war, wurde die Gefahr, der die Bewohner entgegensahen, bewusst - jetzt, wo die westlichen Teile bereits bombardiert waren. Paradoxerweise selbst ein Immigrant, tat er seinen Gastgebern immerhin den einen Gefallen: Er erlaubte seinem Propagandaminister, Josef Goebbels, die Bewohner zur Räumung der Stadt aufzufordern. Die für gewöhnlich hysterische Stimme im Radio war nun ernst und verhieß Schlimmes: Streng rief die Stimme alle Bürger Berlins, vor allem Frauen mit Kindern, dazu auf, aus der Hauptstadt zu fliehen und in ländliche Gegenden zu Verwandten oder Freunden zu gehen, und sich selbst vor dem Hämmern, das nun begonnen hatte, zu schützen.

Erika hatte stündlich die Nachrichten verfolgt. Sie hörte von den Bomben über den westlichen Bezirken Berlins. Sie hatte eine solche Situation noch nie erlebt. Bomben, die aus dem Himmel über Berlin fielen, war ein Horrorszenario, das sich jenseits ihrer wildesten Vorstellungen befand. Das war kein Albtraum, sondern eine drohende Katastrophe. Sie musste sich selbst und ihre Kinder retten, alles andere war belanglos. Sie musste weglaufen, bevor es zu spät war. In diesem Moment der Entscheidung tauchte eine Erinnerung aus ihrer Vergangenheit auf: ihre Jugend, ihre Träume von einer Familie, einem Zuhause, zwei liebe Kinder aufziehen, das Leben mit ihrem Ehemann Werner teilen. Dann, als ob diese angenehmen Gedanken jetzt nur lästig wären, fegte sie sie vehement zur Seite. Trotzdem waren sie da und schienen wie ein Versprechen für die

Zukunft. Ihr Glück hatte nur für diesen kurzen Moment versagt. Wenn sie nur ihre Kinder und sich selbst in Sicherheit bringen könnte, vor der Sintflut fliehen könnte, dann würde der Tag kommen, an dem Werner heimkehrte und die Sonne würde wieder scheinen. Eines Tages, wenn dieser Albtraum vorüber war...

Sie hatte schon im Voraus gepackt und die Koffer in einem eigenen Raum aufgestapelt. Sie hatte immer eine Tasche parat, die alle ihre wichtigen Dokumente, wie Ausweispapiere und Geburtsurkunden enthielt; alle kannten sie als ihre „schwarze Tasche". Sie lag wie gewöhnlich in der Nähe ihres Bettes, so konnte sie sie jederzeit nehmen und gehen. Die Kinder packten ihre Spielsachen in kleinere Taschen. Sie glaubten, dass sie ihrer Mutter sehr halfen, indem sie in ihrer Aufregung die Taschen hin und her schoben. Dann eilten die Drei los, um zum Zugbahnhof zu kommen. Draußen war es immer noch dunkel und kalt.

Dieter blieb an der Schwelle stehen; er stellte seinen Handkoffer hin, wischte die blonde Haarlocke aus seiner Stirn, sah zu seiner Mutter hinauf und fragte,

„Mutti, weiß Vati, dass wir fort zu Emi gehen?" Im Alter von sieben Jahren vermisste er seinen Vater über alle Maßen.

„Ja, natürlich", versicherte ihm Mutti und streichelte über seinen Kopf. „Er weiß alles."

„Aber wie?" bohrte Dieter weiter.

„Ich habe ihm geschrieben und er wird meine Nachricht über die Feldpost bekommen. Mach dir keine Sorgen", versicherte sie.

Feldpost wurde das Briefsystem an der Kriegsfront genannt, ein organisierter Aufwand, der ein wenig Trost inmitten des Tumultes dieser Zeiten bieten konnte. Erika hoffte wirklich, dass Werner sicher und gesund war, und dass er ihre verzweifelten Nachrichten auch bekam.

Bevor sie die Tür schloss warf Erika einen letzten Blick hinein. Es war keine Zeit für einen emotionalen Abschied, für einen Moment, um den Möbeln und Dingen, die aus einer bloßen Wohnung ein Zuhause machen, auf Wiedersehen zu sagen.
Es war keine Zeit, um von all diesen Sachen, die symbolisch für die Träume, Hoffnungen, Erwartungen und Pläne für die Zukunft ihrer jungen Familie standen, Abschied zu nehmen. Vielleicht würde sie eines Tages mit Werner zurückkehren, wenn das alles vorbei und der finale Sieg, der *Endsieg*, von dem alle sprachen, eingetreten war. Aber jetzt, in diesem Moment, war es ein Abschied von all dem, das ihr lieb war, ein Moment, um die Tür zu schließen. Fortzugehen, zu entkommen, zu fliehen.

***

Der Bahnhof, Anhalter Bahnhof genannt, lag im Herzen von Berlin am Askania Platz. Er war 100 Jahre zuvor, im Jahr 1839, erbaut worden; es wurde der größte und schönste Zugbahnhof Kontinentaleuropas. „Tor zum Süden" nannte man ihn, da Zuglinien von hier aus in den Süden, in Hauptstädte wie Prag, Wien, Rom und Athen, führten. Züge fuhren alle drei bis fünf Minuten ab und transportierten 44000 Passagiere am Tag, oder 16000000 pro Jahr. Allein das Dach der Bahnhofshalle bot Schutz für eine Fläche, die 40000 stehende Menschen fassen konnte. Er war mit einem unterirdischen Tunnel mit dem Excelsior Hotel, Europas größtem Hotel zu dieser

Zeit, verbunden. Der Tunnel, einige 100 Meter lang und voller unterirdischer Läden, wurde weltweit als der längste seiner Art angesehen.

Goebbels Aufruf hatte für genug Furcht und Aufregung gesorgt. Der Bahnhof war vollgestopft mit aufgeregten Menschen, alle hektisch und verwirrt, vor allem nach ihrer Erfahrung mit den Luftschutzsirenen und Bomben, und voller Angst vor einer ungewissen Zukunft an einem fremden Ort. Im Bahnhof war es stickig und der Lärm war ohrenbetäubend. Nur gut, dass sie die Fahrkarten in Voraus gekauft hatte, aber sie war zu spät zum Bahnhof gekommen. Sie ging auf einen Beamten zu, der ihr versicherte, dass die Abfahrt ihres Zuges auch verzögert worden war und dass sie ihn noch erwischen würde, wenn sie sich beeilte. Sie zwängte sich mit ihrem Gepäck und den Kindern hinter ihr durch die Menge. Die Kinder waren zu klein, um über die Köpfe der Massen zu sehen. Erika hatte ihnen strikte Anordnungen gegeben, sich an ihr festzuhalten und ihr zu folgen, wohin sie auch ging.

Als sie den Zug erreichten, sah Erika große Menschenmengen, die sich bemühten, gleichzeitig durch die Tür jedes Abteils zu kommen. Vorbei war es mit der üblichen Ordnung, die sie gelernt hatten zu befolgen. Einige waren höflich und ließen sie durch, aber die meisten waren das nicht. Von der Welle mitgerissen wurde sie mehr oder weniger ins Abteil gedrückt und während der ganzen Zeit fühlte sie die Hände der Kinder in ihrem Rücken, die sich an ihren Mantel klammerten. Sie hatte sogar das Glück, einen schmalen Platz zu finden, an dem sie sich mit den Taschen auf dem Schoß hinsetzen konnte. Dieter war neben ihr. Und Renate?

Renate war nirgends zu sehen. Mama Erika rief laut nach ihrer Tochter, aber das Kind war verschwunden. Vollkommen verloren sah sie aus dem Fenster. Sie erblickte einen Soldaten am Bahnsteig, ein plötzliches Symbol, das von besseren Tagen und dem Endsieg kündete. Und tatsächlich, neben ihm war Klein-Renate, stand mit verwirrtem Blick alleine da. Der Soldat rief in Richtung Erika.

„Ist das Ihr Kind, meine Dame?"

„Ja, das ist mein Mädchen", rief Erika zurück.

„Los geht's!", rief er dem Kind zu, als er sich zu ihr hinunter bückte. „Ab zu deiner Mama."

Mit einem Ruck hob er Renate auf und reichte sie durch das Fenster zu ihrer Mutter. In einem kurzen Moment war Renate in das Abteil gehievt worden. Erika sprang auf und packte sie.

„Danke, Soldat!", rief Erika und seufzte vor Erleichterung. Sie setzte sich hin und ließ das Kind auf ihrem Schoß nieder. Dieter gab seiner Schwester die kostbare Puppe, Inge.

Der ständige, allgegenwärtige Geruch nach verbrannter Kohle war Erika nur recht. Für sie war dies der Geruch der Flucht in Sicherheit. Die Lokomotive gab einen langen, fröhlichen Pfiff von sich, gefolgt von einem tiefen Zischen. Dann ein schwerfälliger Ruck. Sie fühlte die Vorwärtsbewegung. Sie waren auf dem Weg nach Apolda.

> Kapitel II

Die Zuflucht

Apolda

Die Stadt Apolda mit ihren ungefähr 20000 Einwohnern liegt im Freistaat Thüringen. Man findet sie leicht auf der Landkarte, da sie die Nachbarstadt der Landeshauptstadt Erfurt ist und nordöstlich davon, mitten im Zentrum Deutschlands liegt. Geografisch gesehen ist das Thüringer Becken im Norden vom Harzgebirge und den Bergen des Thüringer Waldes sowie den Schieferbergen im Süden umringt. Das Becken beheimatet den Fluss Unstrut sowie andere Flüsse weiter im Süden, wie Gera und Ilm. Der Freistaat kann auch mit Städten auftrumpfen, wie Jena, die weltbekannt für hitzebeständiges Glas und optische Instrumente ist, und die historische Stadt Weimar, wo Goethe lebte und im Jahr 1788 Schiller traf.

Im Krieg hatte Thüringen sehr große militärische Bedeutung für das Reich. Es lag in der Mitte des Reiches, war am weitesten vom voranschreitenden Feind entfernt und der Freistaat wies ein hügeliges, bewaldetes und zerklüftetes Terrain auf, in das es schwer war, einzumarschieren. Ein weiterer Vorteil war es, dass bereits früher einige Bergwerksstollen zur Salzgewinnung ins Harzgebirge gegraben worden waren. Eines von Hitlers Lieblingsprojekten waren die

„Wunderwaffen", die V-1 und V-2 Raketen. Nach der Bombardierung von Peenemünde an der baltischen Küste 1943 und 1944 hatte er die Produktion nach Thüringen, in die Stollen der Hügel vom Kohnstein, verlegt. Das Unternehmen Mittelwerk startete die Produktion der Raketen zusammen mit sowohl den Flugzeugen Ar 234 und Me 262 (in Nordhausen und Kahla) als auch den Raketen Taifun und Orkan.

Apolda bedeutet „Apfelregion". Diese Bezeichnung, die schon im 10. bis 11. Jahrhundert verwendet wurde, wurde 1119 explizit angeführt. Im Jahr 1289 erlangte die Siedlung den Status einer Stadt. Der Überlieferung nach gibt es eine Verbindung zwischen dieser Stadt und der Region Gramont in Frankreich (Département Haute-Saone in der Region Frache-Comté). Einer Version zufolge traf Napoleon 1806 auf diese Gegend, als er die „Doppel-Schlacht" von Jena und Auerstett gegen die preußisch-sächsische Armee gewann. Tief beeindruckt vom Anblick Apoldas soll er gesagt haben: „Sieht genauso aus wie Gramont".

Im Jahr 1714 machten die Familien Ulrich und Schilling Apolda für das Schmieden von Glocken berühmt und die Stadt erhielt den Titel „Glockenstadt". Diese Tradition setzte sich sogar bis ins 20. Jahrhundert fort. 1911 wurde das Unternehmen Franz Schilling und Söhne Experte in Sachen Glockenspiele und Kirchenglocken in Europa, Asien, Afrika und Amerika. Die Glocke „Decker Pitter" (Dicker Peter) des Kölner Doms wurde 1923 hier geschmiedet. Von 1904 bis 1927 war es auch eine Auto-Stadt, da die Apollo-Werke AG Apollo- und Piccolo-Autos produzierte. Die Anwohner sind auch stolz auf die Dobermänner. Diese berühmte Hunderasse stammt aus Apolda und wurde nach ihrem Züchter, Friedrich Louis Dobermann, der im 19. Jahrhundert lebte, benannt.

Die Stadt erreichte auch einen gewissen Bekanntheitsgrad durch ihre Textilindustrie, vor allem durch Wolle und Strickwaren. 1593 schrieb ein Einwohner namens „David der Strick-Mann" Geschichte, indem er lehrte, wie man mit sieben Stricknadeln strickte; er legte den Grundstein für den Ruf der Stadt als Hauptstadt der Strickwaren. Die Textilhandelsfirma „Christian Zimmermann und Söhne" wurde 1789 gegründet; zufälligerweise war das auch das Jahr, in dem die Französische Revolution begann. Im Jahr 1880 startete das Unternehmen die eigene Produktion und wurde der bekannteste Hersteller für Strickwaren in der Stadt und darüber hinaus. Zum Anlass des hundertjährigen Bestehens des Unternehmens wurde am 10. November 1889 eine Statue des Gründers Christian Zimmermann (1759 - 1842) aufgestellt. Die Bronzestatue steht auf einem Sandsteinpodest am Alexander-Pushkin-Platz (bis 1950 Karlsplatz genannt).

Im 20. Jahrhundert stand das Unternehmen C. Zimmermann & Söhne unter der Leitung der Nachkommen, der Familie Hollmann. In den 1930ern repräsentierte Fritz Hollmann sein Geschäft in den Vereinigten Staaten, wurde aber nach Apolda abberufen, da sein Vater plötzlich verstorben war. Er nahm über Nacht das Geschäft in die eigene Hand. Die Wollprodukte des Unternehmens waren in den Kriegszeiten äußerst beliebt, vor allem bei der Infanterie an der kalten Ostfront.

Fritz heiratete Renates Tante (die Schwester ihrer Mutter) Lise-Lotte Wenck, „Tante Lilo". Das Paar hatte zwei Söhne, Klaus und Peter, und eine Tochter, auch mit dem Namen Erika. Sie lebten in einem luxuriösen Haus mit einem großen Terrassen-Garten an der Rückseite und einem Schwimmbad. Sie hatten sogar ein Hausmädchen.

Großmutter Elisabeth Wenck, oder Emi, lebte mit ihrer eigenen Mutter, Omchen, in einer Wohnung mit vier Schlafzimmern. Omchen starb 1940 im Alter von 89 Jahren. Emi lebte dann alleine. Einige Jahre später, auf der Flucht von Berlin, war ihre Tochter, Erika, mit ihren beiden Kindern im Schlepptau in die Wohnung der Großmutter gezogen.

So etwas wie eine zusammenhängende Erinnerung an die Kindheit beginnt für Renate in Apolda. Sie erinnert sich hier am besten an die Bombenübungen. Sie begannen mit einer tiefen warnenden und drohenden Sirene, die jeden dazu veranlasste, kopflos umherzulaufen. Auch sie hatte dann ein mulmiges Gefühl und die Anspannung in ihrer Bauchgegend nahm zu. Das Sirenengeheul war nicht wie das Pfeifen der Lokomotive, an das sie sich erinnerte, und das fröhlich verkündete: „Los geht's!" Es machte kaum einen Unterschied, ob der Luftangriff real oder ob es nur eine Übung war. Ein Luftangriff war jederzeit möglich, jetzt und an jedem anderen Tag. Sie erinnert sich, wie ihre Mutter alles fallen ließ und ausrief: „Kinder, kommt jetzt! Beeilt euch!" Erika trieb die Kinder und ihre Mutter an, damit sie in Fahrt kämen. Alle rannten aus der Tür, die Stiege hinunter in den Luftschutzbunker im Keller. Nachdem der letzte Nachbar in den Bunker geeilt war, quietsche und ächzte die massive Stahltür, bis sie sich mit einem Knall schloss. Nachdem sie die dunkle und nasskalte Sicherheit erreicht hatten, standen alle in unbehaglicher Stille da. Sie erinnert sich, zu den Gesichtern der Erwachsenen hochzuschauen, wie sie vor unverhüllter Furcht erstarrt waren, ihren Atem anhielten, alle starr vor Angst. Sie lernte, das Geräusch des Alarms mit den angespannten Gesichtsausdrücken der Älteren zu assoziieren. Dann erschallte der willkommene Ton der Entwarnungssirene, ließ eine Welle der Erleichterung über alle hinwegspülen, und sie wusste, dass das „Spiel" vorbei war. Beim Verlassen des Kellers gaben die Nachbarn Kommentare von sich, machten sogar Witze, um die Spannung zu lockern. Weder betete jemand aus Verzweiflung, noch gab es emotionale Ausbrüche trotz des Schreckens, der an ihren Knochen nagte. „Haltung bewahren" war das Gebot der Stunde. Wieder zu Hause ging das tägliche Leben der Familie wie gehabt weiter.

Die Bomben über Berlin waren ein fortwährendes Thema und abgesehen von den täglichen Radionachrichten, erhielt Erika alle Arten von Nachrichten aus ihrer alten Heimat. Aus Briefen, die an sie geschickt wurden, erfuhr sie, dass ihr Haus in Mariendorf im Verlauf der schlimmsten Angriffe auf die südlichen Bezirke, in der Nacht vom 28. Auf den 29. Januar, gerade nachdem sie die Stadt verlassen hatten, in die Luft gesprengt worden war. Puh! Das war knapp.[4]

Im Gegensatz dazu war Apolda nur einmal angegriffen worden, am 21. November 1944, aber sogar das führte zu einer großen Zahl an Verlusten. Dieser Bombenangriff war eine Überreaktion des Piloten, denn die Stadt hatte von einem militärischen Standpunkt aus nichts zu bieten. Ein Zug hielt auf seinem Weg in die Industriestadt Jena nach ungefähr 16 Kilometern kurz an und der Pilot zielte auf ihn und die Umgebung. In dieser Nacht hatten sich Dieter und Renate mit ihrer Mutter und Großmutter in den Luftschutzbunker gekauert und die Einschläge in der Ferne ließen sie erschauern. Als sie am nächsten Morgen herauskamen, sahen sie zu ihrer großen Erleichterung keinerlei Zerstörung in der Nachbarschaft. Die Bomben waren weiter weg gefallen.

***

Renate war ein süßes, aber mageres Mädchen, immer wachsam und aufmerksam, lief lebhaft umher, stellte aber nur selten etwas an. Mit ihren zu einem Knoten hochgebundenen Haaren, die als blonder Springbrunnen von ihrem Kopf fielen, in ihrer einfachen Bluse und dem Rock, den ihre Mutter genäht hatte, und einem Paar langer weißer Socken über ihren dünnen Beinen sah sie niedlich und lebhaft aus. Sie war ein glückliches Kind, das sich leicht an ihre neue Umgebung anpasste. Wenn ihr Bruder daheim war, folgte sie ihm meistens überall hin und spielte die gleichen Spiele wie er. Allerdings teile sie seine große Leidenschaft für Lokomotiven, Züge und dergleichen nicht. Wenn er mit diesen jungenhaften Träumen anfing, zog sie sich zurück, um mit ihrer Puppe Inge in ihre eigene mädchenhafte Welt einzutreten. Sie war an sich sehr zugänglich, lief aber weg, wenn ein Fremder auf sie zu kam.

Die Weihnachtsfeierlichkeiten sind in Deutschland eine familiäre und besinnliche Angelegenheit. Der Weihnachtsabend ist recht einfach gehalten, zumindest was das Abendessen betrifft. Der Tag wird damit verbracht, den Weihnachtsbaum zu schmücken, die Geschenke darauf zu hängen oder sie unter den Baum zu legen. Am Nachmittag, wenn es dämmert und der Abend hereinbricht, wird den Kindern die Bibelgeschichte laut vorgelesen, Lieder werden gesungen oder sogar auf Instrumenten begleitet, und die Verteilung der Geschenke beginnt. Die Weihnachtsgeschenke werden an diesem Tag den Kindern überreicht, angeblich vom Weihnachtsmann.

Damals in Berlin, nur kurz bevor sie die Stadt verließen, versuchte Mama mit ihren Kindern Weihnachten zu feiern, aber es war wegen ihrer mageren Finanzen und der Abwesenheit des Vaters schwer. Sie hatte mit ihrem Nachbar, Hans Lehmann, gesprochen. Er war eine gute Seele, ein alternder Rentner, der immer bereit war, seinen Nachbarn, meistens einsame Frauen, deren Männer an der Front waren und deren Kinder einer ungewissen Zukunft entgegensahen, zu helfen. Bereitwillig stimmte er zu, den Weihnachtsmann zu spielen, und hatte es geschafft, eine Auswahl an Kostümen in der Hoffnung zusammenzustellen, dass er die Fantasie der Kinder entfachen würde. Wie abgemacht erschien Hans pünktlich an der Tür. Dieter, der weder zu alt war, um an den Weihnachtsmann zu glauben, noch jung genug, um das Schauspiel als Ganzes zu schlucken, wurde liebevoll begrüßt, gefragt, ob er dieses Jahr ein braver Junge gewesen wäre, und er erhielt sein wohlverdientes Geschenk. Aber als der Weihnachtsmann sich Renate zuwandte, hatte sie solche Angst vor diesem seltsamen Typ mit seiner Maske, den seltsamen Kleidern, dem langen weißen Bart, der lustigen Mütze und dem ernsten Ton in seiner Stimme, dass sie in den nächsten Raum stürzte und in den beschützenden schmalen Spalt unter dem Bett schlüpfte, sicher außerhalb der Reichweite eines jeden Erwachsenen. Sie kam erst heraus, um ihr Geschenk zu holen, nachdem sie sich sicher war, dass keine männliche Stimme mehr zu hören war und dass die bärtige Erscheinung ihr Zuhause für immer verlassen hatte. Letztlich hatte die Angst über ihre Neugier gesiegt.

***

Einige Monate später läutete es mit großem Nachdruck in Apolda an der Haustür. Mutti war immer noch in der Küche und Dieter machte seine Hausaufgaben am Küchentisch. Renate rannte los, um die Türe zu öffnen. Ein Mann stand draußen; er war nicht maskiert, aber dennoch trug er bizarre Kleider. Er nahm gerade einen unförmigen und staubigen Rucksack von seinem Rücken. Aus Angst vor diesem Fremden lief sie kreischend in das Schlafzimmer. Auf dem Weg erhaschte sie einen kurzen Blick auf ihre Mutter, die versteinert dastand und einfach das Geschirrtuch in ihrer Hand fallen ließ.

Nach einer Weile linste Renate durch den Türspalt. Sie sah, wie der Mann Dieter mit seinen starken Armen aufhob und ihn küsste. Dann, als er ihn über seinen Kopf hob, sagte er:

„Junge, eines Tages wirst du soooo groß sein und ich werde mit dir auf ein Bier gehen!"

Erika rief nach Renate, dass sie aus ihrem Versteck kommen sollte. Sie trottete heran, jetzt weniger verängstigt, aber immer noch zögernd und zurückhaltend. Werner sah seine Tochter zum ersten Mal. Er streckte die Hand nach ihr aus, aber Renate wich jeder Annäherung des Fremden aus und flüchtete, um die Beine ihrer Mutter zu umarmen. Mutti streichelte ihren Kopf und stellte sie ihrem eigenen Vater vor.

„Schau her, das ist Vati, dein Vater!"

Renate schüttelte vehement den Kopf und rannte zur Kommode in der Ecke. Sie zeigte auf einen Rahmen am oberen Rand mit einer Fotografie ihres Vaters in einer Richterrobe und sagte:

„*Das* ist Vati!"

Es war ein kurzer Besuch. Niemand wusste, was die Zukunft für die Vier bereithielt.

Feindkontakt

In einer fremden Stadt in einer seltsamen Zeit sollte Renate noch seltsamere Ereignisse erleben.

Die Stadt Apolda kapitulierte ohne jeden Widerstand und wurde bereits am 12. April 1945, noch vor der offiziellen bedingungslosen Kapitulation der Deutschen Wehrmacht, die am 7. Mai offiziell unterschrieben wurde, von den USA besetzt. Die Tatsache, dass der Krieg zu Ende war und das mit einer vollständigen Niederlage der Deutschen, blieb von den Kindern, Dieter und Renate, unbemerkt: Als Erstes fiel ihnen auf, dass die markerschütternden, quälend lauten Alarme aufgehört hatten.

Der Wohnblock, in dem sie lebten, lag an einer Straßenecke, an der Kreuzung der Schillerstraße und Heidenberg. Es gab zwei bewohnbare Stockwerke mit insgesamt sieben Wohnungen: zwei jeweils im Erdgeschoss, dem ersten und zweiten Stock und noch eine im zweiten Stockwerk als Dachgeschosswohnung. Die Wohnungen an einer Seite des Gebäudes waren größer als die anderen. Die große Wohnung im Erdgeschoss wurde an eine Zahnarztpraxis vermietet; die anderen wurden von Familien bewohnt, wobei Renates Familie in einer größeren Wohnung, die recht geräumig war und vier Schlafzimmer hatte, im zweiten Stock lebte.

Renate konnte die Passanten durch die großen Fenster an beiden Seiten des Wohnzimmers beobachten. Die vordere Straße, die Schillerstraße, führte rechts einen Hügel hinauf und zur Linken, circa 100 Meter entfernt, war ein Kino, der Kristall Palast. Hinter dem Wohnblock lag ein Stück leeres Land. Man konnte die Querstraße, Heidenberg, auf der rechten Seite des Gebäudes sehen. Diese Seitenstraße verlief zur Rechten einen Bach entlang. Hinter dem Hügel und parallel dazu war eine andere Straße, die eine Durchgangsstraße quer durch die Stadt war; der Bereich zwischen den parallelen Straßen, bot den Kindern einen Hang, den sie im Winter mit ihren Schlitten hinunterfahren konnten.

Renates Mutter begann, in der Strickfabrik ihres Schwagers Fritz zu arbeiten. Dieter ging in die Schule und Renate blieb daheim mit ihrer Großmutter. An einem frühen Sommermorgen, als Renate ihre einsamen Stunden mit Seilspringen vor dem Haus verbrachte, bemerkte sie einen staubigen alten Militärlastwagen von rechts die Straße entlangkommen, die Straße queren und kreischend, eine stinkende Rauchwolke ausstoßend, anhalten. Fremde Männer, insgesamt etwa 20, sprangen heraus. Sie hatten alle Uniformen an, aber nicht solche wie ihr Vater. Der Lastwagen wendete gequält ächzend und kreischend und fuhr wieder in die Richtung davon, aus der er gekommen war. In unterhaltsamer Stimmung, witzelnd und Streiche spielend, gaben die Männer Kommentare von sich, aber Renate konnte nicht verstehen, was sie sagten. Der eine oder andere lächelte ihr zu, wie sie verblüfft im Türrahmen stand, manche winkten sogar und riefen etwas. Dann schlenderten sie in Richtung des Kinos Kristallpalast.

Einige Minuten später kam ein weiterer Lastwagen denselben Weg wie der zuvor entlang und die ganze Szene wiederholte sich. Wieder trugen alle Männer, die ausstiegen, die gleiche Uniform und waren gleich fröhlich, aber sie waren alle schwarz. Renate hatte noch nie davon gehört, dass es auf der Welt solche Männer gab. Als sie genauer hinsah, bemerkte sie, dass sie große weiße Augäpfel mit schwarzen Augen und große, schimmernde Zähne hatten. Sie hatte Angst. Wie in Trance setzte sie sich auf die Schwelle. Wie auch die weißen Amerikaner brabbelten diese Männer in einer fremden Sprache. Einer kam über die Straße gelaufen und winkte ihr zu. Er bewegte sich schnell, aber sehr grazil. Als er sich zu ihr hinunter beugte, um sie anzusehen, strahlte er noch mehr und lächelte sogar mit seinen Augen. Er hielt etwas in der Hand und bückte sich, um es ihr zu geben. Es war eine Tafel Schokolade, die in einer seltsamen, dekorativen Verpackung, die sie noch nie zuvor gesehen hatte, eingewickelt war. Wie gebannt nahm Renate sie und flüsterte: „Danke." Dann zeigte er eine kleine Fotografie. Sie konnte gerade so ein Mädchen mit lockigen Haaren erkennen. Er tippte mit seinem Zeigefinger zwei Mal auf das Bild und dann zwei Mal auf seine Brust. Er sagte etwas, schaute zu seinen Kameraden zurück, lachte, und lief zurück. Sofort verschwand er wieder in der Masse der uniformierten Figuren. Dann bummelten sie zum Kino, halb laufend, halb tanzend.

Sie war erleichtert, aber die Angst vor diesen fremden Männern verweilte noch einen Moment. Andererseits hatte der Soldat gelächelt und sie „*Fräulein*" genannt, sehr gedehnt, aber doch reizend. Niemand hatte sie jemals so genannt, nicht einmal ihr Bruder. Nur ab und an benutzte ihre Großmutter dieses Wort, wenn sie Renate rügte, wie „Damit kommst du nicht davon, *Fräulein!*", „Beeil dich, steh' nicht den ganzen Tag vorm Spiegel, *Fräulein!*" Trotzdem fühlte sie sich, jetzt mit dem gleichen Wort freundlich von einem Fremden angesprochen, sogar geschmeichelt.

Obwohl die Soldaten das Kino nicht regelmäßig aufsuchten, hatte es etwas Rituelles an sich, und Renate hatte mehr als einmal die Gelegenheit, die Parade anzusehen, als ob sie eigens nur für sie abgehalten wurde. Sie wurde begrüßt und bekam das eine oder andere Mal Schokolade. Sie konnte nicht erkennen, ob ein anderer Soldat auf sie zu kam. Für sie waren sie alle schwarz, sahen gleich aus und lachten, jubelten und gingen sogar gleich. Die Schokolade in ihrer Hand war wie eine Trophäe. Sie stellte sich vor, es wäre ein Märchen und sie eine Prinzessin, und dass die Soldaten nur ihre Untergebenen waren. Wie sie so an der Schwelle saß, erhielt sie von den Soldaten einen Tribut; nach außen hin war sie ein sittsames Kind, aber innerlich freute sie sich sehr über die Anerkennung und die Ehre, die man ihr zollte.

In der ansonsten vorherrschenden Monotonie der Kleinstadt Apolda ließ ein solches Ereignis viele Fragen in ihrem jungen Geist entstehen: warum, warum, warum und warum nur? Von ihrer Mutter erfuhr sie, dass die Soldaten alles *„Amis"* (Ah-mees ausgesprochen), die deutsche Abkürzung für Amerikaner, waren. Sie erfuhr auch, dass die Sprache, in der sie „brabbelten", Englisch war; Ja, sie sprachen Englisch wie die *„Tommies"*, wie Engländer. Nein, sie sprachen nicht Amerikanisch. Die Soldaten nahmen an sogenannten „Matineen", Filmvorführungen in Englisch, teil, die für sie allein an bestimmten Tagen gezeigt wurden. Sie fragte sich, warum der fürchterliche Feind so Kosenamen wie Ami und Tommy hatte, die für sie wie Emi, wie für ihre Oma, oder wie Mami, wie sie ihre Mutter oft nannte, klangen.

Unter den vielen Fragen, die sie stellte, blieben zwei unbeantwortet. Wenn das alles Amerikaner waren, die gegen uns gekämpft hatten, warum kamen sie dann in getrennten Lastwagen, einen für die weißen Männer und einen für die schwarzen? Sie wusste vom langweiligen Schachspiel, das Dieter ihr versucht hatte beizubringen, dass die weißen und schwarzen Figuren gegeneinander kämpften und nicht miteinander auskamen. Die zweite Frage war, warum ihr nur die schwarzen Männer Schokolade gaben. Besaßen denn die weißen

Männer keine Schokolade oder aßen sie alles alleine weg? Niemand konnte wissen, dass sie Weißen sich streng an das Verbrüderungsverbot (non-fraternization policy) der USA hielten[5], während die Afro-Amerikaner in ihrem Fall eine humanitäre Ausnahme machten.

Renate hatte auch ein Geheimnis. Sie mochte Süßigkeiten überhaupt nicht. Sie wusste aber auch, wer beim Anblick der Schokolade in Freude ausbrechen würde: ihr Bruder. Er liebte Süßigkeiten. Wenn Dieter von der Schule zurückkam, flüstere sie ihm „Überraschung!" zu und gab sie ihm heimlich. Heimlich, weil ihre Mutter ihm nicht allzu viele Süßigkeiten erlaubte. Wenn er sie fragte, woher sie die Schokolade hatte, lächelte sie nur und legte ihren kleinen Zeigefinger an ihre Lippen und ermahnte ihn, still zu sein; wenn er weiter nachbohrte, sagte sie: „Von meinem Schokoladenmann." Dieter dankte es seiner Schwester bei Gelegenheit mit einem Hinweis oder er bevorteilte sie, und die taktische Abmachung zwischen den Geschwistern bedurfte keiner weiteren Worte.

***

Mitte des Sommers nahm der Gang der Ereignisse eine andere Wendung. In den Nachkriegszeiten hatten jene, die kein Land besaßen, nicht genug zu essen. Das Essen wurde rationiert und die Kunden mussten ihre Lebensmittelkarten im Laden vorzeigen. Renates Mutter hatte zumindest das Glück, dass ein Lebensmittelladen gleich in der Nähe war, sie musste nur die Straße hinunter in Richtung Stadtmitte gehen. Die Frau des Händlers, von den Kunden mit Frau Pechstein angesprochen, von ihrem Mann mit Berta angeschrien, war eine vollschlanke, fröhliche Person. Für Kinder hatte sie immer ein freundliches Wort übrig und manchmal schmuggelte sie sogar ein Stück Käse oder Wurst für die Kleinen hinaus.

An einem dieser Spaziergänge zum Lebensmittelladen begleitete Renate ihre Mama und Oma. Am Tag zuvor hatte es heftig geregnet, aber an diesem Morgen war der Himmel klar und die Sonne schien und brach sich in den mit Wasser gefüllten Schlaglöchern in der Straße. Renate liebte es, trotz der Proteste der Damen, auf die Löcher zuzulaufen und darüber zu springen.

Frau Pechstein war nicht in ihrer üblichen heiteren Stimmung. Emi wunderte sich und flüsterte Erika zu:
„Vielleicht hatte sie einen schlechten Tag, oder hat schlecht geschlafen, oder sie hatte Streit mit ihrem Mann."

Als sie zahlen wollten, schaute Frau Pechstein sich um, bückte sich über die Theke, und flüsterte:

„*Die Russen kommen!*"

Renate sah, wie die Gesichter von Mutti und Emi mit einem Schlag bleich wurden. Das war der gleiche Ausdruck, den sie im Dunkel des Luftschutzbunkers gesehen hatte. Jetzt, vom Sonnenlicht erhellt, war es sogar noch erschreckender. Angespannt und wortlos gingen sie nach Hause. Ihre Mama und Oma besprachen nichts in ihrer Nähe. Zu Hause baten sie Renate, nach draußen zu gehen und zu spielen. Sie rannte aus dem Zimmer, aber ihre Neugier war geweckt und sie spähte durch den Türspalt.

„Ich frage mich, was passiert ist." Mutti begann nach einer Weile zu sprechen. Sie verstaute die Lebensmittel und Renate bemerkte, dass ihre Hände zitterten. „Ich dachte, die Amis haben diesen Teil Deutschlands besetzt."

Emi hatte ohne offensichtlichen Grund ihre Schürze um ihre Taille gebunden und ließ sich, nach einem hörbaren Seufzer, in den Küchenstuhl fallen.

„Wir müssen Fritz fragen", flüsterte Emi.

Sie hatten verschiedenste Nachrichten erhalten, vor allem aus Berlin seit dem Tag, als sowjetische Truppen in die Stadt gekommen waren. Die Soldaten der Roten Armee beschränkten ihre Gräueltaten nicht auf Beutezüge und Plünderungen, sondern vergewaltigten im großen Stil Frauen und junge Mädchen, wobei sich die Opfer danach oft das Leben nahmen. Das waren keine Berichte oder Kommentare aus Zeitungen oder Radioprogrammen. Das waren sich immer wiederholende Berichte aus Briefen, die sie erhielten, handgeschrieben von ihren Freunden aus Berlin und sie handelten von Personen, die sie persönlich kannten: Entsetzliche Informationen, die jeden Tag aufgenommen wurden und eine Katastrophe, die sich ihnen von allen Seiten näherte, ankündigten. Jetzt würde der gleiche Feind hier sein, in Apolda, an ihrer Türschwelle.[6]

***

Ein paar Tage später spielte Renate wie gewöhnlich vor dem Haus. Wieder hörte sie einen lauten Lastwagen kommen und die Straße hinunter stehen bleiben. Anstatt lauter und fröhlicher Amis brachte ein anderer Lastwagen Soldaten in anderen Uniformen. Sie stiegen mit ernsten Gesichtern aus, höchst diszipliniert, und marschierten zum Kino. Sie gingen, als ob sie müde wären, aber sehr geordnet, als ob sie Befehle befolgten. Sie hatte Angst und lief nach Hause. „Oh Gott! Russen!" Mutti rang nach Luft und umarmte sie.

Dieses Wort erschreckte Renate, denn es war ihr gesagt worden, dass dies der wirkliche Feind war, gegen den ihr Vater kämpfte. Aber das Bild dieser müden Soldaten, die traurig in Richtung Kino gingen, erweckte in ihr einen anderen Eindruck.

Sie löcherte Dieter mit ihren Fragen. Zu ihrer Überraschung sagte er ihr, dass die Russen alles freundliche Leute wären, und dass Apolda sie tatsächlich mit verschiedensten Plakaten und Postern willkommen hieß. Einmal sah er in der Stadt sogar einige davon an der Straße und las sie ihr laut vor. Zuerst war sie verwirrt. Dann vergaß sie die ganze Angelegenheit, da die Tatsache, dass die ganze Stadt die Soldaten willkommen hieß, sie beruhigte.

Renate musste noch weitere 10 Jahre warten, um herauszufinden, wer der wirkliche Feind in ihrem Leben war.

Pesta
Als sie sechs Jahre alt war, besuchte Renate die Volksschule in einem roten Gebäude.

Es gab in der Mitte der Stadt zwei Schulen in benachbarten, parallelen Gebäuden. Ein einstöckiges Gebäude, in dem Waschräume waren, verband die beiden an einem Ende und formte so ein U, wobei der Freiraum in der Mitte als Spielplatz diente. Beides waren Volksschulen, die zur achten Schulstufe führten. Sie hatten aber nur einen Namen: Pestalozzi-Schule, genannt Pestalozzi 1 beziehungsweise Pestalozzi 2. Der Name war ein Zungenbrecher und eine Herausforderung für die Aussprache; die Kinder nannten sie einfach „Rote Pesta" und das zweite Gebäude „Weiße Pesta". Die Schulen waren nach Johann Heinrich Pestalozzi (1746-1827), einem bekannten Schweizer Pädagogen, Sozialreformer und Politiker, benannt. Renates Meinung: „Warum nur haben diese Berühmtheiten nicht ein einfaches Pseudonym, wie Schmidt oder Müller, angenommen und uns in Ruhe lassen können?"

Die Kirche kümmerte sich in vielerlei Hinsicht um die Kinder. Eine der Annehmlichkeiten war der Ausflug in ein nahegelegenes Kurzentrum, Bad Sulza, ein Salzwasserbad. Die Kinder blieben einmal im Jahr für zwei Wochen. Man ließ sie eine lange Steinwand entlanggehen und die salzige Luft einatmen, während das Salzwasser die Wand herunter tropfte.

Ihr erster Schultag begann unmittelbar nach der Rückkehr von einem dieser Ausflüge. Sie kam erst gegen Mittag in die Schule. Sie erinnert sich an eine große Metallschüssel, die mit Suppe gefüllt war, und daran, dass sich alle Kinder mit einem Teller und einem Löffel in der Hand in einer Reihe aufstellten und warteten, dass ein Lehrer die Suppe aus der Schüssel schöpfte. Es war Essenszeit und die Kinder erhielten ein kostenloses Mittagessen. Zusätzlich mussten sie auch regelmäßig Vitamin C Tabletten schlucken. Bedenkt man die begrenzten Mittel, tat die Kirche viel für die Kinder.

Im Winter besuchten die Kinder eine andere Schule auf einem Hügel, die Bergschule, um Heizkosten zu sparen. Diese Schule hatte eine Zentralheizung. So musste nur ein Gebäude geheizt werden. Die Pesta-Kinder hatten nachmittags Schule, nach den Kindern der Bergschule, die vormittags in den Unterricht gingen.

Alle Lehrer hatten eine Sache gemeinsam: Sie waren alle Idealisten, die ihrem Beruf verpflichtet waren. Zuvor waren sie der falschen Ideologie des Reiches ausgesetzt gewesen. Jetzt, nachdem sie entzaubert worden waren, sahen sie sich einer neuen Ideologie gegenüber. Ein gebranntes Kind scheut das Feuer; einige glaubten nicht daran. Lässt man die ideologische Indoktrination außen vor, war die Schule, wenn es um reine Wissensvermittlung und Charakterentwicklung ging, unübertroffen.

Von all den Schulausflügen erinnerte sich Renate am besten an den Ausflug zu einem der wichtigsten Orte mit geschichtlicher Bedeutung für Deutschland. Es war das Schloss von Wartburg in Eisenach, wo Martin Luther 1521 vom Kurfürsten Friedrich dem Weisen Zuflucht gewährt wurde und wo er unter dem Namen „Junker Jörg" an der ersten Übersetzung der Bibel arbeitete.

Als Kind war sie nicht nur vom Ernst der historischen Stätte beeindruckt. Sie erinnerte sich auch an einen lustigen Zwischenfall. Ihr ältlicher Lehrer, der aus Ehrfurcht vor dem Schloss und der mittelalterlichen Vergangenheit beinahe auf die Knie sank, musste den steilen Hang, der für die Kinder kein Problem war, hinaufklettern. Die Kinder wechselten sich ab, um ihn wortwörtlich den Hang hinaufzustoßen, sodass er nicht aufgeben oder zusammenbrechen konnte. Später dankte er ihnen förmlich für ihre „Mitwirkung".

Renate wurde von der Kirche auch zur Erholung nach Eisenach geschickt und blieb dort am Schloss Neulandschlösschen. Sie konnte wieder die Wartburg besuchen und Martin Luthers Räumlichkeiten und die legendäre Wand, von der gesagt wurde, dass er sein Tintenfässchen dagegen geschleudert hätte, als er vom Teufel bei seiner Arbeit gestört wurde, sehen.

Die Sozialistische Partei hatte eine Jugendbewegung namens Freie Deutsche Jugend, oder FDJ, für Kinder im Alter von 14 Jahren gegründet. Da Renate zu jung für diese Bewegung war, wurde sie in die Schar der „Jungen Pioniere" für Kinder zwischen 6 und 14 Jahren aufgenommen. Als Pioniere, die sich für den Beginn eines vollständig kommunistischen Staates vorbereiteten, lernte sie, neben anderen sozialistischen Liedern, die Internationale zu singen. Die übersetzte deutsche Version von Emil Luckhardt wurde während der Demonstration in Ostberlin im Jahr 1953 gesungen. Als sie dann wieder im Oktober 1989 verwendet wurde, verhaftete man die Demonstranten. Die letzte Zeile dieser Version lautet: „Die Internationale erkämpft das Menschenrecht." Zusätzlich sangen sie: „Volkspolizei, steht dem Volk bei." So beschämten sie die Staatspolizei, indem sie aufzeigten, dass der Staat gerade gegen die sozialistische Sache vorging, die er propagierte.

Wenn ein Lehrer oder der Führer der Versammlung sie mit den Worten „Für Frieden und Völkerfreundschaft: Seid bereit!" ansprach, mussten die Pioniere mit dem Gruß erwidern: „Immer bereit!"

Der Gruß wurde ausgeführt, indem man die rechte Hand senkrecht bis auf Kopfhöhe erhob und die Daumenseite an die Stirn legte, sodass die Handfläche nach außen zeigte.

***

Zusätzlich zum Elend dieser Tage befiel eine weitere Plage Deutschland. Seit 1877 waren Kartoffelkäfer eine große Bedrohung für die landesweite Kartoffelernte. Bis zum Ende des Krieges um 1950 hatten sie beinahe die Hälfte der bebauten Felder zerstört. Ihr Ursprung liegt in den USA. Dort sind die auch unter dem Namen „Coloradokäfer" (wissenschaftlicher Name: *Leptinotarsa decemlineata*) bekannt.

Diese natürliche Tragödie, die das Grundnahrungsmittel der Deutschen betraf, bot der DDR eine Möglichkeit, sie als Propaganda gegen die USA einzusetzen. Die Geschichte lautete, dass die USA die Käfer von Flugzeugen aus abgeworfen hatten, um sie als biologische Waffe zu nutzen, die die landwirtschaftliche Produktion der DDR und die bloße Existenz seiner Bürger sabotierte. Über diverse Plakate und die Medien wurde eine Kampagne gegen diese Insekten, die „Saboteure in amerikanischen Diensten" genannt wurden, geführt.

Alle Schulkinder mussten bei der Entfernung dieser kleinen Biester helfen. Renate, Dieter und ihre Schulkameraden wurden vor der Schule abgeholt und zu umliegenden Bauernhöfen gebracht. Tagelang mussten sie mit ihren bloßen Händen die Käfer einsammeln. Zuerst war es etwas Neues für die Kinder, aber dann, als es tagelang so weiterging, wurde die Aufgabe anstrengend.

***

Herr Stiege war ihr Russisch-Lehrer. Er war ungefähr 50 Jahre alt, schlank und groß und hatte eine gerade Nase. Er war ein ruhiger Mann, der nichts davon hielt, die Kinder mit Leidenschaft zu disziplinieren, und so war er bei ihnen automatisch recht beliebt. Wie sein Name andeutete, hatte er deutsche Vorfahren. Er wuchs in St. Petersburg (damals Leningrad) als Russe auf. Er war es gewöhnt, daheim richtiges Deutsch zu sprechen und ihm wurde alles über die Kultur des Landes seiner Vorfahren beigebracht. Aber er wuchs auch als guter Russe und Kommunist auf. Da er mit linguistischem Talent gesegnet war, entschied er sich, Lehrer für Russisch zu werden. Nachdem der Krieg vorüber war, führte die neu gegründete

DDR getreulich Russisch als verpflichtende Fremdsprache an allen Schulen ein und wurde ab der 4. Klasse unterrichtet. Andere Sprachen wie Latein, Französisch oder Englisch wurden ignoriert. Aber die Bildungsbehörde stand vor einem Dilemma. Sie konnte nur sehr wenige Russisch-Lehrer auftreiben. Herr Stiege konnte dieses Vakuum leicht füllen. Mit seinem Hintergrund, den flüssigen Deutschkenntnissen und seiner Erfahrung im Unterrichten von Russisch für russische Einwohner, bekam er in der schwierigen Nachkriegszeit problemlos diese Stelle. Zusammen mit seiner Frau, auch von deutscher Abstammung, verließ er sein Zuhause, ging nach Thüringen und begann, an der Pesta zu unterrichten.

Renate hatte das Glück, dass er auch ihr Nachbar war, der tatsächlich direkt nebenan wohnte. Sie war in der Schillerstraße 26a und Stieges wohnten in Nummer 26. Wenn sie Probleme bei ihren Hausaufgaben in Russisch hatte, rannte sie zu ihm hinüber und fragte um seine Hilfe. Das war ein ungehöriger Vorteil ihren Klassenkameraden gegenüber, aber der Lehrer störte sich nicht daran. Mit seiner kostenlosen Privatnachhilfe konnte Renate ihrer Klasse immer einen Schritt voraus sein.

Stiege konnte auch sehr gut Balalaika, ein Instrument der russischen Musik, spielen. Es ist ein Saiteninstrument mit drei Saiten und einem dreieckigen Klangkörper von sehr geringer Resonanz. Es gibt Ausführungen in allen Größen, sogar eine enorme Kontrabass-Variante. Im Westen wird es hauptsächlich als ein Instrument für Folkloremusik gesehen. In Russland aber hat es den Status eines klassischen Instruments. In Stieges Heim erhielten Dieter und Renate Privatunterricht im Balalaika-Spiel. Beide hatten einen fortgeschrittenen Level erreicht.

Der Lehrer hatte zusammen mit seinen Kollegen ein Balalaika-Orchester zusammengestellt. Die Gruppe erhielt die Möglichkeit, bei einem Wettbewerb für Balalaika-Orchester von Thüringen, der in der Hauptstadt Erfurt stattfand, teilzunehmen. Da einige der Mitglieder des Orchesters an diesem speziellen Datum verhindert waren, fragte Stiege Dieter und Renate, ob sie der 15-köpfigen Orchestergruppe beitreten wollten. Natürlich war dieser Vorschlag eine große Ermutigung für beide. Nach vielen Proben für das Konzert konnten sie als vollwertige Mitglieder des Orchesters spielen. Stiege und sein Orchester spielten ausgezeichnet und gewannen mit fliegenden Fahnen den ersten Preis.

Mondspaziergang
Verließ man ihr Zuhause und wandte sich nach links, kam man am Kino vorbei und nach ein paar weiteren Gehminuten erreichte man die Stadthalle, auch Bürgerhaus genannt. Hier wurden alle Arten von Feierlichkeiten abgehalten, aber Renate war nur an einer einzigen interessiert.

Fasching, oder Karneval, ist ein wichtiges Fest in bestimmten Teilen Deutschlands. Apolda ist einer dieser Orte. Die Karnevalssaison beginnt traditionell am 11. November um 11 Uhr 11. Der Höhepunkt kommt Monate später mit der Weiberfasnacht am Donnerstag und den Feiern an den Tagen danach und endet abrupt am Aschermittwoch. Renate liebte den Fasching. Die Musik und die Fröhlichkeit entsprachen ihrer Persönlichkeit und - zum Glück - hatte sie teilweise ihre Angst vor maskierten Menschen überwunden. Ungeduldig wartete sie auf die Festivitäten im Rathaus und eilte kostümiert zu jeder Kinderparty, die dort abgehalten wurde.
Die Straße, die von der rechten Seite des Wohnblocks weg zur

Hinterseite führte, machte eine Rechtskurve einen Bach entlang. Der Schrötenbach entsprang zwischen den Städten Herressen und Apolda und verband zwei kleine Seen, bevor er in den Herressenbach mündete, um weiter in Richtung Apoldas Stadtmitte zu fließen. Ging man, nachdem man den Bach erreicht hatte, weitere 15 Minuten, erreichte man das Haus von Renates Tante und Onkel, der Familie Hollmann. Auf dem Weg dorthin und weiter dahinter konnte sie das Viadukt für die erhöhten Eisenbahnschienen sehen. Es beinahe 20 Metern hoch und 90 Metern lang und war 1846 erbaut worden, um eine Eisenbahnlinie von Leipzig über Apolda nach Weimar zu errichten.

Eines Winters, es wurde schon früh finster, ging sie diesen Weg entlang und der scheinende Mond war ihre einzige Begleitung über die dunkle Flora um den Bach. Sie fragte sich, wie der Mond genau ihre Geschwindigkeit einhalten konnte, sie den ganzen Weg begleitete, nie vor ihr war und auch nicht hinter ihr herhinkte. Der Bach als ihr erdgebundener Begleiter erinnerte sie an eine mittelalterliche Geschichte über einen der Seen, in die der Bach floss.

Es war einmal ein junger Schäfer, der seiner täglichen Mühen überdrüssig war. Er setzte sich abends an das Ufer und schlief ein. Er wachte in der mondhellen Nacht auf und erschrak vor einem Geräusch und sah, wie sich etwas am Wasser bewegte. Auf den Seerosen schien sich eine Elfe zu befinden, oder war es eine Nixe? Er hatte von einer Nixe gehört, die im Fluss Ilm vom Dorf Grosskromsdorf den ganzen Weg nach Flurstedt schwamm. Er dachte, es sei unhöflich, sie unbemerkt zu beobachten. Er rief und stellte sich vor. Von da an gab es viele freudige Treffen mit der Fee im Mondschein. Sein Herz klopfe vor jedem nächtlichen Rendezvous. Die mystische Dame war gleichermaßen verliebt in den hübschen jungen Mann und beide verloren sich ineinander. Aber dieser aufregende Zeitvertreib wurde zu einem wagemutigen Abenteuer für den Schäfer: Seit einiger Zeit war er nämlich mit einer jungen Maid aus dem Dorfe Schröten verlobt.

Die Monate vergingen, die Rosen gaben dem kalten Wasser nach und die Elfe verschwand anscheinend in einen tiefen Winterschlaf. Dann sollte das Weihnachtsfest zusammen mit der großen Hochzeitsfeier des Schäfers und der Dorfschönheit auf einem ehemaligen Sumpfgebiet, wo in lange vergessenen Tagen Drachen gewütet hatten, gefeiert werden. Die Hochzeit sollte in der berühmten Martinskirche in Apolda (eine Kirche, die bereits im Jahre 1119 erwähnt wurde) stattfinden. Nach dem feierlichen Versprechen am Kreuz und dem unauflöslichen Bund vor Gott, zog sich das junge Paar in ihre Kammer zurück. Aber was war das? Ein Kranz aus Schilf und noch blühenden Seerosen bedeckte das eheliche Bett. War es ein Gruß? War es eine Warnung? Können sich Blumen erinnern?

Das Glück des jungen Paares hielt nicht lange. Die Frau starb im Kindbett, aber das Baby, der erstgeborene Sohn des Paares, überlebte. Sein verzweifelter Vater konnte ihm kaum Liebe schenken. Um alles noch schlimmer zu machen, nahm der Vater seine Waffen, zog in den Krieg und fiel. Dann starb der Sohn bei einem Unfall. Ab diesem Jahr blühten im Sommer wieder die Seerosen am Teich. Aber die Fee des Sees wurde nie wieder gesehen.

***

Der Spaziergang entlang des Baches führte sie zum Haus ihrer Tante. Sie musste an einer Arbeiterkolonie vorbei. Eines Tages, als sie diesen Weg ganz alleine ging, kam ein Schauer aus Steinen aus dem

Nichts auf sie zu. Kiesel fielen von überall her auf sie herab. Die Kinder von diesem Ort hatten sich zuvor versammelt, um ihr aufzulauern, ließen Steine auf sie herunterprasseln und schrien:

„Kapitalist! Kapitalist! Verschwinde!"

Renate drehte um und lief um ihr Leben. Nach einer Zeit hörte sie keine Steine mehr hinter sich auf den Boden regnen. Sie sah sich in sicherer Entfernung atemlos um, um sicherzugehen, dass sie nicht von den streitlustigen Kindern verfolgt wurde.

Die Kinder hatten gelernt jeden zu hassen, der nicht zum Proletariat gehörte. Als sie erfuhren, dass Renate zur Hollmann-Familie gehörte, wurde sie automatisch als Kapitalist abgestempelt, und sie taten, was sie gelernt hatten. Jetzt waren es nicht mehr wie damals die Juden, die verfolgt wurden, sondern die „Kapitalisten". Von diesem Tag an nahm sie immer, wenn sie zum Haus ihrer Tante ging, einen langen Umweg, damit sie nicht wirklich einmal von den Steinen getroffen wurde. Dieser Teil der Straße blieb für sie eine „Betreten verboten"-Zone.

In diesem Moment der Gefahr hatte sie von ihrer besten Fähigkeit Gebrauch gemacht: Sie war eine gute Läuferin, schneller als jeder ihrer Freunde. Sie war auch in der Schule eine der Besten in Gymnastik und in den Freiübungen. Zusätzlich zu ihrer angeborenen Agilität hat wahrscheinlich ihr geringes Gewicht geholfen. Später nutzte sie in der Schule diese Stärke zu ihrem Vorteil und gewann eine Vielzahl an Medaillen und Trophäen.

Sie beherrschte das Land mit ihren flinken Beinen, war dabei aber eine schlechte Schwimmerin, die immer Angst vorm Wasser hatte.

Ihre Mutter schickte sie und ihren Bruder ins öffentliche Bad, um unter der Anleitung eines Schwimmlehrers Unterrichtsstunden im kühlen Nass zu absolvieren.

Der Lehrer war im mittleren Alter, bekam eine Glatze und hatte einen Kugelbauch, sicherlich keine Inspiration für jegliche Sportart. Er trug immer dieselbe Badehose, wann immer sie zum Unterricht kam. Hatte er keine Reservehose? Außerdem hatte sie ihn nie im Wasser gesehen. Konnte er überhaupt schwimmen? Oder hatte er sogar noch mehr Angst vorm Wasser als sie? Mit ihren nicht vorhandenen Schwimmkenntnissen musste sie an einigen sehr seltsamen Trainingsstunden teilnehmen. Ihr wurde ein aufblasbarer, ballonähnlicher Beutel mit einer langen Schnur oder Angelleine daran befestigt um die Hüfte gebunden. Der Trainer stand am Rand mit einer langen Stange, an der das andere Ende der Angelleine angebunden war. Die Leine hing über einem Draht, der über dem Becken baumelte. Der Lehrer folgte ihr mit seiner Angelrute, als sie so im Wasser kämpfte. Nachdem sie ihre Angst vorm Wasser teilweise überwunden hatte, musste sie ganz ohne irgendwelche Absicherungen von außen schwimmen. Sie trug nur Schwimmflügel an ihren Unterarmen. Es war eine große Mühe und eine Plage für sie, viel Ärger und kein Spaß.

Dieter und Renate besuchten oft ihre Cousins. Lilo war eine ganz wunderbare Tante, bei der die fünf Kinder immer eine großartige und unvergessliche Zeit hatten. Ihr Hund, Struppi, war auch ein fröhlicher Gefährte für die Kinder, ein freundlicher, sehr kinderlieber Scottish Terrier. Nur Renate mochte seine unverhohlenen Annäherungen nicht. Als Kind sprang sie bei ihrer allerersten Begegnung mit Struppi auf den Tisch, kauerte in einer Ecke und versuchte, den neugierigen Kerl, der vor Aufregung beinahe platzte, abzuwehren.

Ihr Kreischen rief ihre Tante auf den Plan, die sie aus der Belagerung befreite.

Im Sommer hatten die Kinder eine himmlische Zeit, sie tauchten und platschten im Pool im Garten. Renate hing sehr an ihrer Cousine, Erika, die ein Jahr älter war als sie. Seit ihrer Kindheit hat Renate eine sehr enge, schwesterliche Beziehung zu ihrer Cousine Erika, die ihr ganzes Leben lang hält. Während die Jungs ihre eigenen, groben Spiele hatten, sich gegenseitig ins Wasser warfen, hatte Erika nur am Land Gesellschaft. Im Wasser war sie alleine und Renate schaute missmutig zu und rief nach ihr. Renate stand am Rand und beschwerte sich, dass das Wasser zu kalt wäre. Schlussendlich lerne Renate gut genug zu schwimmen, um zu überleben, aber sie fühlte sich im Wasser nie wohl. Ihre Meinung zum Schwimmen: „Ich habe viel übers Schwimmen gelernt, aber nur in der Theorie."

Kapitel III

Mächte der Finsternis

Wurzeln

Dieter kann sich deutlich an die Urgroßmutter Omchen (1857 - 1940) erinnern. Ihre Familie, die Familie Wernitsch, stammte aus Wittenberge in Mecklenburg, im Nordosten Deutschlands. „Omchen", sie hieß Auguste Marie Luise, heiratete Adolf Hugo Kuhn und gebar zwei Söhne, Robert und Hermann, und drei Töchter, Elisabeth, Marie-Luise und Dorothea. Hermann starb im Krieg als Opfer eines Bombenangriffs. Er konnte nur anhand seiner Stiefel, die inmitten der Trümmer lagen, identifiziert werden.

Elisabeth, die älteste Tochter, geboren 1883, war Dieters und Renates Großmutter „Emi". Emis Vater war ein Lokomotivführer; ihre Eltern konnten sich wegen der großen Familie kaum etwas leisten. Daher wuchs die Tochter Elisabeth im Haus ihres Onkels mütterlicherseits in Mecklenburg auf. Ihr Onkel gehörte zum Landadel, er war ein *Junker*. Da sie in der Tradition der Vornehmheit, umgeben von Besitz, Bediensteten und Mägden aufwuchs, wusste sie, wie sie ihr Recht forderte; aber in der Tradition preußischer Tugenden lernte sie Zurückhaltung und Benehmen. Ihre Ausbildung formte ihr Leben und gab ihr den unbezwingbaren Mut, sich jeder Herausforderung des Lebens zu stellen und gleichzeitig die über alles geschätzte *Haltung*, oder Fassung, zu bewahren. Unter allen Umständen drückten Geist und Einstellung sowie Gesicht und Haltung eine unerschütterliche Selbstdisziplin aus. Ein weiteres Merkmal des preußischen Ideals war *Bildung*, ein Begriff, der sowohl Ausbildung als auch Charakterbildung umfasste; Musik und die feinen Künste spielten eine ebenso große Rolle. Renate ist stolz darauf, viele ihrer Ölgemälde, etliche zeigen die Szenerie Mecklenburgs, geerbt zu haben.

Elisabeth heiratete Karl Friedrich Ludwig Wenck und zog nach Wittenberge im Staat Brandenburg. Sie hatten drei Töchter. Die erste war Renates Mutter, Erika. Dann kam Susanne, die im Alter von acht Jahren an Diphtherie starb. Das letzte Kind war Louise-Charlotte, abgekürzt Lise-Lotte und noch weiter verkürzt Lilo. Ihr Vater war in den königlichen Diensten des Kaisers als Landvermesser angestellt. Es war eine respektierte und sichere staatliche Anstellung, aber körperlich anstrengend. Er musste bei jedem Wetter hinaus auf die Felder. Er starb im jungen Alter von 45 Jahren an einer doppelseitigen Lungenentzündung. Elisabeth zog zusammen mit ihrer Mutter nach Apolda, wo auch Elisabeths Tochter Lilo lebte.

In den 1960ern lebte Renate zusammen mit ihrer Mutter und Emi (Elisabeth) in einer kleinen Wohnung in Steglitz, dem britischen Sektor Berlins. Der Senat von Berlin bot ihr diese kleine Wohnung für Bedürftige als Entschädigung für den Verlust ihres im Krieg zerbombten Hauses an. Naveen lebte in Wittenau, dem französischen Sektor. Er hatte Renate gerade im September 1965 getroffen. Drei Monate später, im Dezember, wurde er von ihrer Familie nachmittags zu Kaffee und Kuchen eingeladen. Seine Beschreibung des Besuches:

„Ohne zu wissen, dass ich ein Brautwerber war, fühlte ich mich wirklich geehrt, zu dieser Audienz eingeladen zu sein. Als wilder 25-jähriger Student kannte ich das Familienleben und die Gebräuche der Deutschen nicht. Mir wurde ausdrücklich nahegelegt, einen Anzug und eine Krawatte zu tragen. Ich habe sogar meine Schuhe akribisch geputzt, auch die Hacken. Ich hatte einen großen Blumenstrauß gekauft, um der Hausherrin meine Aufwartung zu machen, und beschützte die Blumen auf der 40-minütigen Fahrt im vollen Bus; anfangs war es anstrengend, dann wurde es zu einer wahren Herausforderung. Nachdem wir uns aus dem Bus geschlängelt hatten - also wir alle, ich und die Blumen - konnte ich mich entspannen und die frische, kalte Luft auf den letzten 10 Minuten zur Zungenbrecher- Straße namens Worpswederstraße einatmen. Ich hielt an der Tür Nummer Acht an.

Es wurde schon dunkel. Ich schaffte es, die Glocke zu läuten, indem ich mit meinem Ellenbogen auf die Klingel drückte. Die Tür wurde von Renates Mutter geöffnet. Eine ruhige und liebe Dame, sie lächelte, nahm die Blumen und dankte mir übermäßig. Mit ihrer kleinen und schlanken Gestalt und der Brille erinnerte sie mich in vielerlei Hinsicht an meine eigene Mutter. Demonstrativ putzte ich mir die Schuhe an der Fußmatte ab, zog meine Handschuhe aus und begrüße erst sie, dann Renate - in aller Form und in dieser Reihenfolge. Ich zog meine Jacke aus und ließ sie zusammen mit den Handschuhen im abgedunkelten Gang und folgte dann den Damen, die mich in ein gut beleuchtetes Wohnzimmer führten. Ihre Mutter bat mich, Platz zu nehmen, und ging mit Renate in die Küche, um eine Vase für die Blumen zu suchen. Ich sah viele kunstvoll angeordnete Objekte auf den herrlichen Möbelstücken. Meine argwöhnischen Augen schrien mir zu: „Sie sind aus Porzellan!" Immer noch ein wenig schwindelig achtete ich darauf, nirgends gegenzustoßen, als ich durch den Raum ging. Ich sank auf ein Sofa.

Ich sah mich im abgeschirmten Licht einiger Lampen um. Es war ein großartig eingerichtetes Zuhause, sehr geschmackvoll. Ich bemerkte zwei glitzernde gläserne Schaukästen, in denen Weingläser, Vasen und Statuetten ausgestellt waren. Ich begann zu verstehen, was sie mit „Wohnkultur" meinten. Eine große, blaue chinesische Vase aus Jade, die auf einer Kommode stand, fiel mir ins Auge. In der fantastischen Stille wurde meine Aufmerksamkeit vom einzigen Geräusch angezogen: das einer Standuhr in einer Ecke neben der Tür, bescheiden tickend, die Zeit mahlend. Ich wusste, eine falsche Bewegung und die wachsame Uhr würde entweder aufhören zu ticken, oder würde „Na, na" ticken und die chinesische Vase würde mir einen jadesteinernen Blick zuwerfen.

Emi kam in das Zimmer. Sie war eine zerbrechliche Dame in ihren Achtzigern und ungefähr 1,65 m groß. Ihr silbernes Haar, das von einer bronzenen Brosche zusammengehalten wurde, war um den Kopf gewunden. Sie trug ein langes Kleid und eine graue Strickjacke über einer kastanienbraunen Bluse, unter der halb verborgen ein schweres goldenes Armband hervorblitzte. Sie stand sehr aufrecht in der Tür, ihre Hände auf Höhe der Hüfte verschränkt, und musterte mich mit ruhigem, aber freundlichen Blick; dann lächelte sie. Ich sprang auf meine Füße, um sie zu begrüßen. Nach einem schnellen Händeschütteln bedeutete sie mir, mich hinzusetzen. Ich roch Kaffee. Renates Mutter kam mit einem Tablett mit Tassen und einer silbernen Kaffeekanne herein und Renate folgte ihr mit verschiedenen Kuchen, Schlagsahne und Keksen. Emi machte es sich auf der Couch bequem und die anderen Damen setzten sich auf Sofas. Die Uhr schlug vier.

Während des Gesprächs bemerkte ich die vergoldeten Ränder der wertvollen dunkelroten Kaffeetassen, die alle ein prächtiges Blumenmuster hatten und nicht im Mindesten mit den einfachen Plastiktassen, die ich benutzte, zu vergleichen waren. Diese hier waren aus Meissner Porzellan.[7]

Renate bat mich, meine Tasse umzudrehen und das Emblem aus zwei gekreuzten Schwertern am Boden der Tasse zu betrachten, „aber bitte bevor wir den Kaffee hineingießen!" Ich drehte meine Tasse um. Ja, die Schwerter waren da. Dann betrachtete ich die kleine silberne Gabel mit drei Zinken, die für den Kuchen gedacht waren, und um deren mittleren Zinken kunstvoll eine dekorative Papierserviette geschlungen war. Der linke Zinken war flach und breit, wobei der äußere Rand scharf war, um als kleines Messer für den Kuchen zu dienen.

Als lebender Beweis des sprichwörtlichen Elefanten im Porzellanladen fühlte ich mich ständig von Kristallglas, Porzellan und anderen leicht zerbrechlichen Dingen bedroht, die sich in das Sperrgebiet meiner aufgeregten Hände drängten. Ich imitierte unauffällig die Bewegungen der Damen und gab den Anschein von Gelassenheit und Nonchalance. Renate stand auf, um den Kuchen zu servieren; sie schien meine Unbehaglichkeit zu spüren und wollte nichts dem Zufall überlassen. Das wackelige Stück Erdbeerkuchen, das kunstvoll auf dem dreieckigen Tortenheber balancierte, landete auf meinem Teller, drohte umzustürzen, tat es aber nicht. Ich vernahm den von vier Leuten angehaltenen Atem und dann vier Seufzer. Renate war froh, mir die Qual erspart und meine Würde bewahrt zu haben. Die Mütter waren froh, dass die junge Dame kein Schlamassel gemacht hat. Für mich war der Balanceakt von da an vorbei.

Ich entspannte mich und genoss Kaffee und Kuchen, bei jedem Schluck insgeheim bewusst und vorsichtig darauf bedacht, dass es zwischen Tasse und Lippe eine nicht nur sprichwörtliche Klippe gibt. Ich trank meinen Kaffee in großen Schlucken, um die Anzahl der Möglichkeiten zu minimieren. Ich ließ die Konversation dahintreiben, überließ die Führung den anderen. Ich versuchte, aufmerksam und souverän auszusehen, indem ich aufrecht dasaß. Tiefes Atmen minderte die innere Spannung.

Nach dem Kaffee bat Emi die beiden anderen Damen, den Tisch abzuräumen und sie und mich zum Plaudern allein zu lassen. Dann stand Emi auf und holte das Fotoalbum, das sie auf einen kleinen Tisch gelegt hatte. Als sie sich wieder auf die Couch gesetzt hatte, bat sie mich, neben ihr zu sitzen. Dann, nach einer gewichtigen Pause, begann sie zu erzählen.

Sie erzählte mir von ihrer Jugend in Mecklenburg und ihrem anderen Onkel mütterlicherseits, der ältere Bruder des Onkels, in dessen Haus sie aufwuchs. Er war ein ziemlicher Abenteurer, der in die königlichen Dienste der Holländer eingetreten und nach Ostindien (heute Indonesien) gegangen war. Seine Verlobte ließ er ohne Nachricht zurück. Um die Familienehre dieses armen Mädchens zu retten, verpflichtete sich der jüngere Bruder, sie zu heiraten. Emis Augen waren voller Emotionen und ich bemerkte jugendhafte Aufregung an ihr, als sie weitersprach und mir eine alte Landkarte zeigte.

„Mein Onkel ging in eine holländische Kolonie und machte sich in Indien sesshaft."

„Wo?" fragte ich.

„In Surabaya, auf Java."

„Sie meinen Indonesien", unterbrach ich impulsiv. „Ich komme von Indien."

„Junger Mann! Es ist Indien, wenn ich es sage. Sie kommen aus Vorder-Indien, er ging nach Hinter-Indien."

„Nein, das können Sie so nicht sagen. Da gibt es einen großen Unterschied..." Ich versuchte zu protestierten, aber meine Stimme wurde immer dünner und verstummte allmählich.

„Ich weiß, wohin er ging", beharrte sie, „er ging nach Indien. Punkt."

Ich gab auf. Später erfuhr ich, dass für die Deutschen damals ganz Südasien „*Indien*" war, und aus „*Vorder-Indien*" und „*Hinter-Indien*" bestand.

Sie verzieh mir meine Unterbrechung und setzte geduldig ihre Geschichte fort. Ihr Onkel hatte sich auf Java niedergelassen. Er verließ die Dienste und baute eine Fabrik für Mineralwasser auf. Er heiratete eine Einheimische und zeugte zwei Söhne. Sie zeigte mir gut erhaltene große bräunliche Fotografien im Album. Eines der Familienfotos zeigte eine Kutsche vor einer Säule eines Herrenhauses und zwei junge Männer im Alter von 23 und 21 Jahren, die mit westlichen dreiteiligen Anzügen und Hüten aus dieser Zeit bekleidet waren. Nach dem Tod ihres Onkels übersiedelte die Familie nach Deutschland. Die Söhne lebten nur noch ein paar Jahre, einer nach dem anderen starb an Tuberkulose.

„Sie verwelkten wie Blumen", sagte sie, beugte den Kopf, schloss ihre Augen und betete still für die Seelen ihrer Cousins.

Erst viel später konnte ich ihre Freude an meinem Besuch richtig erkennen. Sie hatte in mir ihre Cousins - ihrer Meinung nach auch aus Indien - vor sich sitzen gesehen, also nach einem halben Jahrhundert. Ich war der Ausgangspunkt. Sie hatte eine Zeitmaschine gestartet und war zurück in der Traumwelt ihrer Jugend, vorangetrieben auf der lieb gewonnenen Reise, die wir Erinnerung nennen. Ich war eine Begleitperson. Nachdem wir das Ziel erreicht hatten und an diesem Ort, wo die Zeit still stand und die Erinnerungen schwer wogen, brauchte sie Unterstützung. Ich war ihre Stütze.

Nur zwei Wochen später stand ich an ihrem Grab. Sie starb plötzlich ein paar Tage vor Weihnachten. Ich fühlte tiefe Trauer, als ich dieser großartigen alten Dame mit jugendlicher Heiterkeit in den Augen für immer Lebewohl sagen musste; ich fühlte auch, dass ich Gott dankbar sein musste, dass er es eingerichtet hat, dass ich sie wenigstens einmal treffen konnte."

***

Die Vorstellung der „deutschen Tugenden" lässt viele Ausländer die Augenbrauen hochziehen. Der Ausdruck weißt auf gewisse Qualitäten hin, die die Deutschen mehr als alle anderen auf der Welt schätzen, sogar so sehr, dass sie andere verärgern.
Ihr Ursprung kann bis zu den protestantischen Lehren Martin Luthers (1483 - 1546) und der pietistischen Lebensanschauung, die daraus 1670 hervorgegangen ist, zurückverfolgt werden, wobei eine „unberührte Einfachheit" am wichtigsten ist: Gute Taten hier auf der Erde im Laufe des Lebens beeinflussen das Jüngste Gericht. Friedrich Wilhelm I von Preußen (1713 - 1740) unterstützte die Pietisten, indem er alle Aspekte seiner Herrschaft (Militär, Verwaltung und Wirtschaft) auf diese Werte auslegte. Er ernannte sogar Pietisten zu Professoren der alten Universitäten Göttingen und Halle.[8]
Die Vorstellungen von Askese, Loyalität und Ehre wurden in allen Bereichen gefördert. Daher war es nicht nur eine Frage der Ehre für das Militär, ihre Pflichten nur im militärischen Dienst zu erfüllen, sondern auch, anderen Menschen der Gesellschaft zu dienen. Wie weit das Thema Ehre sogar im 20. Jahrhundert ging, wird durch den Fall Reinhard Heydrich, dem Organisator des Holocausts 1942, demonstriert. Zuvor wurde er 1931 aus der Marine entlassen, da er nicht das Mädchen heiratete, mit der er eine sexuelle Beziehung hatte, sondern sie entehrte, indem er sich mit einer anderen Frau verlobte.[9]

Im Laufe der Jahrhunderte verbreiteten sich diese Ideale, die von der pietistischen/protestantischen/preußischen Triade stammten, über ganz Deutschland, so, wie sich Preußen vom Osten ins heute nördliche Polen bis zur Rheinprovinz im Westen und in den Süden nach Bayern, Württemberg, Baden und Elsass-Lothringen, auch einschließlich der vereinten Staaten von 1871 unter Bismarck, verbreitete. Vor allem die Offiziere in königlichen Diensten sowie der *Beamtenstand*, oder die Klasse der öffentlich Bediensteten waren daran beteiligt. „*Zucht und Ordnung*" lautete die Parole. Nach und nach wurde das ein Hauptcharakteristikum der deutschen Lebensart, die schlussendlich auch Einzug in andere Bereiche wie Ausbildung, Industrie, Handel und Sport hielt. „Deutsche Tugenden" sind eine Verschmelzung von Selbstdisziplin, Bescheidenheit, Sparsamkeit, Einfallsreichtum, Eigenständigkeit, harter Arbeit, Einfachheit, Askese, Ordnung, Organisation, Pünktlichkeit und Loyalität.
Deutschland hat, abgesehen von Kohle, kaum natürliche Ressourcen. Seine einzige Ressource sind die Menschen. Versehen mit den oben beschriebenen kultivierten Qualitäten diente dieses einzige Kapital als solide Basis für das Wirtschaftswunder nur 10 Jahre nach dem Zweiten Weltkrieg.

Als Außenstehender, der einen genaueren Blick auf Renate und ihre Familie werfen konnte, fand Naveen zu seiner Überraschung, dass dieser gemeinsame Faktor unter all ihren Verwandten und Ahnen, bis hin zu ihrem Bruder, Dieter, und ihr selbst, äußerst auffällig war. Ihre Erziehung zu Hause baute auf diese Moralvorstellungen und Pflichten auf, da die meisten ihrer Verwandten im öffentlichen Dienst tätig gewesen sind. Dieter, ein *Beamter* der Bundesbahn, hatte sich immer an die Prinzipien der Loyalität, Ehrlichkeit und Pünktlichkeit gehalten. Renate, die nicht weniger „preußisch" war, sprach immer sehr direkt und erwartete immer ein klares „Ja" oder

„Nein" als Antwort. Sie tendierte von Haus aus zu Einfachheit und Klarheit und lehnte jegliche Umgehungen ab. Obwohl sie alle typischen Charakteristika umfasste, konnte sie eines nicht: Sie konnte die rigorose Disziplin nicht mit ihrer neugierigen und unabhängigen Persönlichkeit vereinen; in ihrem täglichen Leben zog sie oft künstlerisches oder kreatives Chaos der Monotonie der Einförmigkeit vor.

***

An Emis Begräbnis lernte Naveen auch ihre Schwestern Marie-Luise (Marli) und Dorothea (Dorli) kennen. Bei diesem Anlass konnte er keinen weiteren Kontakt zu den hinterbliebenen Damen aufnehmen.

Ihr Bruder, Robert, kam nicht, aber Naveen traf ihn viel später in den frühen 70ern in der Stadt Essen, wo er mit seiner Frau, Tante Mieken, lebte. Nachdem sie gestorben war, zog Robert in ein Altenheim in derselben Stadt. Gemäß seiner Erziehung machte er jeden Morgen Turnübungen. Fit wie ein Turnschuh feierte Onkel Robert seinen 100. Geburtstag mit großartiger Laune. Sogar in diesem Alter stand er vom Sessel auf, ohne seine Arme auf den Lehnen aufzustützen oder sich in irgendeiner Weise abzustützen. Er zeigte das Geschenk, das er vom Bürgermeister der Stadt bekommen hatte: einen Brustexpander! Als Renate und Naveen mit Robert in einem nahe gelegenen Park spazieren gingen, zeigte er auf ein „Nur Fußgänger" Schild, auf dem ein Mann einen Hut trug und die Hand eines Kindes hielt. Robert sagte: „Wenn einer meiner Mitbewohner mit mir kommt, zeige ich auf dieses Schild und halte seine oder ihre Hand. Sie sind alle so um die 80, diese Kinder!" Er lebte bis zum 108. Jahr und es war ihm vergönnt, diesen Planeten plötzlich, ohne langes Leiden, zu verlassen.

Dorothea (oder „Tante Dorli") wuchs, nicht wie Emi, mit ihren Geschwistern im elterlichen Haus in Weissenfels auf, und lebte auch in Thüringen. Nach ihrer Heirat mit Paul Müller zog sie nach Apolda. Sie hatten einen Schuhladen und wohnten mit ihrem einzigen Kind, auch auf den Namen Renate getauft, über dem Laden. Ihre Tochter kümmerte sich in einem düsteren Raum im hinteren Teil um die Buchhaltung. Ihre Nachbarn waren die Fischers, die eine Tierhandlung hatten. Dieter war vor allem von ihren Aquarien angetan. Aber da sie es sich nicht leisten konnten, ein Haustier zu halten, erlaubte Erika ihm nur ein kleines Aquarium zu Hause. Es war bloß ein kleiner Glaskasten, genug Platz für Wasser und ein paar Kaltwasserfische, die ein Geschenk der Fischers gewesen waren.
In den 30er Jahren kam Marlis Nichte, Lilo (Dieters und Renates Tante) auf Urlaub nach Apolda. Sie war noch jung und hatte eine grandiose Figur und Bühnenpräsenz, weshalb sie Arbeit als Mannequin in Fritz' Strickfabrik bekam und die Produkte präsentierte. Dieses Zusammentreffen führte zu einer Romanze zwischen den beiden und zur Heirat. Viel später erst verließ Emi, Lilos Mutter, als ihr Mann gestorben war, ihr Haus in Wittenberge und zog, zusammen mit ihrer eigenen Mutter, Omchen, in ein nahe gelegenes Haus in Apolda. So wurde Apolda nach und nach zum Zentrum der Familien.

***

Erika wurde 1910 in Wittenberge, nicht weit von Berlin entfernt, geboren. Kaiser Wilhelm II war immer noch an der Macht. Aus beruflichen Gründen ihres Vaters war die Familie in die Stadt Brandenburg umgezogen. Später, nach der Tragödie des Verlustes ihres Vaters und auch ihrer Schwester, Susi, wurde sie, als erstes Kind unter der strengen Disziplin ihrer Mutter, Emi, schnell erwachsen. Sie wurde zur Säuglingsschwester ausgebildet.

Sie hatte Werner in Brandenburg kennengelernt. Er studierte Rechtswissenschaften an der Universität Marburg in Hessen. Als fröhlicher Beau mit blonden Haaren und blauen Augen war er immer unterwegs und besuchte eine Party nach der anderen. Trotzdem war er sich, als einziges Kind, den Erwartungen seiner Eltern bewusst. Er promovierte 1931 im jungen Alter von 22 Jahren. Er brachte seiner Freundin Erika die Neuigkeiten bescheiden bei, indem er „Dr. Werner Behnke" anstatt wie üblich „Werner Behnke" als Absender auf seinen Brief schrieb. Zu seiner Verzweiflung bemerkte sie den subtilen Unterschied nicht. So musste er ihr die Neuigkeiten doch noch in Person überbringen.

1935, ein Jahr nach dem Treffen und der Verlobung mit Werner, besuchte Erika ihre Tante Dorli in Amsterdam. Onkel Jean Bernard war ein ausgelassener Mann, der seine extrovertierte Persönlichkeit mit dem Charme und der Eleganz eines Gentlemans aus dem 20. Jahrhundert verband. Naveen traf ihn später mehrere Male. Naveen konnte sich vorstellen, wie er seine Stärken bei der Arbeit als Autoverkäufer für Mercedes in den Niederlanden ausspielte.

Nach außen hin war Erika ein ruhiges und zurückhaltendes Mädchen, war aber immer neugierig, was so um sie herum passierte und war immer für eine Reise und neue Begegnungen bereit. Eines schönen Morgens aß Erika mit ihrer Tante zu Mittag. Sie hörten, wie Menschen auf der Straße riefen und Schlagworte sangen. Eine große Menschenmenge kam die Straße herauf: Die ruhelosen Kommunisten demonstrierten. Erika stand auf und schaute vom Balkon hinunter. Nach einer Weile sah sie, wie die königlichen Wachen auf Pferden heraneilten, um den Mob zu vertreiben. Sie hörte Schüsse. Als sie sich nach links wandte, um die in Panik fliehende Menge zu beobachten, wurde sie von einer Kugel getroffen, die von rechts kam und in der rechten Seite ihres Nackens stecken blieb. Glücklicherweise überlebte sie. Dem holländischen Arzt war es

peinlich, einen ausländischen Patienten zu betreuen, der in seinem Land von der Garde seiner Königin schwer verletzt worden war. Nach der Operation sagte der Mann mit grauem Haar, der voller Geduld und Mitgefühl war, mit seinem liebenswerten holländischen Akzent:
„Fräulein, das war Glück im Unglück. Hätten Sie geradeaus geschaut, hätte Sie die Kugel im Hals getroffen, und das wäre Ihr Ende gewesen."
Werner schlug auch vor, eine Klage einzubringen, da es die königlichen Wachen und nicht die Kommunisten waren, die das Sagen hatten. Aus welchem Grund auch immer verfolgte Werner die Angelegenheit nicht weiter.

Erika und Werner heirateten in Brandenburg am 14. Dezember 1935. Es war ein glücklicher Anlass voller Hoffnung, denn Werner hatte mit seinem Beruf eine strahlende Zukunft vor sich. Nach seiner Ausbildung als „*Referendar*" bekam er eine Stelle als Rechtsberater bei einem Versicherungsunternehmen. Aber er versuchte immer noch, in Berlin eine Stelle als Richter zu finden. Trotz seines Eintrittes in die Nationalsozialistische Partei, wie jeder, der Karriere machen wollte, war er immer noch in Ungnade, da er keine Position mit politischer Macht suchte. Er wollte sich und seine Familie aus der Politik heraushalten und nur seiner juristischen Karriere treu bleiben.
Eines Tages las Erika in der Zeitung, dass Hermann Göring zum General ernannt wurde und so das Oberkommando über die neu gegründete Luftwaffe erhielt. Er krönte sein Glück mit seiner zweiten Ehe. Seine erste Frau, Carin, war 1931 gestorben. Nun heiratete er Emmy Sonnemann; Hitler war sein Trauzeuge. Erika, die normalerweise eine bescheidene junge Frau, die jenen, die über ihr standen, höchsten Respekt entgegenbrachte, nahm spontan die Feder in

die Hand und schrieb Herrn Göring einen Brief. Sie gratulierte ihm, meinte aber auch: Während so führende Persönlichkeiten eine gute Zeit hatten, bekam ihr frisch angetrauter Ehemann nicht einmal Arbeit in der gefeierten großen Nation. Werner war natürlich, als er davon erfuhr, was sie getan hatte, außer sich, aber der Brief war bereits abgeschickt, die Katze war bereits aus dem Sack. Niemand weiß, wer den Brief erhalten, geöffnet oder gelesen hatte; nach ein paar Wochen, wie als Antwort auf den Brief, erhielt Werner einen Anruf von den Behörden und wurde in Berlin zum Richter ernannt. Als der Krieg ausbrach, wurde er wie alle anderen jungen Männer auch eingezogen und musste die schwer verdiente und ehrenvolle schwarze Robe eines Richters gegen die Uniform eines Armeeoffiziers eintauschen. Gegenstand und Titel seiner Doktorarbeit war „Die Zusendung unbestellter Waren".[10] Später machte er oft Witze darüber, dass die Uniform und das Gewehr nun die unbestellten Waren, die an den Autor der Arbeit zugestellt worden sind, waren.

Traum, Trauma und Trümmerfrauen
Die deutsche Nachkriegsgesellschaft war genauso durcheinander wie die Infrastruktur. Nachdem der deutsche Traum von einem Sieg zerplatzt war, konnte man in den höllischen „Tagen danach" keine Hilfe von außerhalb der Gesellschaft erwarten. Ein Zitat aus dem Tagebuch von Renates Mutter:
„Deutsche zu Sträflingen gemacht; weil Deutsche an Deutschland gedacht."
Lässt man die Frage der kollektiven Schuld, weil sie ihrem Führer, der sie in die Katastrophe geleitet hatte, gefolgt waren - was eine eigenständige Diskussion verdient hätte - beiseite, muss man auch das Schicksal, das sie mit den Männern auf der anderen Seite der Front teilten, beachten. Wie auch in den anderen Ländern wurden in Deutschland alle tauglichen Männer an die Front geschickt. Wie

auch in den anderen Ländern war es ihre Pflicht, ihrem Land zu dienen, es gegen den Rest der Welt zu verteidigen, einem höheren Zweck zu dienen. Wie auch in den anderen Ländern, war es „nicht ihre Pflicht, zu hinterfragen", sondern „es zu tun und zu sterben".
Und hier hört die Gemeinsamkeit mit ihren Feinden auf.
Die deutschen Heimkehrer waren froh, wieder auf vertrautem und familiärem Boden zu stehen, mussten aber auch mit den Folgen fertig werden. Auf der einen Seite waren sie froh, immer noch am Leben zu sein, sogar einige Invalide, während viele ihrer Kameraden an der Front vor ihren Augen umgekommen waren. Außerdem waren viele froh, ihre Familien, die ungeduldig auf sie warteten, zu Hause vorzufinden. Nach ihrer Inhaftierung kamen sie aber weder in die ordentliche, gut strukturierte Gesellschaft, die sie zurückgelassen hatten, zurück, noch in ein Land, dass sämtliche Arten von Rehabilitationsprogrammen und Arbeitsangeboten zu bieten hatte, ganz abgesehen von psychiatrischer Behandlung des Traumas verursacht von Krieg und Inhaftierung. Die Veteranen fielen in ein Vakuum. Sie waren auf sich selbst gestellt. Das Land, für das sie gekämpft und gelitten hatten, gab es nicht mehr. Am meisten wurde dies durch die ganzen Ruinen und das Fehlen jeglicher zivilisierter Struktur, auf die man aufbauen konnte, verdeutlicht. Zusätzlich zu diesem Chaos mussten sie Arbeit finden - oder selbst erschaffen - sich das Leben erkämpfen und mussten sofort damit beginnen, die Familie zu unterstützen. Der neue deutsche Staat, selbst in einem Trauma gefangen, war kaum eine Hilfe. Sich um die Menge der Veteranen zu kümmern überstieg die Fähigkeiten und Mittel.
Ein Land ohne natürliche Ressourcen und ohne eine Kolonie, die seine Bedürfnisse wieder aufstocken könnte, konnte nicht über Nacht existenzielle Sicherheit bieten. Etwas, dass Fortschritt versicherte und zu Wohlstand führte, musste erst aus dem Nichts erschaffen werden. Die einzige Erbschaft der Überlebenden war geistiger

Natur, nämlich der Verstand, Entschlossenheit, Willenskraft und Fähigkeiten, „Humankapital" also. Es galt, nicht an die Vergangenheit zu denken oder ein Trauma zu nähren. Und tatsächlich musste der Begriff „Kriegstrauma" erst geprägt werden.

Einer dieser alten Veteranen war Onkel Martin. Eigentlich war er kein Verwandter, sondern der Ehemann einer von Erikas Freundinnen. Er war an die Front gegangen und hatte seine Frau, Rosemarie, und ihre Töchter, Ina und Hella, beide in Renates Alter, zurückgelassen. Martin hatte Landwirtschaft studiert. Er war beim Staat angestellt gewesen. Es war seine Aufgabe gewesen, Bauern in landwirtschaftlichen Fragen zu beraten. Wie Renates Vater hatte auch er seine Karriere aufgegeben und an der allseits gefürchteten Ostfront gekämpft. Es war die schlimmere der beiden Fronten, berüchtigt für fehlende Verpflegung, kalte Winter und unbarmherzige Vorstöße und Rückzüge.

Die 6. Armee der Deutschen, die sich in Stalingrad ergeben hatte, wurde gefangen genommen. Um die 40000 Männer starben auf dem Weg zu den Kriegsgefangenenlagern, weitere 50000 in Gefangenschaft. 1953 kehrten nach Stalins Tod nur 6000 zurück. Die letzte Heimführung aus weiteren Kriegsgefangenenlagern fand statt, nachdem der Premierminister der Sowjetunion, Bulganin, Konrad Adenauer, den Kanzler der Westdeutschen Republik, 1955 einlud und traf.

Unter den Heimkehrern war auch Martin. Er war für mehrere Jahre in einem Lager als Kriegsgefangener inhaftiert gewesen. Nach seiner Rückkehr blieb er ein stiller Mann, der nie ein Wort über die Jahre verlor, in denen er an der Front und im Lager war, also insgesamt 10 Jahre.

Naveen und Renate trafen ihn in den 60er Jahren in Berlin. Er war ein großer und kräftiger Mann mit einem kahl werdenden Kopf und er trug eine rahmenlose Brille. Er war höflich, aber sehr mürrisch und wortkarg. Konversation gestaltete sich schwierig. Er machte nur knappe Erwiderungen und seine Antworten fielen einsilbig aus. Er durchlitt sein Trauma ganz alleine, blieb verschlossen und suchte bis zu seinem letzten Tag Zuflucht in der Stille. Es war eine schreckliche Erfahrung für Renate. Sie konnte nur raten, wie die Familie mit seinem Leiden umging. Im Hinterkopf stellte sie sich natürlich ihren Vater vor, der vielleicht ähnliche Erfahrungen durchmachte.

Die Herausforderung für die Rückkehrer war es, die Bedingungen, denen sie gegenüberstanden, zu akzeptieren. Dies war das Zeitalter der Stille und der Scham, nicht das Zeitalter der Psychiater und Analysen. Ihnen war nichts mehr geblieben außer ihren Frauen, Müttern und Schwestern nachzueifern: Kopf hoch, Ärmel hochkrempeln und mit der Arbeit anfangen: *„zupacken"*.

***

Die Relevanz der Nationalhymne der DDR, die mit den Worten „Auferstanden aus Ruinen" begann, traf auch auf den Westen zu. Deutschland war eine Welt der Frauen: Da alle Männer im Krieg waren, entweder an der Front oder in einem Gefangenenlager ihre Strafe im Ausland absaßen, bestand die zerstöre Gesellschaft nur noch aus Frauen und Kindern, ganz abgesehen von den alten Männern und invaliden Heimkehrern von der Front, und alle waren den Launen und Einfällen der Besatzer ausgeliefert.

Erst später realisierte Renate, dass sie in einer merkwürdigen, entmannten Gesellschaft in den Nachwehen des Krieges aufgewachsen war. Sie wuchs ohne Männer in den Reihen der Älteren auf und hatte keine Ahnung, wie Männer das Leben anpackten. Freilich sprachen ihre Mutter, Großmutter und viele andere auch von den Tagen, an denen „Hermann" oder „Franz" oder wer auch immer eine Hilfe bei der Reparatur war oder mit Improvisationen in einer Welt, in der alles *kaputt* war, aushalf. Jeden Tag gab es schwere Arbeit und die schwierige Planung, alles zu vereinbaren: Feuerholz sammeln, Waren tauschen, mit den Lebensmittelkarten haushalten, sich um die täglichen Dinge kümmern, seine Anliegen vor die Behörden bringen, und so weiter. Auch in moralischer Hinsicht gab es keinen Mann, der mit Unterstützung, Rat oder Inspiration aufwartete; und ein männliches Vorbild wäre für alle Kinder, nicht nur für die Jungs, wirklich wichtig gewesen.

In Deutschland gehörten die meisten Frauen mit Kindern in diese Kategorie, da die Männer als vermisst galten oder als Kriegsgefangene in einem anderen Land waren. Weil aber die Situation als normal angesehen wurde, gab es kein Geschrei in dieser Hinsicht, keine Sozialprogramme oder geplante und organisierte Hilfe; es gab einfach zu viele Bedürftige. Außerdem war Trauma ein vergessener Aspekt, der unausgesprochen blieb und unverhohlen ignoriert wurde, ganz im Gegensatz zur Aufmerksamkeit, die „alleinerziehende Mütter" heute bekommen.

Es wäre eine Sünde, die Rolle und die Leistungen der Frauen in dieser Zeit, der vergessenen und unbesungenen Heldinnen nach der Katastrophe, nicht zu beachten. Man muss sich die tägliche Arbeit dieser alleinstehenden deutschen Frauen in den 40er Jahren vorstellen. Sie mussten die ganze Zeit ohne Haushaltsgeräte arbeiten. Rationierte Lebensmittel einkaufen, kochen und die Kinder und die Kranken ernähren, die Küche, Toilette und Boden wischen, und außerdem bestand die Arbeit noch aus Kinderbetreuung, angefangen vom Füttern, Ernährung, Gesundheit, Disziplin und Ausbildung bis hin zur Schulerziehung und der Hilfe bei den Hausaufgaben. Sogar Reparaturen im Haushalt und der notwendige Einfallsreichtum lasteten auf ihren Schultern, da keine Männer da waren. Alles war Aufgabe der Frauen.

Nachdem der kontinuierliche Bombenregen aufgehört hatte, mussten die Frauen sogar den Schutt wegräumen. Es gab sonst niemanden. Tatsächlich befahlen die alliierten Besatzungsmächte allen Frauen im Alter zwischen 15 und 50 die Trümmer mit ihren bloßen Händen wegzuschaffen. Diese Frauen wurden Trümmerfrauen genannt. Die Aufräumarbeiten begannen in mehreren Städten, von Aachen bis Zerbst in insgesamt 30 in Deutschland, (einschließlich den schwer betroffenen Städten Berlin und Dresden) sowie Wien und Salzburg in Österreich. Allein in Deutschland waren 16000000 Behausungen, 25% von allen, zerstört, und ebenso viele waren beschädigt worden. Die Hälfte der Schulen und 40% der Straßen konnten nicht mehr benutzt werden.

Gerda, die Frau von Werners Cousin, war eine von Renates Tanten. Sie hatte nicht das Glück, Berlin im Krieg zu verlassen, aber hatte dem Sturm in der bescheidenen Nachbarschaft der Arbeiterklasse von Wedding widerstanden. Ihr Sohn war knapp über drei Jahre alt und sie hoffte vergebens, dass ihr Ehemann die Front überlebt hatte. Auch sie wurde in Berlin als *Trümmerfrau* rekrutiert.

Über zehn Jahre später besuchte Renate Gerda in ihrer Wohnung in Berlin. Es war ein angenehmer Tag, die Sonne schien durch das Fenster. Gerda plauderte in ihrer kleinen Küche mit Renate. Wie sie die sich bessernden Zeiten, in denen ein paar Haushaltssachen endlich leistbar wurden, besprachen, erwähnte Gerda das Elend, das die Berliner sofort nach dem Krieg durchmachen mussten. Renate, die sich der seltenen Gelegenheit, die sich durch Gerdas Anspielung auf die vergangene Kriegszeit auftat, bewusst war, setzte sich auf einen Stuhl in der Küche und hörte aufmerksam Gerdas Bericht zu, wie sie die Ruinen durchsucht hatten.

Hauptsächlich bestand die Arbeit aus Einreißen der Überreste eines zerstörten Gebäudes in Gruppen von 10 bis 20 Leuten, auch „Kolonnen" genannt, mit Hilfe von Winden und Pickeln, selten waren schwere Geräte vorhanden. Die Trümmer mussten dann in kleine Stücke zerschlagen werden, sodass die Ziegel ohne Schaden herausgetrennt werden konnten, um sie später für Reparaturen oder neue Bauten verwenden zu können. Sie wurden entweder von Hand zu Hand oder in Eimerketten weitergegeben, indem die Frauen eine Kette von den Ruinen bis zum Bordstein bildeten; jeder Ziegel wurde dann einzeln mithilfe eines Hammers vom verbleibenden Mörtel befreit.

Dann wurden 16 Stück zu 4x4 Blöcken aufgestapelt; jeder Stapel bestand aus 12 Schichten, eine über der anderen, und schließlich wurden 8 Stücke oben hingelegt, um den Stoß aus 200 wertvollen Stücken zu stabilisieren. Schutt und Staub wurden auf Schubkarren, Pferdefuhrwerke, Zugwaggons oder Lastwagen geladen. Die unbrauchbaren Ziegelstücke wurden auf Lagerflächen zu Trümmerbergen aufgeschüttet, oder sie wurden in Ziegelfabriken, die in der Nähe der Ruinen waren, zermahlen. Die pulverige Masse wurde im Straßen- und Kanalbau oder zum Auffüllen der Bombenkrater oder zur Herstellung neuer Ziegel verwendet.

Nach ihrem Bericht über diese Zeit war eine lange Pause. Dann sprach sie weiter.

„Wir waren immer draußen und haben gearbeitet, egal, welches Wetter war", sagte sie und sah aus dem Fenster. „Sogar wenn es regnete oder schneite." Dann fügte sie noch hinzu: „Schwere Zeiten, aber sie hätten mir nur den Rücken brechen können, nicht meinen Stolz."

Renate wollte nicht darauf eingehen, wen Gerda mit „sie" meinte, die Zeiten oder die Besatzer; sie beobachtete Gerdas starren Blick aus dem Fenster, der nicht auf das momentane Wetter gerichtet war, sondern eher auf das eigentliche Unwetter der Vergangenheit. Ihre sonst resolute tiefe Stimme war weicher geworden, ihre majestätische hervorstehende Nase und ihre hochgewachsene Statur standen im Gegensatz zu den unterdrückten Emotionen.

„Aber was war mit den Ruinen? War es nicht rutschig und gefährlich?" fragte Renate. „Und was war mit deinen Schuhen?"
„Renate, du weißt nicht, wie es damals war", sagte sie und fiel in ihren Berliner Dialekt. Sie klang ein wenig ungeduldig. „Man ging einfach in den Schuhen hinaus, die man hatte, und rutschte oder tanzte auf den Ruinen. Wen kümmerte es schon? Niemand fragte danach. Die Arbeit musste getan werden."
„Was hast du bei der Arbeit angehabt?" bohrte Renate weiter.
„Uff!" Gerda wusste nicht, was sie sagen sollte. Sie ging auf und ab, sammelte, filterte oder unterdrückte vielleicht ihre Gedanken. Das war kein Geist, den eine Person oder ein Umstand kleinkriegen oder brechen konnte.
Schließlich setzte sich Gerda auf einen Stuhl in der Ecke; sie klatsche mit ihren Händen auf die Oberschenkel, zuckte mit den Schultern, presste die Lippen aufeinander und dann verengte sie ihre Augen ein bisschen. „Was meinst du? Natürlich das Gewand, das ich hatte. Wenn es warm war, zog ich meine Schürze an. Ansonsten die einzige Winterjacke, die ich hatte. Sie wurde von der Arbeit immer sehr staubig, also musste ich die Jacke immer erst sauber abbürsten, bevor ich ins Haus ging. Und wir haben natürlich unsere Köpfe mit einem Kopftuch bedeckt."
Renate wurde still und brütete über den Arbeitsbedingungen. Sie konnte sich den Schal vorstellen, wie er von hinten über den Kopf gebunden wurde, mit einem Koten auf der Stirn, in der Art, wie Hausfrauen ihn beim Putzen trugen. Aber Renates Instinkt sagte ihr, dass sie nichts über die knochenharte Rücken brechende Arbeit, den Staub in den Lungen, die wunden Hände und geschwollenen Füße hören würde. Sie würde nichts über die anderen Frauen, ihre Verletzungen, ihre Qual und ihr Schicksal erfahren. Sie würde nichts von den Ängsten und Schmerzen, die heute niemanden kümmerten und die niemand teilte, hören. Gerda hatte alles, den Tumult, der um sie

tobte, die Mühsal und die Schande still ertragen. Vielleicht war sie froh darüber, dass ein junger Mensch ernsthaft Fragen über die damaligen Zeiten stellte, aber sie war zu stolz, sich zu beschweren.
„Und als du nach Hause kamst...", fragte Renate weiter.
„Fräulein, in diesen Zeiten hatten wir gar nichts; alles, was ich hatte, waren Ehre und Hoffnung." Ärger und Niedergeschlagenheit schwangen in ihrer Stimme mit. „Nachdem ich nach Hause gekommen bin, habe ich mich schnell gewaschen und mit dem Kochen angefangen; die ganze Hausarbeit musste auch erledigt werden. Zu dieser Zeit hatten wir keine Dinge wie Waschmaschinen, Geschirrspüler und was-weiß-ich-was-noch. Wir hatten nicht einmal eine anständige Heizung ... aber genug davon."
An diesem Punkt bemerkte Renate, wie Gerdas aufrechte Position zusammenfiel und gebückt wurde; sie vernahm einen beinahe unhörbaren Seufzer. Das Gespräch war beendet.
Als die Deutsche Mark 1949 als Währung der Bundesrepublik Deutschland eingeführt wurde, sollten diese Frauen, die Trümmerfrauen, mit einer Abbildung auf dem 50-Pfennig-Stück (eine halbe Mark) geehrt und verewigt werden. Allerdings zeigt es eine kniende Frau, die einen Eichenschössling pflanzt; angeblich sollten so auch die Frauen, die zur Wiederherstellung des Waldes beigetragen haben, miteinbezogen werden. Wahrscheinlich war die Darstellung einer mittellosen und staubigen Frau mit dreckigen Trümmern keine halbe Deutsche Mark wert. Zerbrechliche Ziegel wichen zarten Zweigen.
Im Gegensatz dazu blieben die Kaiser-Wilhelm-Gedenkkirche und der Anhalter-Bahnhof als Kriegsdenkmäler unberührt. Die Wilhelminischen Ruinen wurden zu Kriegsreliquien aufgewertet.

***

Mama Erika war der Unsicherheit und der Zerstörung Berlins glücklicherweise entkommen und lebte mit ihren Kindern im vergleichsweise sicheren Apolda, als die Invasoren einmarschierten. Aber sie hatte keine besseren Aussichten auf die Zukunft wie alle anderen, da sie sich um die Kinder kümmern musste und die ganze Welt ein wahrhaftes Inferno war.

Emi erhielt eine kleine Witwenrente, da ihr Ehemann sein ganzes Leben für den Staat gearbeitet hatte. Renates Mutter konnte keine solchen Ansprüche stellen. Ihre Herkunft und Ausbildung halfen auch nicht. Sie musste jede Arbeit annehmen, die sie kriegen konnte, um ihre Familie zu unterstützen. Aber sie hatte wenigstens in einer Sache Glück. Ihr Schwager Fritz fand in seiner Fabrik eine Stelle als Näherin für sie. Es war harte Arbeit, 45 Stunden die Woche, aber sie hatte Arbeit. Nachdem sie einige Zeit dort angestellt gewesen war, hatte sie genug Wissen und Erfahrung gesammelt, um eine kleine Gruppe von Arbeitern zu beaufsichtigen.

Aber Arbeit alleine war keine Überlebensgarantie. Essen musste wie in grauer Vorzeit beschafft werden. Nur die Bauern hatten Zugang zu Nahrung aus eigener Produktion. Stadtbewohner konnten nicht jederzeit in den Laden gehen und kaufen, was sie brauchten. Essen war knapp, die Läden waren oft leer, und mit Geld konnte man sich nicht alles kaufen, was man täglich brauchte. Es wurde rationiert und bestimmte Dinge, wie Milch, waren Erwachsenen nicht gestattet.

Tante Lilo teilte ein bisschen von dem Obst und Gemüse, das in ihrem Garten wuchs. Erikas Tante, Tante Dorli, war eine andere Quelle für Renates Familie. Die Tante lebte in einem Haus am Rand von Jena, genau zwischen Apolda und Jena. Der Bus, der die beiden Städte verband, hielt an der Straße gegenüber. Tante Dorli hatte Äpfel in ihrem Garten. Sie hatte ein Abkommen mit dem Busfahrer. Wann immer der Bus auf seinem Weg von Jena nach Apolda sich der Haltestelle näherte, hupte er rechtzeitig. Wenn er anhielt, stand Dorli schon da, um ihm einen Korb voller Äpfel für Erikas Familie in die Hand zu drücken. Wenn der Bus dann in Apolda ankam, stand eines der Familienmitglieder, durch einen früheren Brief informiert, an der Haltestelle, um den Korb entgegenzunehmen. Zusätzlich zu der Tatsache, dass der Busfahrer ein guter Freund beider Familien wurde, genoss Renate das Privileg, immer neben dem Fahrer zu sitzen, wenn sie ihre Tante besuchte.

Um an andere Waren als Äpfel zu kommen, blieb nur der Tausch von persönlichen Gegenständen. In den Abenden nach der Arbeit nähte Erika oft Kleider für die Frauen und Kinder der Bauern, um sie gegen Waren einzutauschen. Schwester Lilo und Mutter Emi sammelten kleinere Haushaltsgegenstände, sogar Spielzeug, Vorhänge und Kleidung. Sie baten die Nachbarn, ihnen Fahrräder zu leihen, die zu den wertvollsten Gegenständen gehörten. Nachdem sie die Sachen in unauffällige Säcke gepackt hatten, fuhren sie nach Isserstedt, das ungefähr 8 Kilometer in Richtung Jena lag, um mit den Bauern zu handeln; und es war keine vergnügliche Fahrt. Emi, die schon über 60 Jahre alt war, musste bei Steigungen vom Rad steigen, um von Lilo zu Fuß begleitet zu werden, und sie mussten immer Vorsicht walten lassen, denn Besatzungsmächte oder Fremde konnten vorbeikommen; die Frauen konnten jederzeit vom Militär angehalten und befragt werden - und alles verlieren, was sie besaßen. Fremde könnten versuchen, sie um die begehrten Güter zu erleichtern, eine verlockende Beute für Wegelagerer. Als sie die Bauernhöfe erreichten, handelten sie mit den Besitzern um die notwendigsten täglichen Bedürfnisse wie Milch, Butter und Brot.

***

Die ersten Jahre nach dem Krieg wurden von einem weiteren Akt der Grausamkeit begleitet, einem Naturereignis. Der Winter des Jahres 1946/47 war einer der kältesten Winter, an die sich Renate erinnern konnte. Tatsächlich war dieser einer von fünf weiteren extrem kalten Wintern der Kriegszeit, nämlich dem von 1928/29 und den Dreien in den aufeinanderfolgenden Jahren 1939 bis 1942. Aber die Menschen in Nord- und Zentraleuropa, die sich an alle diese Winter erinnern konnten, erinnern sich an den Letzten als den Schlimmsten. Der Februar von 1947 war der kälteste Monat. Die nördliche Hemisphäre war Ziel einer extremen arktischen Kälte, sogar Florida, das Mittelmeer und Japan waren betroffen. Am Rande ist interessant, dass es eine Theorie gibt, die diese Jahreszeit mit den Kriegsaktivitäten am Meer und einer zeitweisen Verschiebung der Meereswasserstruktur des Nordatlantiks verbindet.[11]

Der Winter musste ohne ausreichend Wärme überstanden werden: Wie auch alle anderen Ressourcen war Kohle knapp und die Familie konnte es sich nur leisten, einen Raum teilweise zu beheizen. Obwohl ihre Wohnung 2 Kachelöfen besaß, einen im Wohnzimmer und einen im Nebenraum, wurde nur Ersterer für ein paar Stunden am Tag beheizt. Abends wurden die Kinder sehr früh ins Bett geschickt und sie mussten mehrere Schichten Kleidung und zwei Paar Socken tragen. Schuhe waren knapp und an einem wachsenden Mädchen, das ständig zu kleine trug, hinterließen sie sichtbare Spuren. Renates Zehen blieben in ihrer zusammengekrümmten Position. Ihre Generation erinnert sich sehr gut an diese schwierige Zeit.

Säuberung
In Juni 1945 war Deutschland dauerhaft unter den Besatzungsmächten aufgeteilt worden. Das eigentliche Ziel war die Entnazifizierung und Entmilitarisierung der Besiegten, um die Demokratie wiedereinzuführen, aber die westlichen und östlichen Zonen begannen, unterschiedliche wirtschaftliche Ziele zu verfolgen.
Sofort nach Deutschlands bedingungsloser Kapitulation im Jahr 1945 begann die Rote Armee der Sowjets, nicht nur Fabriken, die noch Arbeitsplätze boten, auseinanderzunehmen, sondern nahm dem zerstörten Land auch Waren jeglichen erdenklichen Wertes, gruben sogar Telefonleitungen aus dem Boden, um sie nach Russland zu schaffen. Dieses Ausbluten war ein großer Rückschlag für den Osten.
Nachdem in Westdeutschland, wie im Morgenthau-Plan vorgesehen, eine ähnliche Politik der Entschädigung und rigorosen Entindustrialisierung verfolgt wurde, fand mit der Truman-Doktrin von 1947 eine Umkehrung statt; Geld begann zu fließen, die Alliierten finanzierten unter dem Marshall-Plan (1948-52) die westlichen Länder. Der Plan wurde nach dem Urheber, dem US-Staatssekretär George C. Marshall (von 1947 bis 1949 im Amt), benannt und 13 Milliarden US-Dollar wurden auf 16 westliche Länder außerhalb des Eisernen Vorhangs aufgeteilt, alles Länder, die zur Organisation für europäische wirtschaftliche Zusammenarbeit (OEEC, später OECD) gehörten, und seit 1950 auch auf Jugoslawien.
Aber unter der sowjetischen Unterdrückung konnte sich Ostdeutschland nie von diesem ausgebeuteten Zustand erholen. Allen Männern und Frauen wurde unterstellt, Mitglied der Nationalsozialistischen Partei gewesen zu sein, und sie wurden - manchmal aufgrund von Beweisen, manchmal nur aufgrund von Denunziation - nach Russland deportiert oder in ehemalige Konzentrationslager, wie dem in Buchenwald, gebracht. Die Sowjets verschonten auch

nicht Leute, die keine Nazi-Vergangenheit hatten, und entließen sie ohne Gewissensbisse für den einzigen Zweck, deren Positionen mit Strohmännern zu besetzen. Die Absicht der Sowjets war es, jeden, der dem Kommunismus folgte, in Schlüsselpositionen zu bringen, nachdem sie sich den Mitgliedern der alten Garde entledigt hatten, auch wenn sie gegen diese nichts in der Hand hatten. Personen ohne jeglichen beruflich relevanten Hintergrund wurden eingeschleust und für hochrangige Positionen ausgebildet. Ein solcher Kandidat für das Amt des Staatsanwaltes war in seinem früheren Leben nur ein Mechaniker gewesen und wurde nun in die Rechtsprechung erhoben. Als der amtierende leitende Staatsanwalt, der ihn ausbilden sollte, einen Bericht schrieb, in dem er feststellte, dass der Kandidat nicht die notwendigen Qualifikationen hatte und nicht für die Stelle geeignet war, wurde der Anwalt gefeuert. So war das Leben unter den Sowjets.

Die Sowjets begannen mit großer Eile und großem Eifer die Landreformen. Das war ein ziemlicher Schlag für die Bauern, denn ihr einziger Weg, in dieser zerstörten Welt ein Auskommen zu haben, war Ackerbau. Um die 500 Gutsbesitze von Großgrundbesitzern wurden zu kollektiven gemacht. Willkürlich und über Nacht wurde Land beschlagnahmt, den Besitzern befohlen, die Heimstatt zu verlassen und buchstäblich ohne jeglichen Unterschlupf auf der Straße zu stehen. Die so erlangten Bauernhöfe wurden unter den Landarbeitern und Flüchtlingen, die aus dem ehemaligen Deutschland weiter im Osten zwangsgeräumt worden waren, aufgeteilt. Die Höfe wurden abgerissen und kleinere Hütten wurden für die Neulinge gebaut. Außerdem konnte diese Verteilung ineffizient und mühselig sein: So musste in Thüringen ein Stück Land von 100 Hektar gleichmäßig unter sieben Neuankömmlingen aufgeteilt werden. Kein Wunder, dass es in diesem Fall ein ziemlicher Kampf war, 100 durch 7 zu dividieren.[12]

Die Industrie wurde ebenso schnell verstaatlicht oder anders gesagt, sie fiel in die Hände der Sowjets. Eine Nation musste in der besetzten Zone erst gegründet werden.[13]
Der anfängliche Fokus lag auf der Schwerindustrie und auch Familienunternehmen wurden enteignet. (Im Gegensatz dazu wurde dieser Mittelstand das Rückgrat der Wirtschaft in Westdeutschland.)Nur sehr kleine Familienbetriebe wie Erzeuger, Händler, Bauern mit weniger als 20 Hektar Land, Gärtner, Handwerker und ähnliche, Selbstständige wie Künstler und Autoren, durften frei atmen. Das war das Leben unter den Sowjets.

***

In Apolda war das Unternehmen Christian Zimmermann und Sohn, das nun unter dem Namen Hollmann und Wiedemann lief, unter den Opfern. 1948 wurde das private Unternehmen von den Sowjets enteignet. Die Besitzer bekamen keine Entschädigung und mussten das Büro und ihr Haus innerhalb von 24 Stunden räumen, obwohl das Haus seit 160 Jahren, seit 1789, in Familienbesitz gewesen war. Es war ein schwerer Schlag für Onkel Fritz, der eine Frau und drei Kinder ernähren musste. Auf Aufforderung des Wirtschaftsministeriums musste er nach Ostberlin. Seine Frau, Tante Lilo, ging nach Jena, stritt mit den lokalen Behörden und erhielt die Sondergenehmigung, noch für 2 weitere Wochen in ihrem Haus bleiben zu dürfen. Nachdem eine neue Stelle für Fritz in Ostberlin gefunden und ein Zuhause in Klein-Machnow, eine Vorstadt, gemietet wurde, musste die Familie ihr Haus so hastig verlassen, als ob es in die Luft gesprengt worden wäre.
Im Zuge der Übernahme wurde auch Personal entlassen, darunter auch Renates Mutter Erika, eine Fabrikarbeiterin, aber mit Fritz

verwandt. Diese Neuigkeit traf sie wie ein Blitz aus heiterem Himmel und sie musste sich in diesen verzweifelten Zeiten eine neue Arbeit suchen, um ihrer Familie zu helfen; glücklicherweise musste sie nicht aus ihrer gemieteten Wohnung. Sie fand Arbeit als Schneidereigehilfin in einem kleinen Familienunternehmen, das zu klein war, als das es von Interesse für die Sowjets war. Besitzer war eine gewisse Frau Franke, dessen Enkelin Christel Ackermann eine von Renates Klassenkameraden war.

Christel wurde eine sehr gute Freundin für Renate. Obwohl Christels Großmutter die Chefin von Renates Mutter war und sie besser dastanden, litt Christel unter einer beschämenden Situation in ihrem Zuhause. Sie hatten kein Badezimmer und sie mussten das Plumpsklo hinter dem Haus benutzen. Es war eine ziemlich primitive Örtlichkeit, ein Holzverschlag ohne Spülung und nur einer Kanne Wasser, um die Fäkalien hinunterzuwaschen. Für gewöhnlich rannte sie zu Renate und benutzte die Toilette in Renates Zuhause.

***

Am 24. Juni 1948 schnitten die Sowjets alle Land- und Wasserverbindungen nach Westberlin, die durch das umliegende ostdeutsche, von den Sowjets besetzte Territorium führten, ab. Alle Versorgungen blieben aus. Westberlin war vollkommen isoliert. Die westlichen Alliierten konnten an der diplomatischen Front keinen Fortschritt machen.

Am 28. Juni erklärte Präsident Truman, dass es nicht in Frage käme, Westberlin aufzugeben. Die Pattsituation war bedrohlich, das Problem enorm. Die Krise hätte einen weiteren Weltkrieg auslösen können. Man muss wissen, dass tägliche Lieferungen von mehr als 1500 Tonnen Nahrungsmittel (von Salz und Zucker bis Milch und Gemüse) und ungefähr 2000 Tonnen Kohle - alles in allem 3500

Tonnen - nötig waren, um die belagerte Stadt mit ihren 2000000 Berlinern zu versorgen.

Die Lösung war ein Schlupfloch, das die Sowjets übersehen hatten. Rückblickend könnte man das Voraussicht der westlichen Alliierten oder Versehen seitens Sowjets nennen. Die westlichen Alliierten hatten mit den Sowjets, ihrem Verbündeten, schon am 30. November 1945 einen Vertrag unterschrieben, in dem drei 32 km breite Luftkorridore über dem sowjetisch besetzten Gebiet von Ostdeutschland erlaubt wurden und die Zugang zu Westberlin garantierten. Diese Vereinbarung zurückzunehmen hätte ganz sicher Krieg bedeutet.

Ein gewaltiger und fortlaufender Transport aller nötigen Güter für die Berliner war die Lösung: Flüge über diese Luftbrücke begannen, als Flugzeuge (Douglas C-47 Skytrain und Douglas C-54 Skymaster) die Waren 24 Stunden am Tag anschleppten. Sie flogen von den Luftwaffenbasen Wiesbaden und Frankfurt in Westdeutschland aus zu den zwei Flughäfen Gatow und Tempelhof, und später auch zum neu gebauten Flughafen in Tegel. Die Flüge gingen in Intervallen von zwei Minuten, und wenn ein Flugzeug aus irgendwelchen Gründen nicht planmäßig landen konnte, musste es voll beladen zurückkehren, um nicht die nächste Lieferung aufzuhalten und so den Plan durcheinanderzubringen. Die Zwischenlandungen in Berlin dauerten im Durchschnitt 25 Minuten.

Obwohl das Alliiertenkommando schnell auf die Situation reagierte, gab es in den ersten Wochen einen Mangel an Versorgungsgütern, bis die Luftbrücke ihre volle Stärke erreichte; nach dem schrecklichen Winter im Jahr 1946 war dieser Winter einer der schlimmsten in den 40er Jahren. Die Bewohner begannen, den Müll zu durchwühlen und aßen sogar Gras, um zu überleben, aber die deutsche Entschlossenheit war stark in diesem bitterkalten Winter des Kalten Krieges.

Die Berliner leisteten freiwillige Arbeit in vielerlei Hinsicht. Sie arbeiteten in Mannschaften, um die Waren zu entladen und schafften es, in der Rekordzeit von 10 Minuten 10 Tonnen Kohle zu entladen. Viele ausgebildete ehemalige Arbeiter der Luftwaffe halfen bei der Wartung aller gestrandeten Flugzeuge.

Eine bemerkenswerte Episode könnte dem Leser helfen, das menschliche Element dieser schweren Zeiten zu verstehen. Der amerikanische Pilot Gail Halvorsen band Süßigkeiten wie Schokoladetafeln und Kaugummi an selbst gebastelte Fallschirme aus Taschentüchern und warf sie für die wartenden Kinder ab, bevor er in Tempelhof landete. Bald danach folgten andere Piloten seinem Beispiel. Ein britischer Pilot flog sogar eine Ladung Rosinen für Weihnachtskekse nach Berlin. Daher wurden die Flugzeuge von den Berlinern, die den Ruf haben, auch den schwierigsten Zeiten mit kreativem und originellem Humor zu begegnen, den Spitznamen „Rosinenbomber" versehen.

Das schreckliche Jahr 1948 hinterließ weitere verstörende Eindrücke in dem 8 Jahre alten Mädchen Renate. Obwohl sie zu jung war, um die politischen Kämpfe unter den alliierten Kommandos und dem Schicksal der Deutschen zu verstehen, wusste sie, dass die Berliner mehr litten, als die Menschen in Apolda. Da alle Nachrichten die Familie per Brief erreichten und nicht detailliert im Radio zu hören oder in den Zeitungen des kommunistischen Staates zu lesen waren, gab ihre Mutter gefilterte Informationen, über was auch immer gerade in ihrem belagerten Berlin vorging, an ihre Kinder weiter. Renate erinnert sich an gelegentliche Essenspakete, die ihre Mutter und Großmutter machten, um sie nach Westberlin zu schicken - auch wenn sie selbst nicht viel hatten.

Ab Juni 1946 hatten die Alliierten das Verbot aufgehoben, materielle Hilfe an den ehemaligen Feind zu schicken und erlaubten sich selbst, sogenannte „CARE-Pakete" mit Essen an die Deutschen zu schicken. [14]Die Ironie der Zeit hat diese Welle auch in die andere Richtung schwappen lassen. Jahre später begannen die binnenländischen aber befreiten Westberliner jenen im Osten Nahrungsmittel wie Kaffee und Butter zu schicken, und erwiderten so den Gefallen.

***

Die absurden Schikanen des ostdeutschen Staates, der 1949 als Deutsche Demokratische Republik (DDR) gegründet wurde, gegenüber den Westberlinern wurden von Misshandlungen der eignen Bürger begleitet. Die Bedingungen wurden für den gewöhnlichen Bürger schlimmer und schlimmer, die Schlinge zog sich immer enger um den Hals und verhinderte so jegliche Redefreiheit oder Freiheit der Gedanken.

Am 16. Juni 1953 weigerten sich Bauarbeiter an der Baustelle für neue Wohnungen in Ostberlin, der Hauptstadt der DDR, ihre Arbeit aufzunehmen, da ihre Löhne gekürzt und die Arbeitsnormen strenger wurden. Aus ähnlichen Gründen war auch ein Streik an der Baustelle eines Krankenhauses in Friedrichshain[15] geplant.

Das war der Ausgangspunkt für 700 Arbeiter, eine Demonstration zu veranstalten, wie es sie in diesem Polizeistaat noch nie gegeben hatte. Daraus wurde am 17. Juni ein landesweiter Streik, der Tausende protestierende Arbeiter und Bürger auf die Straßen trieb. In den größeren Städten bekamen die Arbeiter Unterstützung von der Mittelklasse und den Gebildeten. Einer Version zufolge waren 270 Städte involviert. Die Bürger hofften vergebens, dass sie Unterstützung aus dem Westen erhalten würden, aber es kam keine.

Der Aufstand wurde brutal mit Panzern und Waffen niedergeschlagen. Mindestens 55 Männer und Frauen wurden getötet. Max Fettling, der Gewerkschaftsführer, der den Streik in Berlin anführte, wurde in der Nacht vom 18. auf den 19. Juni festgenommen und stunden- und nächtelang verhört. Nach einem Jahr Gerichtsverhandlungen und Haft wurde er der Sabotage der Republik angeklagt und zu 10 Jahren Zwangsarbeit verurteilt. 1957, nach drei Jahren Haft, wurde er freigelassen und er floh zusammen mit seiner Frau nach Westberlin.

Selbst damit hörte die Verfolgung nicht auf. Sogar Max Fechner, der Justizminister der Republik, wurde am 14. Juli verhaftet und zwei Jahre später zu 8 Jahre Zwangsarbeit verurteilt. Der Grund dafür war seine unentschuldbare Aussage während eines Interviews, dass das Recht auf Streik in der Verfassung der Republik enthalten sei, und niemand könne wegen bloßer Teilnahme an der Organisation eines Streikes angeklagt werden! Wir können nur zu dem Schluss kommen, dass der glücklose Justizminister vom Staat wegen Behinderung von Ungerechtigkeit verurteilt wurde.

***

Erika war Zeugin eines Vorfalls, den sie gerne ihren Kindern erzählte. Es war ein Ereignis, bei dem die Frustration der Bürger zu einer spontanen Revolte führte.

Die neue Nation der Deutschen Demokratischen Republik hatte eine sogenannte Gewerkschaft, die aber über keinerlei Macht verfügte. Es war keine traditionelle Vereinigung, die für die Rechte und Löhne der Arbeiter kämpfte, sondern nur ein verlängerter Arm des Staates. Wie konnten sie sich ihren Arbeitgebern entgegenstellen, wenn sie doch zu ihnen gehörten, jetzt, da alle so halbwegs wichtigen Unternehmen verstaatlicht worden waren und zu einem Volkseignen Betrieb, der VEB, gehörten?

Bei einer Gelegenheit wurden alle Arbeiter in einem Kino versammelt, einem Treffen, das von einer dieser Marionettengewerkschaf-

ten organisiert worden war, um einen Politiker der einzigen Partei, der SED, zu begrüßen. Erika war unter den Arbeiten, die dem Treffen beiwohnten. Der Gewerkschaftsführer begann seine endlose Willkommensrede und kam zu einer Hyperbel:
„Ihr müsst wissen, dass wir alle für den Frieden arbeiten. Das ist unser ehrenhaftes Ziel im Namen des Sozialismus", er machte eine Pause, um des Effektes wegen eine falsche Taube hervorzuholen. „Schaut euch diese Taube an", führte er fort. „Das ist eine Friedenstaube. Ihr, Genossen, seid die Flügel dieser Taube und mithilfe eurer Hände und eurer engagierten Arbeit wird diese Taube hoch und weit fliegen, um hinter dem Horizont einen Ort des Friedens zu finden, das ultimative Ziel des Kommunismus. Und Walter Ulbricht, der Präsident unserer Republik, ist ihr Kopf und ihre Augen und …"
Ein Mann, der meinte genug von diesem Zeug gehört zu haben, rief aus dem Publikum: „Und du bist ihr Arschloch!"
Spontan brach donnerndes Lachen und Applaus aus. Die Heimmannschaft hatte zumindest ein Tor gegen einen übermächtigen Gegner erzielt. Die Rede hörte auf und der wütende Funktionär rannte von der Bühne, um den Halunken im Publikum zu suchen, aber hatte keinen Erfolg. Erikas Nachbar flüsterte ihr zu: „Sie sollten verlangen, dass jeder von uns den Einwurf laut wiederholt, sodass sie den Sprecher an seiner Stimme erkennen. Das wären weitere 200 Beleidigungen."

Ablehnung
Eines Morgens im Jahr 1955 blätterte Renate durch die Post und fand einen offiziell aussehenden Brief, der an ihre Mutter adressiert war. In einem totalitären Staat will man vom Staat ignoriert werden, auch wenn man ein absolut gesetzestreuer Bürger ist. Jede offizielle Aufmerksamkeit, vor allem ein Brief, könnte Ärger bedeuten. Sie rannte mit dem Brief zu ihrer Mutter.

„Das ist nichts", sagte Erika, nachdem sie ihn schnell gelesen hatte. „Die Schulbehörden wollen mich wegen ‚der Erziehung ihrer Tochter, Fräulein Renate Behnke' sehen. Vielleicht muss ich einige Papiere unterschreiben, da du minderjährig bist. Komisch, die wollen, dass du auch mitkommst. Es ist sicher wieder eine dieser Formalitäten."

Renate hatte acht Jahre Grundschule abgeschlossen. Die Abschlussprüfung war streng, alles schriftlich (kein Durchrutschen mit Multiple-Choice) und beinhaltete auch eine ausführliche mündliche Prüfungen. Sie hatte in allen Fächern fast die bestmöglichen Noten erreicht, und es gab keinen Zweifel, dass sie zur Oberschule zugelassen wurde. Ansonsten hätte Renate die Wahl zwischen einer niederen Schule oder einer Stelle als ungelernte Arbeitskraft.

Am Vortag war es regnerisch gewesen. Die Feuchtigkeit ließ das Wetter kälter erscheinen, als es war. Es muss die ganze Nacht geregnet haben. Aber die Wolken hatten sich teilweise verzogen und ließen Sonnenschein durch, der Hoffnung auf einen schönen, sonnigen Tag aufkeimen ließ. Erika und Renate marschierten los, um zur Verabredung mit den Schulbehörden zu gehen. Die Straße war ziemlich nass und sie mussten nach den üblichen, überall lauernden Schlaglöchern, die mit schlammigem Wasser gefüllt waren und sie im gelegentlichen Sonnenschein verspotteten, Ausschau halten.

Das Büro war in einem alten Gebäude in der Nähe der Stadtverwaltung, auch Rathaus genannt. Die Unterbringung hier war eine Zwischenlösung, da man noch auf die Fertigstellung eines anderen Gebäudes für die Zukunft wartete. Die Baustelle und die Hindernisse an jeder Ecke machten das Durchgehen schwer, aber sie schafften es spielend.

Nach dem Haupttor gingen sie einen dunklen und unheimlichen Gang entlang, kein aufmunternder Empfang, der die Bürger in Ungewissheit ließ. Das ganze Gebäude schien nach Papierkleber, der symbolisch für den Verwaltungsaufwand war, zu riechen. Sie fanden eine Tür, die ein Schild als „Schulamt" auswies, und auf der der Name des Beamten, „Dr. Ingo Neumann", stand. Erika zögerte ein bisschen, dann klopfte sie. Sie hörte eine hohe Stimme: „Herein!" Sie betraten die Höhle des Löwen.

Die Höhle war ein mittelgroßer Raum mit einem großen Holztisch darin, der in der Nähe eines Fensters stand. Zwischen Tisch und Fenster hockte ein dunkelhaariger, etwa vierzigjähriger Mann mit einer brennenden Zigarette in der Hand, dicken Gläsern auf der Nase, die in der Mitte gescheitelten Haare waren fettig und glänzten, offensichtlich wegen der dicken Pomadenschicht, insgesamt also eine etwas lachhafte Erscheinung mit einem kleinen spitzbübischen Schnurrbart, die vergeblich versuchte, Ernsthaftigkeit zu verbreiten. Er sah sich mit nervösem und verstohlenem, ruckartigem, einem Spatz ähnlichem Blick um und signalisierte so seinen Wunsch: Gehen wir es an. Mit einer wortlosen Geste bedeutete er ihnen, sich in die zwei harten Holzsessel auf der anderen Seite des Tisches zu setzen. Nachdem Erika ihm den Brief gezeigt hatte, zerdrückte er seine Zigarette in einem gläsernen Aschenbecher zu seiner Rechten und begann, die Papiere auf einem kleinen Tisch in der Nähe des Schreibtisches zu durchsuchen.

Als er endlich das Richtige mit dem Titel „Renate Behnke" gefunden hatte, schaute er kurz darauf und fragte: „Sind Sie Frau Erika Behnke?" Erika nickte und legte ihre Ausweise auf den Tisch.

„Ist das Ihre Tochter, Fräulein Renate Behnke?" fragte er wieder. Renate bestätigte das und legte auch ihren Ausweis hin.

Er nahm seine Brille ab und holte ein feines, leinenes Taschentuch aus seiner Jackentasche hervor und begann, die Brille zu putzen. Nach einer Weile war er endlich zufrieden mit der Klarheit der Gläser. Er setzte die Brille vorsichtig auf und räusperte sich. Wieder

schaute er kurz in die Papiere, schüttelte seinen Kopf und ließ die Bombe platzen:
„Frau Behnke, es tut mir leid sagen zu müssen, dass Ihre Tochter nicht an der Oberschule zugelassen wird. Das ist gegen die neue Verordnung."

Das traf Erika unvorbereitet.
„Verordnung? Welche Verordnung?" Erika schlug zurück, all ihr Respekt vor Behörden verschwand in einer Sekunde.
„Sie hat ihre Prüfungen mit ausgezeichneten Noten bestanden und ist voll qualifiziert, ihr Studium fortzusetzen."
Sie wühlte in ihrer Tasche nach Renates Zeugnis und Zertifikat und schob sie auf dem Tisch beinahe bis unter seine Nase. Er winkte ab, schaute sich die Qualifikationen nicht einmal an und sprach weiter:
„Darum geht es nicht. Die neue Verordnung besagt, dass wir in einem sozialistischen Staat sind, der die Interessen der Arbeiterklasse fördert. Wir erlauben keinem Kind eines Akademikers, eine höhere Ausbildung zu erhalten; außerdem war ihr Vater auch Mitglied er Nationalsozialistischen Partei." „Aber", platzte Erika heraus, „mein Sohn Dieter ist schon seit vier Jahren an der Oberschule!"
Sofort biss sie sich auf die Zunge, da es ihr leidtat, ihren Sohn auf den Plan gebracht zu haben. Aber zu ihrer Erleichterung antwortete der Beamte:
„Ich weiß, ich weiß. Wir wollen aber nicht darüber sprechen. Er hatte Glück. Diese Verordnung gibt es erst seit Kurzem und betrifft nur Ihre Tochter. Wir wollen jetzt nicht über Ihren Sohn diskutieren."

Kein Argument half. Bitten? Gott bewahre. Ihr wurde unverblümt gesagt, dass sie seinen Anweisungen Folge zu leisten hatte. Sie konnte sich an keinen höheren Beamten wenden. Das war das.

Sie wurden zur Tür hinausgewiesen, um jegliche weitere Diskussionen zu unterbinden. Sie standen lange Zeit auf der Straße, reglos und sprachlos. Es hatte angefangen zu regnen, aber sie bemerkten es kaum. Dann, langsam wie in Trance, gingen sie los nach Hause, jede ihren eigenen Gedanken nachhängend. Zuhause trennten sie sich, jede zog sich in ein anderes Zimmer zurück, um die Nachricht alleine zu verdauen.

Spät am Abend ging Renate zu Bett und versuchte, etwas Schlaf zu finden, die Nachrichten des Tages beiseitezuschieben, als wären sie nur ein böser Traum, aber sie konnte es nicht. Ihr war, als wäre dieses Ereignis der Hintergrund für eine nicht aufhören wollende Verfolgung ihrer Familie, erst die Enteignung der Firma ihres Onkels Fritz, die ihn und seine Familie aus ihrem Haus und aus Apolda vertrieben hatte, dann verlor ihre Mutter ihre Arbeit und nun hatten sie es auf sie abgesehen. Renate fühlte sich, als ob ihr eine Tür vor der Nase zugeschlagen worden wäre. Das brachte das Fass zum Überlaufen. Sie dachte an den Vorfall, als die Kinder ihr nachliefen und sie mit Steinen bewarfen. Damals war sie ein Kapitalist. Heute war sie ein Nazi. Was würde sie wohl als Nächstes sein? Sie war wütend. Sie war niedergeschlagen. Sie versuchte, sich zusammenzunehmen. Aber dann zitterten ihre Lippen. Sie fühlte einen Knoten in ihrem Hals.

Sie weinte.

Kapitel IV

Entkommen

Der Entschluss

Als Renate am nächsten Morgen aufwachte, wurde sie von sonnigem Wetter begrüßt. Sie hörte das fröhliche Zwitschern der Vögel, als sie das Fenster öffnete. Es war ein Tag wie jeder andere, aber die Ereignisse des vorherigen Tages hatten ihre Welt verändert.

Sie erinnerte sich an die Worte ihres Lehrers, Herrn Dallmann: „Du kannst nicht darauf warten, dass sich die Welt verändert. So wirst du nur als Opfer enden. Es liegt in deiner Macht, die Welt um dich herum zu verändern." Langsam, wie in Zeitlupe, wurde ihr der Ernst der Situation bewusst: Sie konnte mit keiner Hilfe, weder göttlicher noch menschlicher, mit keinem Lichtstrahl, keinen Anzeichnen der Hoffnung, rechnen; stattdessen musste sie sich selbst helfen.

Sie wusste, sie musste sich der Herausforderung stellen: Nun hieß es sie gegen den Rest der Welt. Sie glaubte nicht an die Sterne oder Schicksal, aber sie war immer stolz gewesen, als Schütze geboren zu sein. Eine geborene Bogenschützin; ja, sie mochte diese Beifügung. Ein Bogenschütze, ein Pfeil und ein Ziel.

Während des Frühstücks schnitt sie das Thema an.

„Mutti", begann sie und machte eine Pause. Dann sprach sie vorsichtig weiter: „Was meinst du, was wir tun können?"
„Du meinst wegen deiner Ausbildung, Liebes?", fragte Mutti und sah ihr direkt in die Augen,
„Nun, ich habe gedacht..."

Renate wusste, was nun kam. Ihre Mutter würde ihr sagen, dass sie es mit Fassung tragen, den Tatsachen ins Auge sehen sollte, oder etwas in dieser Richtung. Daher unterbrach Renate sie: „Ich weiß, was ich machen werde", sagte sie mit dem eisernen Ton einer Jugendlichen in ihrer Stimme. „Ich werde nach Berlin gehen." „Du meinst Westberlin?", fragte Erika, rührte sehr ruhig ihren Kaffee um und war nicht im Mindesten beunruhigt.
„Ja", bekräftigte Renate. „Ich werde herausfinden, ob sie mich dort aufnehmen."
Mutti lächelte und lehnte sich zurück.
„Du wirst mir zwar nicht glauben", sagte sie, „aber ich habe das Gleiche gedacht."

Renate fühlte sich beschwingt. Sie und ihre Mutter waren unabhängig voneinander auf den gleichen Gedanken gekommen, was für Renate sehr ermutigend war, aber ihr inneres Gefühl der Zufriedenheit war nur von kurzer Dauer und Zweifel kamen auf, viele Wenn und Aber und eine Stille voller Hoffnung und Angst. Aber es waren nicht viele Worte nötig. Die ganze Idee gründete auf der Tatsache, dass Renate im Krankenhaus Gräfin-Rietberg, in Lichterfelde-Ost, einem Teil von Berlin, der nun zu Westberlin gehörte und im amerikanischen Sektor lag, geboren worden war. Also war sie als Westberlinerin geboren. Diese Tatsache konnte mit ihrer Geburtsurkunde bewiesen werden.

Es gab keinen leichten oder sicheren Weg, die Behörden in Westberlin zu kontaktieren. Es war ein offenes Geheimnis, dass Briefe zensiert wurden, was vor allem in ihrem Fall wahrscheinlich war, nachdem die Behörden ihr eine Zukunft verweigert hatten. Eine Alternative war es, nach Berlin zu reisen und persönlich Nachforschungen anzustellen. Ihre Mutter konnte nicht so plötzlich weg, ohne um Urlaub anzusuchen und zu sagen, wohin sie ging. Zu dieser Zeit waren Reisen nach Westberlin erlaubt, aber es herrschte immer noch die Angst, auf dem Weg von der allgegenwärtigen Polizei, der Volkspolizei, gesehen zu werden; es könnte einen Bericht nach Apolda nach sich ziehen. Wegen der hohen Emigrationsrate, die im Osten absolut nicht gut geheißen wurde, konnte die Familie in Verdacht geraten, den Umzug zu planen, was Repressalien bedeutete. Renate entschloss sich, alleine zu gehen. Sicherlich würde sie niemand ernst nehmen, da sie minderjährig war, aber die Mission überstieg ihren Verstand keineswegs.

Bald schon war sie mit dem Zug auf dem Weg nach Berlin. Sie trug makellose Kleidung, beinahe die einer Geschäftsfrau auf dem Weg zu einem Termin. Sie hatte es geschafft, seriös auszusehen und nicht wie ein ausreißender Teenager, der von zu Hause ausriss. Am Bahnhof Friedrichsstraße in Ostberlin angekommen präsentierte sie ihren Ausweis, um eine Fahrkarte für die städtische S-Bahn mit ihrer östlichen Währung zu erwerben. Nach einer ziemlich langen Fahrt quer durch Berlin von Ost nach West und nachdem sie eine ganze Weile zu Fuß gegangen war, kam sie bei Tante Gerda in Wedding, im britischen Sektor, an, um dort die Nacht zu verbringen.

Am nächsten Tag führte sie ihr Weg zu den Schulbehörden des Senates von Westberlin. Am Eingang konnte sie einen dürren Mann durch ein kleines Fenster sehen; sein Haar war ungekämmt und er

lungerte hinter einem kleinen Tisch. Sie klopfte ans Fenster. Er drehte sein Radio leiser, schaute durch das Glas und sagte mit gelangweiltem Tonfall:
„Ja, bitte!"

Sie hatte keinen Termin und sie wollte auch den Grund ihres Besuches nicht verraten. Der verblüffte Pförtner war entweder von der Nonchalance dieses Mädchens beeindruckt oder er wollte zurück zu seinem Radioprogramm; ohne viel Aufhebens zeigte er ihr die richtige Ansprechperson, einen Manfred Haeschke, und sagte ihr die Zimmernummer. Das große Gebäude, der lange Gang und die Reihen von Türen machten ihr kaum etwas aus. Nach einem forschen Klopfen an der Tür mit dem richtigen Namen und der richtigen Nummer betrat sie den Raum.

Es war ein gewöhnliches Büro mit einem einfachen Holztisch, einem Stuhl mit Armlehnen und zwei weiteren Stühlen auf der anderen Seite. An der Wand hinter dem Tisch hing eine Uhr mit einem hölzernen Rahmen und tickte pflichtbewusst, um die Besucher zu erinnern, dass sie jemandes Zeit verschwendeten. Der Beamte, der sich über den großen Tisch krümmte, war ein Mann Mitte vierzig; vielleicht hatte er auch eine Tochter in ihrem Alter, überlegte Renate. Mit der Glatze und der kleinen Lesebrille sah er umgänglich aus, nicht wie der penible Beamte, den anzutreffen sie befürchtet hatte. Nachdem sie klar gemacht hatte, dass es weder eine alltägliche Angelegenheit war noch um Beschwerden gegen ihre Eltern oder die Schule ging, entspannte er sich und war fasziniert von der Aussicht, dass die Monotonie seines Berufes von einer „nicht alltäglichen Angelegenheit" durchbrochen wurde. Er hörte ohne Unterbrechung zu und gab dem Mädchen genug Zeit, all ihre Wut auszulassen. Er prüfte ihren Ausweis, ihr Alter und ihren Geburtsort. Dann lehnte er sich in seinem Stuhl zurück, legte die Ellenbogen auf den Tisch und bettete sorgfältig die Fingerspitzen einer Hand auf die der anderen. Er schloss seine Augen. Für Renate war es eine gefühlt minutenlange Pause. Dann bewegte er sich, atmete tief ein und sprach:

„Fräulein Behnke, ich glaube wirklich alles, was Sie sagen." Renate blieb gespannt und aufmerksam. „Ich kann Ihnen sogar sagen, dass es Mittel und Wege gibt, Sie hier in Berlin aufzunehmen. Aber bevor ich Ihnen irgendwelche schriftlichen Zusicherungen machen kann oder Ihnen sage, wie Sie weitermachen sollen, muss ich Ihre Mutter sehen. Sie müssen verstehen, Sie sind minderjährig. Sie sind noch nicht 21. Es tut mir leid, das so sagen zu müssen, aber Sie könnten eine Ausreißerin sein. Offiziell hat dieses Treffen nie stattgefunden. Ich schreibe mir nichts auf, geschweige denn, dass ich eine Akte anlege. Ich rate Ihnen, Ihre Mutter mitzubringen, die Erziehungsberechtigte; sie muss sich auch ausweisen und ihre schriftliche Zustimmung geben, bevor wir weitermachen können."

Renate roch ihre Chance. Allein diese Nachricht würde ausreichen, dass ihre Mutter die Reise machen und unterschreiben würde, welche Anträge dafür auch immer nötig wären. Sie notierte sich seinen Namen im Gedanken, dankte ihm und ging; es gab kein Händeschütteln oder Lächeln, aber seine Stimme und seine Worte waren genug Ermutigung für sie. Sie hatte ihren Teil der Pfadfinderarbeit hinter dem Rücken des sozialistischen Regimes, das sie zu hassen begonnen hatte, erledigt.

Kurz danach bekam Erika Urlaub. Sie gab an, dass sie ihre Verwandte Gerda besuchen würde und fuhr mit Renate nach Berlin. Als sie endlich im Westen waren, konnten sie von einem Münztelefon aus einen Termin mit Haeschke ausmachen. Mit Renate im Schlepptau wies sie sich aus und unterschrieb die notwendigen Papiere, um die höhere Ausbildung ihrer Tochter abzusichern. Ihnen wurde gesagt, dass weitere Informationen an Gerdas Adresse geschickt würden. Ein paar Wochen später bekam Gerda Post von Haeschke: Die Organisation für Menschenrechte in Berlin würde Renate voll unterstützen und sich um sie kümmern. Sie würde in einem Mädchenwohnheim, das der Organisation gehörte und im amerikanischen Sektor Wannsee lag, untergebracht werden. Sie würde an einer Oberschule zugelassen, der *Waldoberschule* im Bezirk Eichkamp, der zum britischen Sektor gehörte und weit entfernt vom Internat war.

Renate konnte nicht viel Gepäck mitnehmen. Sie schnappte sich eine kleine Tasche mit den nötigsten Sachen und ihren Ausweisen und floh. Sie „überschritt den Rubikon".

Düppel und der Hund
Renate war nicht bewusst, dass sie tatsächlich einen großen Schritt vorwärts gemacht hatte. Oft wird nur rückblickend die Bedeutung eines bestimmten Schritts im Leben eines Menschen klar.

Sie wohnte in einem Raum für sechs Mädchen, alles Flüchtlinge aus dem Osten. Das Wohnheim war in der Siemens-Villa Nr. 4 Am Kleinen Wannsee untergebracht. Das Gebäude, 1888 am Ufer des Kleinen Wannsees erbaut, war die Sommerresidenz von Arnold von Siemens, dem ältesten Sohn des Gründers Werner von Siemens, gewesen. Es gehörte zu einer Siedlung der Oberklasse, die 1863 im Bezirk Wannsee gegründet worden war. Es war das einzige verbleibende Gebäude dieser Siedlung. Nach dem Zweiten Weltkrieg hatten Charlotte und Hermann von Siemens es der Baptistengemeinde unter der Bedingung gespendet, dass es für soziale

Zwecke genutzt wurde. Nun war das Heim der Organisation für Menschenrechte.

Ohne Übertreibung könnte man Westberlin mit einem Wespennest von Spionen vergleichen. Die Aktivitäten des stellvertretenden Generalsekretärs der Organisation für Menschenrechte, Wolfram von Hanstein, während Renates Aufenthalts spiegeln die Realität wider. Sein Leben ist einen Film wert:

Von Hanstein wurde 1899 in Schöneberg geboren. Er studierte Rechtswissenschaften und qualifizierte sich zusätzlich als Herausgeber, als er den Verlag Voco in Leipzig, der nach Berlin übersiedelt wurde, im Jahr 1925 übernahm. Er schrieb einige Bücher - Märchen, Krimis und historische Romane - sowohl unter seinem eigenen Namen als auch unter Pseudonymen.

Schon früh hatte er Schwierigkeiten mit den Behörden. In den 1920er Jahren wurde er wegen Steuerhinterziehung und anderen finanziellen Delikten verurteilt. 1935 wurde er von den Nazis eingesperrt, da er den Nationalsozialismus ablehnte. 1944 ließ er sich in einem Ort in der Nähe von Dresden nieder und heiratete zum fünften Mal. Als die Sowjets einmarschierten, leitete er sie durch ein vermintes Gebiet. Von Hanstein war auch politisch aktiv. Er war ein Mitgründer der Christlich Demokratischen Union in Sachsen.

1947 trat er der sozialistischen SED bei. Nachdem er die Namen einiger Nazis verraten hatte, wurde er Geheimagent des sowjetischen Ministeriums für Nationale Sicherheit. Es wurde ihm nachgewiesen, dass er ein sowjetischer Spion war, der in den Westen eingedrungen war und Kontakt mit den Sozialdemokraten gesucht hatte. Da er verdächtigt wurde, ein „Doppelspion" zu sein, der auch in den Diensten Westdeutschlands, der französischen und amerikanischen Behörden war, wurde er 1951 von den Sowjets verhaftet. Im darauffolgenden Jahr wurde er zum Tode verurteilt. Er erhielt keine Begnadigung, aber aus politischen Gründen wurde die Strafe zu einer lebenslangen Haft umgewandelt.

Als Konrad Adenauer Moskau besuchte, wurde von Hanstein, als ein wegen Kriegsverbrechen verurteilter Deutscher, amnestiert und von der Sowjetunion an die DDR ausgeliefert, nur um dort in den Geheimdienst einzutreten. Ein Jahr später ging er mit seiner Familie nach Westdeutschland und bekam sogar eine Entschädigung dafür, dass er ein Opfer und Gefangener der Gestapo und der Sowjets gewesen war. Er blieb verantwortlich für den wiederaufgebauten Voco Verlag. Er knüpfte Kontakte mit westdeutschen Persönlichkeiten jeden Kalibers und gab Informationen an die DDR weiter, indem er die Organisation für Menschenrechte und mindestens vier weitere ähnliche Organisationen als Treffpunkte nutzte.

Am 18. Mai 1959 verließ ihn sein Glück. Er wurde von westdeutschen Behörden verhaftet und ein Jahr später zu sechs Jahren Zwangsarbeit unter Verlust der Bürgerrechte verurteilt. 1964 erkrankte er. Er kam nicht zur medizinischen Untersuchung, da er in die DDR geflohen war. Er starb am 12. Juni 1965.

***

Da sie aus einer kleinen Stadt wie Apolda kam, musste sich Renate erst an die großen Entfernungen der ausgedehnten Stadt Berlin mit ihren mehrspurigen Straßen gewöhnen. Der Weg, den sie zu ihrer Schule zurücklegen musste, ging den westlichen Teil entlang, begann mit der 24 Kilometer langen Strecke querfeldein von Wannsee nach Eichkamp.. In Wirklichkeit musste sie von Wannsee aus 20 Minuten zu Fuß zur S-Bahn gehen, den Zug erwischen und 20 Minuten fahren, bei Westkreuz umsteigen, und weiter nach Heerstrasse fahren; von dort war es noch ein letzter Marsch von 10 Minuten zur Schule, der Waldoberschule.

Sie hatte keine Probleme mit ihren Kursen, nur Englisch gestaltete sich schwierig. Bis jetzt hatte sie in der Schule nur Russisch gelernt und jetzt sollte sie noch eine Fremdsprache erlernen. Sie wurde gemeinsam mit Flüchtlingsschülern, die in einer vergleichbaren Situation waren, einer speziellen Klasse zugeteilt. Sie bekamen einen Schnellkurs, um das Niveau der anderen Westberliner Schüler zu erreichen.

In politischer Hinsicht war Westberlin ein Schaufenster für den Osten, welches das wahre Bild des Erfolgs einer freien Welt zeigte. Aber als eine virtuell von der Außenwelt abgeschnittene Insel in der östlichen Welt zerbrachen sich Politiker die Köpfe über Isolation und versuchten, einen lebendigen Kontakt mit Westdeutschland zu bewahren. Eine Initiative mit dem Namen *Bund der Berliner* organisierte Schulausflüge ins Harzgebirge im Westen. In Renates Fall hätte sie ein gesuchter Flüchtling der DDR sein können, daher stand die dafür notwendige Reise an Land durch das ostdeutsche Gebiet außer Frage. Der Senat von Westberlin war umsichtig genug, für den 2-wöchigen Aufenthalt ihre Flüge nach Hannover und zurück und die Zugreise zum Harzgebirge und wieder zurück zu bezahlen.

Sie musste sich keine Gedanken um Ausgaben für Essen oder Unterkunft machen. Jeden Monat erhielt sie ein kleines Stipendium von 12,50 Mark. Die Monatskarte für die städtische S-Bahn, mit der sie in die Schule pendelte, kostete sie fünf Mark; also blieben ihr

7,50 Mark zum persönlichen Gebrauch. Der anfänglich tägliche Marsch in Wannsee, um zur Schule zu kommen, brachte einen langen Spaziergang über eine Brücke, die zwei Seen querte, mit sich, der im Winter anstrengend war, da der eisige Wind in ihren Ohren schmerzte. Sie sehnte sich danach, den Bus nehmen zu können, aber das war ihr zu teuer.

Renate durfte ihren ostdeutschen Ausweis behalten, sodass sie ungehindert ihre Mutter besuchen konnte. Allerdings musste sie die Papiere an der örtlichen Polizeistation zurücklassen. Im Tausch erhielt sie dort Papiere, die ihren Wohnort in Berlin auswiesen und sie so zur Westberlinerin machten. Im Osten war der offizielle Wechselkurs der Mark zwischen West und Ost 1:1. Aber im Westen lag der Kurs bei 1:4; man konnte 4 ostdeutsche Mark für eine westliche Mark (DM) bekommen; das war für jeden Westlichen in einer Bank legal erwerbbar. Bald hatte sie einen Plan: Sie wechselte fünf westliche Mark in 20 ostdeutsche Mark um. Dann ging sie zur Polizeistation in Wannsee und holte ihren ostdeutschen Ausweis. Mit den 20 östlichen Mark, die sie hatte, kaufte sie die Monatskarte, da sie sich mit ihren ostdeutschen Papieren auswies und mit ostdeutschen Mark bezahlen durfte. Die anderen 15 ostdeutschen Mark sparte sie für die nächsten drei Monatskarten. Sie lernte schnell, je nach Situation eine West- oder Ostberlinerin zu sein. Wie die Währung und ihre Papiere hatte ihre Identität und Selbstwahrnehmung zwei Seiten, West und Ost.

***

Ihre Tante Lilo und deren Familie wohnten nun in Klein-Machnow, von Zehlendorf aus, das im amerikanischen Sektor lag, gerade auf der anderen Seite der Grenze. Obwohl es eine Vorstadt von Berlin war, gehörte es nicht zu Ostberlin (sowjetischer Sektor), sondern lag im ostdeutschen Staat, der DDR, wie Apolda in Thüringen. Diesen Ort von Westberlin aus zu besuchen war keine einfache Angelegenheit.

Um zu ihrer Tante zu gelangen, musste Renate zur S-Bahn Station Wannsee gehen und vier Stationen bis Zehlendorf fahren, dort umsteigen und eine Station nach Düppel fahren. Dann konnte sie zu Fuß die Grenze überqueren; die Grenze verlief geradewegs quer über die Hauptstraße Benschallee, auf der eine Barrikade errichtet worden war, an deren Seite Grenzwachen den Verkehr beobachteten. Ein 15-minütiger Spaziergang entlang der Straße An der Bahndamm führte sie in die Straße Pilzwald, in der ihre Tante lebte. Es gab aber eine Einschränkung: Mit ihrem westlichen Ausweis erlaubten die Grenzwachen ihr nicht, die Grenze in den Osten zu überqueren. Mit ihrem östlichen Ausweis konnte sie es. Also gab sie wie in dem Fall, dass sie ihre Mutter in Apolda besuchte, ihren Ausweis an der Polizeistation in Wannsee ab, tauschte ihn für den östlichen Ausweis, ging ohne Probleme durch das Tor, das die Straße abriegelte, und holte ihren westlichen Ausweis wieder ab, wenn sie zurückkam.

Bei diesen Besuchen musste sie manchmal an der S-Bahnstation Düppel im Westen auf den Zug zurück nach Wannsee warten. Es gab ein kleines Café mit einer Bar in der Station, das den Wartenden ein wenig Schutz bot. Sie sprach mit der Besitzerin, einer Frau Christa Durand-Croteau. Sie war Deutsche, erst mit einem Franzosen verheiratet, jetzt geschieden. Renate durfte sie einfach nur Tante Christa nennen. Als sie Renates Geschichte hörte, wie sie allein, ohne ihre Mutter und ihren Bruder lebte, wie ihre Tante und deren Familie im Osten feststeckten, hatte sie Mitleid mit dem Mädchen.

Sie bot ihr eine Teilzeitstelle an, wobei sie Getränke servieren und die Tische abräumen sollte. Renate nahm die Stelle bereitwillig an. Die Abmachung passte ihr sehr gut. Sie konnte jederzeit kommen, wenn sie Zeit hatte und es gab immer etwas zu tun.

Christa war mehr eine Tante als eine Chefin für Renate. Sie war eine kräftige Blondine, die sich im begrenzten Platz der Küche und hinter dem Tresen hektisch bewegte. Mit ihren breiten Händen und stummeligen Fingern schob sie das eine oder andere Ding hin und her, säuberte oder polierte die eine oder andere Ecke, mehr aus Nervosität als aus Notwendigkeit. Aber trotz ihrer ständigen Tätigkeiten war sie eine gute Zuhörerin, die immer ein offenes Ohr für Renates Teenager-Probleme hatte. Ihr übertriebenes Make-up und ihre Weigerung, jemals eine Schürze zu tragen, verwirrten Renate anfangs. In einer Ecke der Küche stand ein kleines Foto von Christa und einem Mann. Das erste Mal, als Renate das Bild erwähnte, warf Christa den Kopf herum und ging weg. Erst später fand Renate heraus, dass es ein Bild ihres Ex-Mannes war. Christa hatte die Scheidung nie verwunden. Sie hatte ihre Einsamkeit satt.

Während ihrer Schicht stieß Renate auf einen Hund namens Gusti. Seine Abstammung war undefinierbar, hatte aber wahrscheinlich einen Deutschen Schäferhund in seinem Stammbaum. Obwohl er ein Halsband hatte, war er eigentlich ein Streuner, Herr seiner selbst, niemandes Diener. Er ging, wohin er wollte, wann immer er wollte und war jedermanns Freund.

Christa erwähnte einen von Gustis Tricks. Er konnte alleine mit dem Bus fahren. Er ging einfach mit einem Passagier, der in den Bus stieg, mit und tat so, als ob dieser Passagier sein Frauchen oder Herrchen war, und dann stieg er aus, wo er wollte. Auf die gleiche

Art und Weise fuhr er zur Haltestelle zurück. Er wusste, wo er ein- und aussteigen musste und als Hund musste er nicht für die Fahrt bezahlen.

Er erlaubte sich einiges mit seiner Umwelt: Er kam von Klein-Machnov angelaufen, rannte unter der Absperrung durch und stahl ein Würstchen aus dem Café, und während die Leute noch protestierend riefen, rannte er zurück und unter der Nase des Wachpostens durch Absperrung in die Sicherheit des Ostens. Er hatte gelernt, dass, wenn er einmal etwas auf der einen Seite geschnappt hatte, er sich retten konnte, indem er auf die andere Seite lief; niemand konnte ihn verfolgen, nicht einmal die Wachen. Er war ein Hund ohne Grenzen. Manchmal fragte Renate sich, ob sie nicht genauso war; der einzige Unterschied war, dass sie ihren Ausweis vorzeigen musste.

Nervenprobe
Nach beinahe einem Jahr wollte Renate ihre Mutter in den Ferien besuchen. Bis dahin bestand ihr einziger Kontakt in Briefen und niemand schien sie abgefangen zu haben. Sie fühlte sich stark und sicher in der Annahme, dass sie von den Behörden in Apolda vergessen worden war, ging zur örtlichen Polizeistation in Berlin, tauschte ihren westlichen Ausweis gegen den vom Osten und fuhr mit dem Zug weiter nach Apolda. Ihre Mutter hatte ihr geraten, nicht in der Stadt herumzugehen, aus Furcht, dass ein Bekannter sie anhalten und fragen würde, was sie dieser Tage so tat.

Eines Morgens, als sie herunterkam und die Post aus dem Briefkasten am Hauseingang holen wollte, sah sie einen Mann mit einem Brief in der Hand dort stehen. Er war mittelgroß und sah beinahe so aus wie ein Nachbar, der seine Post überprüft. Sie hatte ihn nie zu-

vor gesehen. Offensichtlich las er etwas Unangenehmes in seinem Brief. Mit seinem grimmigen Blick sah er furchterregend aus, vor allem, weil er ein offenes Taschenmesser, mit dem er den Brief geöffnet hatte, in der Hand hielt. Als er ihre Schritte hörte, sah er auf und grüßte sie oberflächlich mit einem knappen „Guten Tag", ohne dabei seinen Gesichtsausdruck zu verändern. Sein Blick wandte sich kurz wieder dem Brief zu dann wanderte er zurück zu ihr. Jetzt hatten seine Augen einen intensiven Fokus. Er erhob seine Stimme und fragte:
„Sind sie Fräulein Behnke, Renate Behnke?"
Renate grüßte fröhlich zurück und meinte:
„Ja, natürlich."
Er machte eine Pause, dann klappte er wortlos sein Messer zu, steckte es zurück in seine Tasche und mit dem Brief und dem Umschlag in der Hand machte er auf dem Absatz kehrt und marschierte durch den Hauseingang weg.

Zurück in der Wohnung beschrieb Renate den Mann ihrer Mutter und fragte, wer das war. Erika antwortete sehr bestürzt:
„Oh Gott! Das kann nur Herr Schön gewesen sein!"

Schön wohnte im ersten Stock unter der Wohnung ihrer Nachbarn, der Familie Sorge, im Flur gegenüber. Er war gerade eingezogen. Daher war er der einzige Mieter, den Renate nie getroffen hatte. Er war Polizist und zusätzlich auch der *Blockwart* oder *Blockleiter*, eine Amtsperson, die im Auftrag des Staates das Haus und die Nachbarschaft beaufsichtigte. Das war ein System, das von den Nazis eingeführt worden war, und im nachfolgenden Polizeistaat weitergeführt wurde, der offiziell den Ausdruck *Blockwart* in *„Abschnittsbevollmächtigter"* geändert hatte. Er musste den Verbleib der Personen in seinem Revier beobachten und Verdächtiges melden. [16]Er konnte ausgezeichnet denunzieren. Das war seine Arbeit. Natürlich traf eine Person in seiner Position nicht auf enthusiastische Mithilfe seitens der Bewohner. Im Gegenteil, er war gefürchtet und verhasst.

Der Schulbesuch war verpflichtend, aber Renate war an keiner Schule eingeschrieben. Kurz nachdem sie Apolda verlassen hatte, wurde sie nach den Ferien von den Schulbehörden vermisst. Als sie ihre Mutter daraufhin ansprachen, hatte Erika gesagt: „Ich weiß nicht, wo sie ist. Ich mache mir auch Sorgen, aber sie geht ihre eigenen Wege."
Sie wurde daran erinnert, dass es ihre Pflicht war, ihre Tochter zu beaufsichtigen und ihre Abwesenheit zu melden und sie hatte geantwortet:
„Ich weiß, sie ist zu jung, um alleine weg zu sein, andererseits ist sie zu alt, als dass ich sie aufhalten könnte. Glauben Sie wirklich, dass sich sie noch ständig begleiten kann?"
Erika konnte nicht darauf zählen, dass sie das geschluckt hatten, aber das Verhör hörte an dieser Stelle auf.

Diese Begegnung mit Schön versetzte ihnen einen Schock. Könnte jemand in Apolda sie verraten haben? Es könnte einer von Erikas Nachbarn oder einer von Renates früheren Schulkameraden gewesen sein, aber das war nur Vermutung. Oder war es jemand aus Berlin, ein neugieriger Informant, der jeden beneidete, der fliehen konnte? Oder vielleicht sogar Haeschke, der wohlwollende Beamte der Schulbehörde, der Renate mit der Unterkunft und der Zulassung zur Schule geholfen hatte. Aber warum? Fragen. Fragen. Fragen.

Mutter und Tochter verbrachten eine schlaflose Nacht. Am nächsten Tag packte Renate eilig ihre sieben Sachen zusammen und rannte los, um den ersten Zug zu erwischen. Als sie Westberlin erreichte, tauschte sie endgültig ihren ostdeutschen Ausweis und kehrte nie wieder in den Osten zurück.

***

Nach zwei Wochen des Verdachts und quälendem Wartens erhielt Erika eine Vorladung von der Polizei. Es war der übliche gedruckte Text in der bürokratischen Sprache längst vergangener Tage, der keinen Grund, aber einen Tag und eine Zeit verkündete, an dem sie erscheinen musste. Sie wusste, dass ihr ein zermürbendes Kreuzverhör bevorstand und bereitete unterschiedliche Erklärungen vor. Eine davon war nur eine Abwandlung der Wahrheit, nämlich dass sie vom plötzlichen Erscheinen ihrer Tochter aus dem Nichts überrascht war: Gott weiß, wo sie ist und was sie vorhat.

Sie wurde höflich in ein Büro geleitet und der Polizeibeamte bot ihr höflich einen Sitz an. Er ging zurück zur Tür, öffnete sie, um zu sehen, ob noch jemand draußen war, dann schloss er sie. Er ging zurück zu seinem Sessel. Auf dem Tisch lag eine Akte, vermutlich Renates. Sie lag neben einem schwarzen Telefon. Anstatt sie anzuschreien, dass sie in ihren Pflichten als verlässliche Bürgerin der Republik versagt hatte, schien er nach Worten zu suchen. „Frau Behnke, es tut mir Leid, dass ich das sagen muss", begann er und machte eine Kunstpause. Erika rutschte trotz ihres Entschlusses, kein Unbehagen zu zeigen, im Sessel hin und her.

Er sprach weiter: „Aber ich muss sagen, dass wir trotz all unserer Bemühungen und extensiver Suche nicht in der Lage sind, Ihre Tochter zu finden. Ich befürchte, wir müssen die Suche aufgeben und die Akte schließen."

Das Telefon klingelte. Er drehte sich um, um den Anruf entgegenzunehmen.

Erika stand der Mund offen. Erstens wurde sie nicht vorgeladen, um gemaßregelt zu werden, obwohl die Polizei wusste, dass ihre ausgerissene Tochter wieder zu Hause war und Erika den Besuch nicht gemeldet hatte. Zweitens, die offizielle Ankündigung, dass die Polizei die Akte schließen würde, bedeutete, dass Renate in Ruhe gelassen wurde. Später dankte sie Gott für den Telefonanruf, der gerade zur rechten Zeit kam. In dem Moment, als der Polizeibeamte verkündet hatte, dass die Suche eingestellt wurde, hatte sie vor Erleichterung geseufzt und war sicherlich nicht in der Lage gewesen, ihre Freude zu verbergen. Tatsächlich hätte sie vor Freude tanzen können. Sie hatte nicht mit unsäglicher Enttäuschung und Tränen auf diese hoffnungslose Entscheidung reagiert. Sie war keine Schauspielerin, die auf solche Situationen vorbereitet war. Der Beamte hätte sicher mit großem Schmerz und Argumenten und Flehen, die Suche fortzusetzen, gerechnet. Zu ihrem Glück war seine Aufmerksamkeit abgelenkt worden. Sie hatte genug Zeit, ihre Fassung wiederzuerlangen, um ein trauriges Gesicht aufzusetzen und ohne weitere Verzögerung die Szene zu verlassen. Als sie die Tür erreichte, rief er sie nicht zurück.

Renate ist Herrn Schön bis zu diesem Tag dankbar. Er wusste sicherlich, dass sie weggelaufen war, höchstwahrscheinlich in den Westen. Es wäre für ihn ein Leichtes gewesen, an die Tür zu klopfen und sie und ihre Mutter zur Polizei zu bringen, da sie Renates Besuch nicht gemeldet hatte. Es war seine Pflicht als Polizist und *Blockwart* gewesen, aber er hatte sie vom Haken gelassen. Außerdem, da er wusste, dass sie jetzt gewarnt und aller Wahrscheinlichkeit nach fort war, war mutmaßlich er derjenige, der die Entscheidung, die Suche nicht fortzusetzen, ins Rollen gebracht hatte. Von da an sprach er dieses Thema nie an, wenn er Erika im Treppenhaus traf. Für Renate war Herr Schön ein wirklicher Beschützer gewesen, das, was die Polizisten in Deutschland „deinen Freund und Helfer" nennen.

Eine bittere Entscheidung

1957, 12 Jahre nach dem Krieg, gab es noch immer kein Zeichen von Werner. Alles, was Erika wusste, war, dass er im Mai 1944 an der Front in der Schlacht nahe von Sewastopol auf der Krim war. Die Sowjets hatten beiden deutschen Republiken eine Liste mit den Namen von Kriegsgefangenen, die immer noch in Russland inhaftiert waren, zukommen lassen. Werner Behnkes Name und Rang wurden nirgends erwähnt. Auf wiederholte Nachfrage hin wurde Erika gesagt, dass Offiziere und Soldaten, die nicht auf der Liste standen, als „im Krieg gefallen" und nicht mehr als „im Krieg vermisst" galt. Es war entmutigend. Ihre Hoffnung schwand Tag um Tag. Schließlich gab sie auf und war bereit, die Realität zu akzeptieren. Sie erlaubte, dass ihr Ehemann für tot erklärt wurde. Für sie war es, als ob sie ihm ein Messer in den Rücken stach, oder eine Strafe verhängte, als ob sie eine herzlose Richterin wäre, die eine unschuldige Person an den Galgen brachte.

Erika stand mit einem Kollegen ihres Mannes, einem Dr. Mohschütz, auch zugelassener Richter, der nun aber als Rechtsberater einer Versicherungsfirma in Berlin tätig war, in Verbindung. Er gehörte zu denen, an die sie in den Zeiten der Luftbrücke Essenspakete nach Berlin schickte. Während einem ihrer Besuche bei Renate traf sie ihn in Person.

Nachdem sie mit der U-Bahn gefahren war, ging sie durch Tempelhof, nahm die Ruinen wahr, nicht aber die Gebäude, die noch intakt waren; die Wolken, nicht aber die durchbrechenden Sonnenstrahlen. Sie gab sich selbst die Schuld an der Entscheidung, da sie über die Jahre hinweg immer die Hoffnung genährt hatte, dass Werner heil und gesund wieder auftauchen würde, auf der einen Seite mit der Angst, dass er ein Invalide sein würde oder sein Gedächtnis verloren hätte, aber auf der anderen Seite mit der Hoffnung, dass er sich erholen würde, wenn er wieder zu Hause wäre, obwohl sie gehört und gesehen hatte, dass viele Heimkehrer an schlimmen Schicksalen litten.

Aber Freunde und Verwandte, die ihr Hoffnung und moralische Unterstützung gaben, hatten sich dezimiert, wie bei einem Baum, der im Herbst seine Blätter verliert.

Sie traf Dr. Mohschütz vor seiner Haustür an. Offensichtlich kam er gerade vom Einkaufen, da er eine Papiertüte in der Hand hielt. Er trug einen braunen Hut und einen Regenmantel. Als er auf sie zu kam, lüftete er seinen Hut und rief sie mit ihrem Vornamen, was in diesen Tagen eine Seltenheit war. Er war ein Mann von durchschnittlicher Größe, robustem Körperbau, ungefähr in ihrem Alter. Mit seiner hohen Stirn und den Falten im Gesicht sah er alt und müde aus, was mit seiner Bräune nicht vereinbar war. Mohschütz und Werner waren Kollegen gewesen, als Werner noch für ein Versicherungsunternehmen in Berlin gearbeitet hatte; Erika hatte ihn einige Male getroffen, wenn sie mit ihrem Mann auf Partys anderer junger Rechtsanwälte gegangen war. Sie hatte sich gefragt, wie er es schaffte, das ganze Jahr über braun zu sein. Sie hatte Werner oft gesagt, dass es für einen gebildeten Herrn, der Richter werden wollte, nicht vorteilhaft wäre, wie ein sonnenverbrannter Bauer auszusehen. Im Laufe des Krieges hatten sie den Kontakt zueinander verloren.

Er lud sie in ein Café auf der anderen Seite der Straße ein. Nach dem Small Talk und nachdem der Kaffee serviert worden war, erzählte sie, wie sie so zurechtkam. Als er von Werners Schicksal hörte, verschwand das breite Lächeln aus seinem Gesicht.

„Mein Gott! An der Ostfront sagst du? Das sind schlimme Neuigkeiten. Ich war in Frankreich und wurde bald nach der Kapitulation freigelassen." Er runzelte die Stirn und senkte den Kopf. Nach einer Weile sprach er wieder. Er versicherte ihr, dass die Vergabe einer Witwenpension viele Hürden und übermäßige Verzögerungen beinhalten könnte. Er könnte Werner nicht zurückbringen, aber er würde dafür sorgen, dass diese Angelegenheit mit höchster Aufmerksamkeit bearbeitet würde, und dass Werners Frau sich nicht mehr für ihren Lebensunterhalt abrackern müsste.
„Ich bin immer noch im Versicherungsgeschäft", sagte er; dann fügte er mit leiser Stimme und ernstem Ton hinzu: „Weiß du was? Ich werde der Sache nachgehen. Ich werde tun, was ich kann, um dir zu helfen."

Erika beantrage sofort eine Witwenpension. Es war nicht einfach, eine Pension gewährt zu bekommen. Werner war zu jung gewesen und hatte nicht lange genug als Richter gearbeitet, es gab auf juristischem Boden genug Hindernisse. Einige Monate später erhielt Erika die Nachricht, dass sie tatsächlich eine Pension erhalten würde; außerdem hatte sie das Recht, in Berlin zu wohnen. Der Grund war, dass sie im Krieg in Mariendorf gelebt hatte und ihr Haus in die Luft gesprengt worden war. Mariendorf lag nun im amerikanischen Sektor. Der Senat in Westberlin war dazu verpflichtet, sie mit einer monatlichen Zahlung ihrer Miete zu unterstützen. Es war ein Gottesgeschenk für sie, eine klare Einladung, dem Osten zu entfliehen.

Ihr ehemalige Klassenkameradin Ulle hatte einen Onkel, Ferdinand, in Westberlin, auch im amerikanischen Sektor Zehlendorf im Süden. Er war ein alter Mann, der ein zweistöckiges Haus und einen großen Garten in der Albertinenstrasse hatte. Er hatte den ersten Stock an die Familie Bartels vermietet und wollte auch einen Mieter für einige Räume im Erdgeschoss finden. Auf Ulles Geheiß hin wollte er Erika mit ihrer Tochter Renate einziehen lassen. Sobald sie nach Westberlin gezogen war, wäre Erika, gleich wie Renate, ein „Flüchtling der Republik" und würde sich nicht trauen, den sowjetischen Sektor zu betreten.

Sie schnappte sich ihre wertvolle „schwarze Tasche" mit allen ihren Dokumenten und verließ Apolda mit dem Zug. Sie legte beinahe den gleichen Weg, den ihre Tochter mehr als zwei Jahre zuvor gegangen war, zurück und kam mit der städtischen S-Bahn in Zehlendorf an. Dieses Mal war es sie, die ihre Mutter zurückließ. Die Ironie war komplett: Erika war mit ihren Kindern von Berlin nach Apolda, von B nach A, geflohen. Jetzt hatte sich Renate revanchiert, indem sie von Apolda nach Berlin, von A nach B, geflohen war und ihre Mutter ihr folgte. Ein paar Wochen später verließ Renate das Wohnheim, um bei ihrer Mutter zu sein, und ihr Zuschuss wurde gestrichen.

In ihrem neuen Zuhause war Renate wieder im Sichtfeld von Big Brother, der Deutschen Demokratischen Republik. Die Grenze verlief nur einen Steinwurf von ihrem Haus entfernt und war durch einen Wachturm deutlich gekennzeichnet. Wenn sie im Sonnenschein im hinteren Teil des Gartens saß, konnte Renate die gelangweilten Wachen, die am Turm widerwillig ihre Pflicht erfüllten, sehen. „Arme Teufel", dachte sie. Es war nicht angenehm, in voller Uniform bei dem heißen Wetter den ganzen Tag auf einer kleinen erhobenen Plattform zu stehen und nichts anderes zu tun zu haben, als die öde Grenze zu beobachten. Es waren junge Männer in ihrem Alter, die ab und an durch ihre Ferngläser schauten. Mit sicherem und unzugänglichem Abstand konnte sie es sich leisten, zu flirten. Wenn sie zu ihr herüber sahen, machte sie ein Spiel daraus, ihnen zuzuwinken oder Küsse zuzuwerfen. Da es den Wachen nicht erlaubt war, darauf zu reagieren oder ihre Autorität einzubüßen, schauten die Kerle wie schüchterne junge Buben weg.

Scheideweg
Nachdem Dieter 14 geworden war, trat er einer Jugendgruppe bei; die Gruppe wurde „Freie Deutsche Jugend" oder FDJ genannt. Die FDJ wurde 1946 gegründet und war Mitglied des Weltenbundes der Demokratischen Jugend.

Sie hatten hehre Ziele wie die Erhaltung der deutschen Einheit, die Ideale der Freiheit, Menschlichkeit, des internationalen Friedens und der Freundschaft zwischen den Völkern. Außerdem wurden die aktive Teilnahme am öffentlichen Leben unter der Bedingung der Chancengleichheit für die jungen Leute, egal welcher Herkunft, welchen Glaubens oder welcher Voraussetzungen, sowie kulturelle und sportliche Interessen gefördert.

Anfangs wurde die Gruppe von den Kommunisten als antiimperialistische demokratische Organisation gesehen (1951 wurde sie in der Bundesrepublik Deutschland verboten, weil sie im Gegensatz zur westdeutschen Verfassung stand). Ohne Zweifel drehten sich die Ziele nicht nur darum, der Jugend mit Sport, Ausflügen, Lagerfeuern und Kameradschaft eine schöne Zeit zu bereiten, sondern sie zu belehren und sie für den Wandel von einer sozialistischen Gesellschaft in Ostdeutschland zu einer kommunistischen

Gesellschaft vorzubereiten. Angeblich war es eine auf Freiwilligkeit basierende Organisation, aber Schulkinder, die 14 wurden, wurden zum Beitritt gezwungen; wenn sie ablehnten, standen eine höhere Ausbildung und die Karriere im gewünschten Beruf auf dem Spiel. Die Organisation hatte ein vorgegebenes Ziel, die Aufgabe, die Jugend in Sachen Marxismus-Leninismus und Klassenbewusstsein zu unterrichten und ihnen „*Kampfgeist*" oder einen militanten Kampfgeist gegen jeden, der Kommunismus ablehnte, einzuflößen. Außerdem war es die Jugendorganisation der SED, der monolithischen sozialistischen Partei der DDR, und wurde als eine Quelle ihrer Führungskräfte angesehen, wie Erich Honecker und Egon Krenz (beide aufeinanderfolgenden Staatsvorsitzenden der DDR), die ihre Karrieren hier starteten.

Dieter hat angenehme Erinnerungen an seine Zeit in der FDJ. Er erinnert sich an die Kameradschaft und das soziale Leben; er lernte nützliche Alltagsfähigkeiten wie in jeder anderen Jugendorganisation. Die Uniform bestand aus einem blauen Hemd für Jungen und einer blauen Bluse für Mädchen, mit dem Abzeichen der aufgehenden Sonne am linken Ärmel. Der Gruß unter den Mitgliedern wurde einfach vom Wort „Freundschaft" begleitet. Unter anderem lernte man auch Motorrad fahren und kleinkalibrige Pistolen und Gewehre zu benutzen - sehr zur Freude der Jugendlichen. Tatsächlich hatte Wilhelm Pieck, Präsident der einzigen ostdeutschen Partei SED 1952 Josef Stalin in Moskau getroffen und seinen Entschluss bei seiner Rückkehr notiert: „Die FDJ muss schießen lernen."

Ohne sein Wissen wurde Dieter gründlich indoktriniert. Er war zu einem Sozialisten geworden, der bereit war, der neugeborenen Nation zu dienen.

Nach zehn Schuljahren begann Dieter seine Lehre als Mechaniker in der Stadt Jena. Er war nicht von der Einziehung in die Nationalarmee, die in der DDR erst 10 Jahre später, 1962, eingeführt wurde, betroffen.[17] Er war in der Gewerkschaft namens IG Eisenbahn. Es war einfach ein politischer Arm des Staates, um gegen den Westen zu demonstrieren und Slogans zu singen und um die Sache der Sozialisten zu unterstützen und ihr zu dienen.

Er hatte gerade seine Lehre in Jena begonnen, als der Aufstand von 1953 von Ostberlin ausgehend über den ganzen Osten und bis nach Jena schwappte. Er war 17 Jahre alt. An diesem Junitag war er nicht in die Stadt gegangen, um aus erster Hand zu erfahren, wie es stand, aber er hörte eine Menge über Vorfälle mit bewaffneten Autos und anrollenden Panzern, und dass der Massenaufstand mit Waffengewalt niedergeschlagen worden war. Er hörte, dass die Arbeiter die Nationalhymne gesungen hatten, als sie von den Sowjets zurückgedrängt und erschossen wurden. Der Polizeistaat Ostdeutschland hatte zu solchen Mitteln gegriffen, um die eigenen Leute zu zermalmen. Dieses Bild, immer weitererzählt und durch Mundpropaganda verbreitet, ließ ihm keine Ruhe.
Er konnte sich nicht vorstellen, dass Sozialisten so etwas ihren eigenen sozialistischen Brüdern antun konnten.

***

Jahre später, als er einen seiner seltenen Besuche bei seiner Mutter in Zehlendorf, im Westen, machte, saß er in seinem Lieblingssessel am Esstisch beim Sonntagsfrühstück. Das Wetter war recht angenehm und seine Mutter hatte das Küchenfenster offen gelassen. In der Ferne hämmerte ein Nachbar mit aller Kraft. Wahrscheinlich reparierte er seinen Zaun. Das war ja entsetzlich, dachte Dieter.

Sonntags arbeiten, auch wenn es Hausarbeit war, wurde als unangemessen angesehen. Der Nachbar konnte hinter verschlossenen Türen tun, was er wollte, aber nicht im Freien, wo ihn jeder sehen konnte. Der Einwand der Kirche war, dass so ein Verhalten (arbeiten) an einem Sonntag gegen den christlichen Glauben war und jene beleidigte, die beteten.

„Aber im Osten ist es noch viel schlimmer", dachte er. „Da sind alle Atheisten. Warum können sie nicht Sozialisten sein und immer noch an Gott glauben?" Immer noch schläfrig war er nicht in der Laune, dieses Thema auf den Tisch zu bringen.

Dieter genoss noch immer seinen Kaffee, richtigen Kaffee, dem reichen Aroma und dem ausgezeichneten Geschmack nach zu urteilen. Das war etwas, an das er im Osten nicht einmal denken konnte. Aufgrund der chronischen Währungsprobleme mit dem Ausland plagten Ostdeutschland immer Schwierigkeiten beim Kaffeeimport. Ein typisches Paket der Leute aus dem Westen für ihre Verwandten und Freunde im Osten beinhaltete ein Paket Kaffeebohnen. Nun hatte der Osten letztes Jahr endlich begonnen, gerösteten Kaffee, *„Röstfein"*, zu produzieren. Das war ein Luxus, nach dem sich die Ostdeutschen sehnten, wie die berühmte Banane, von der man schon gehört, aber die man noch nie gesehen hatte.

Als das Frühstück vorbei war, drehte Mutti den Wasserhahn auf, um das Geschirr zu waschen, und Renate räumte den Tisch ab. Mutti ging zum Fenster, um es zu schließen. Es war ein Doppelfenster, eine der besten Methoden, um die Kälte abzuwehren. Zwischen den beiden Fenstern war eine schmale Nische, die die Kälte draußen und die Wärme drinnen hielt. Dieser gemäßigte Bereich konnte sogar als Kühlung für kleinere Dinge, wie eine kleine Milchkanne oder ein Stück Butter, verwendet werden. Als das äußere Fenster zu war, wurde das Hämmern leiser und es wurde noch leiser, als das zweite Fenster auch geschlossen war. Trotzdem war das Geräusch immer noch hörbar: so viel zur Isolierung.

Dann brach Erika, in ihrem üblichen ruhigen Tonfall, die Stille mit den folgenden Worten: „Sag' mal ..." Die darauf folgende Pause alarmierte ihn.
„Oh nein", dachte er. „Es geht wieder los." Das unvermeidliche Thema mal wieder.
„Hast du schon eine Entscheidung getroffen?", sprach seine Mama weiter.
„Falls du vorhast, endlich hierher zu kommen, sag es uns jetzt. Lass uns nicht wieder bis zu deinem nächsten Besuch im Ungewissen. Was geht in dir vor?"
Er blieb still und gab nicht preis, ob er nur um eine Antwort verlegen war oder ob er gar nicht antworten wollte.

Renate stand am Schrank und stellte den Salzstreuer und unbenutzte Teller zurück. Sie gesellte sich zu ihrer Mutter, machte einen Schritt auf Dieter zu und lehnte sich zu ihm hinüber. Sie schüttelte ihre Hände vor unverhohlener Ungeduld und begann zu reden:
„Willst du ewig im Osten bleiben?"
Dieter war still. Er konnte ausharren und ruhig bleiben. Renate bohrte weiter und hob ihre Stimme.
„Aber Dieter, siehst du nicht, wie gut es uns hier geht und dass Westberlin sich wirklich um uns beide kümmert? Jetzt kann ich an die Oberschule und Mutti bekommt eine Pension. Niemand mischt sich in unsere Leben und unsere Zukunft ein. Deine Zukunft ist hier und nicht unter den Kommunisten."
„Du hast schon recht", murmelte er widerwillig und wusste genau, dass ein reines Zugeständnis oder Eingeständnis keine Antwort auf ihre Frage war. Er fügte hinzu:

„Euch geht es hier gut. Aber ich bin mir nicht sicher, ob ich meine Zukunft dort bei der Eisenbahn aufgeben soll. Ich habe keine Probleme. Eigentlich, so sollte ich sagen, habe ich eine strahlende Zukunft. Ich wurde sogar gebeten, der Eisenbahnpolizei beizutreten. Es ist ein Angebot."
Tief in Gedanken versunken sah er aus dem Fenster.

Renate war verärgert, aber er hatte sie mit seinem abgewandten Blick nicht vergraulen wollen. Sie war ihm immer noch auf den Fersen.
„Ein Angebot?" Verächtlich blies sie ihre Wangen auf und schaute an die Decke.
„Es ist kein Angebot. Letztens hast du gesagt, dass sie dich unter Druck setzen. Es wird nicht von dir abhängen, ob du das sogenannte Angebot annimmst."
Bevor Mutti dazwischen gehen konnte, drängte Renate weiter:
„Hast du ein Mädchen dort drüben?" Sie stand auf dünnem Eis, Tabu für eine Schwester. „Ist das der Grund?" Sie hoffte, ihn aus der Reserve zu locken.
So ging es weiter. Renate ging auf und ab und wusste nicht, wie sie ihn überreden sollte. Mutti räumte die benutzten Teller und Tassen laut in die Spüle und wartete offensichtlich frustriert auf eine Antwort. Dann trocknete sie ihre Hände an der Schürze ab, stand mit den Armen in die Hüfte gestemmt da und starrte ihn nur an. Dieter saß still da, wusste nicht, was er sagen sollte. Er brauchte Zeit, um alles zu klären.

Er stand auf. Mit einem angedeuteten entwaffnenden Lächeln und einer Sphinx ähnlichen Ruhe ging er zur Tür. Dann drehte er sich um und sagte:
„Ich glaube, ich gehe spazieren. Ich brauche frische Luft. Wenn Alfons kommt, sag ihm, ich bin bald wieder da." Und weg war er.

Alfons war sein früherer Schulfreund, der auch dem Osten entflohen war. Seine geringe Größe und klapperdürre Gestalt machte er durch Eloquenz und Mut wett. Er war ein kluges Kind, hatte aber Spaß daran, seine begriffsstutzigen Kameraden zu ärgern und sie zu verletzen. Dieter spielte oft den großen Bruder und rettete ihn, wenn die Situation zu rau wurde. Er hatte Alfons sogar vor Problemen mit den Lehrern gerettet. Nach der Schule schaffte Alfons es nach Westberlin und strebte nun danach, Autoverkäufer für Volkswagen zu werden.

Auf Fragen, wo denn eine solche Person, die sich aus dem Osten abgesetzt hatte, antworteten Verwandte und Freunde im Osten mit einer Kopfbewegung „*nach drüben*". Das war die kurze Art und Weise zu sagen, dass die Person in den Westen geflohen war. Bei seinen Besuchen richtete Dieter es immer ein, dass er Alfons traf, hauptsächlich, um über die alten Zeiten zu reden. Aber natürlich sprach Alfons nur über sein jetziges Leben, wie gut es ihm ging, eine endlose kapitalistische Prahlerei. Dieter schluckte das ohne Proteste - um der alten Zeiten willen.

Fragen nagten an Dieter: Könnte auch er ein Verräter der sozialistischen Sache werden? War da im Westen auch alles paradiesisch und himmlisch? Sollte er sich zur Flucht entschließen, welche Karriere würde er im Westen verfolgen? In Westberlin gab es keinen Arbeitgeber namens Die Eisenbahn. Die einzige Bahn war die oberirdische städtische Bahn, das S-Bahn Netz, das wiederum zum ostdeutschen Staat gehörte. Würde der Arbeitgeber jemals eine Stelle an einen Deserteur ihres Regimes vergeben? Im schlimmsten Fall würden sie ihn deportieren lassen. Wo würde er in Westberlin eine Arbeit finden, und als was? Würde er von vorne anfangen müssen, wieder mit einer Ausbildung für einen neuen Beruf? Könnte er als

Alternative nach Westdeutschland ziehen und eine Stelle bei der Eisenbahn in diesem Land suchen?
Er war kein Zocker.

Ein anderer verstörender Gedanke in Hinblick auf eine Karriere war, dass er jetzt zu reif dafür war, von sämtlichen sozialistischen Träumen davongetragen zu werden. Sein Vater war der populären Nazi-Partei in ihren Anfängen beigetreten. Vati hatte kein politisches Interesse, aber der Beitritt geschah aus anderen Gründen: Es wurde von jedem Akademiker erwartet, der eine Karriere anstrebte. Dann, als die Partei durchdrehte und einer Macht nach der anderen den Krieg erklärte, wurde Vati als Soldat an die Front geschickt und war nun wahrscheinlich tot, da er seinem Land ganz anders gedient hatte als eigentlich geplant, als er eine Richterlaufbahn ohne politischen Ehrgeiz beginnen wollte. Er war auf Anordnung in den Krieg gezogen worden und war höchstwahrscheinlich an der Front umgekommen.

Dieter war jetzt in einer ähnlichen Zwickmühle. Er war bereit, dem nächsten Polizeistaat mit seinen eigenen verrückten Ideen zu dienen. Er wollte aber auch ein friedliches Leben führen und eines Tages eine eigene Familie gründen. Wer weiß schon, wann er auch zu einer Schachfigur politischer Ereignisse würde? Wohin würde das führen? Seine Schwester war wegen der Vergangenheit ihres Vaters abgelehnt worden. Eines Tages würde er vielleicht das gleiche Schicksal teilen, wenn er zum Opfer eines böswilligen Vorgesetzten oder eines neidischen Kollegen würde. Warum wollten sie ihn bei der Transportpolizei haben? War es ein Trick?
Er war kein Narr.

Da sein Vater sein ganzes Leben lang nicht da war, hatte er alles seiner Mutter zu verdanken. Nun hatte sie es geschafft, in den Westen zu kommen, wo ihr eine Pension gewährt worden war, die sie im Osten niemals erhalten hätte. Seine Schwester hatte es auch geschafft und sah glücklich einer strahlenden Zukunft entgegen. Zeit, ihnen den Rücken zuzudrehen, Zeit, auf Wiedersehen zu sagen? Nein. Jetzt, da er erwachsen war, war er bereit, in die Fußstapfen seines Vaters zu treten; er konnte sich die unausgesprochenen Hoffnungen vorstellen, die stillen Gebete und die verschwiegenen Hoffnungen seiner Mutter vorstellen. Er fühlte sich für die Familie verantwortlich und konnte ihnen nicht einfach Lebewohl sagen, weil er nur seine eigene Karriere im Kopf hatte.

Sogar jetzt konnte er kaum seine Mutter und Schwester besuchen, ohne beobachtet zu werden. Ein Besuch war nicht offen verboten, aber um eine Beurlaubung zu bekommen, musste er seinen Grund, sie im Westen zu besuchen, angeben. Es war ein offenes Geheimnis, dass das Regime argwöhnte, dass junge, wertvolle Bürger in den Westen, *„nach drüben"*, abtrieben. Mit seinem Alter und seinen Qualifikationen gehörte er in diese so wichtige Kategorie. Eines Tages würde er genötigt sein, den Kontakt mit seiner Familie im Westen abzubrechen - für immer. Er konnte fühlen, wie sich die Tür in den Westen schloss, wie die Tür im Luftschutzbunker von Apolda, aber dieses Mal würde sie vor seiner Nase zufallen, um ihn *aus*zusperren. Er war nicht blind.

Er stand an einer Kreuzung, entweder seiner Mutter und Schwester Lebewohl sagen und seinem Land gegenüber loyal bleiben - eine dramatisch patriotische Tat - oder diesen Aussichten seinen Rücken zuwenden und sein Leben in Berlin neu beginnen - ein gewagter Neuanfang. Die endlosen Diskussionen mit seiner Mutter und Schwester hatten ihn unter Spannung gesetzt. Aber er kannte zumindest ihre Ansichten.

In Jena konnte er niemanden um Rat fragen. Das wäre selbstmörderisch gewesen. Er konnte nicht einmal mit Alfons im Westen darüber sprechen. Wer weiß, mit wem er in Kontakt stand? Dieter waren seine ewigen und eindrücklichen Lobeshymnen an die kapitalistische Welt immer verdächtiger erschienen.

Die endgültige folgenschwere Entscheidung - fliehen oder nicht fliehen - würde tatsächlich eine schwere und einsame Entscheidung sein.

Beruf
Nachdem sie bei ihrer Mutter eingezogen war, schloss Renate die Schule ab und hatte so Zugang zu verschiedenen Handelsgewerben und Berufen. Ihre Interessen und Ambitionen hatten keine Bedeutung. Das Wirtschaftswunder, das so viele Möglichkeiten bot, musste erst eintreten, aber Deutschland erholte sich langsam von den Kriegszeiten und bot tatsächlich Chancen für junge Leute - hauptsächlich im Westen. Trotzdem musste sie ihre Wahl sorgfältig treffen, denn ihr Beruf musste auf einer soliden Basis stehen und ihre Brötchen auch auf lange Zeit sichern. Ihre Mutter hatte versucht sie zu überreden, dass eine Arbeit als Näherin immer und überall auf der Welt geschätzt wurde, denn nach Essen und Unterkunft hatte Kleidung Priorität. Erika hatte gesehen, wie wichtig ihre Arbeit gewesen war, obwohl sie keine ausgebildete Näherin war. Außerdem hatte Renate Tendenzen in Richtung dieser Art von Arbeit gezeigt. Sie nähte in ihrer Freizeit gerne und hatte künstlerischen Geschmack in Hinsicht auf Kleidung und Gewänder bewiesen. Nachdem sie sich lange dagegen gesträubt hatte, gab Renate nach und akzeptierte diese Berufswahl.

Inzwischen nahm sich Dieter in Apolda alle Zeit der Welt, um eine Entscheidung zu treffen. Er ließ sich nicht drängen aber gleichzeitig fühlte er sich rastlos und wollte seinem Leben endlich eine Richtung geben. Neben den ganzen Argumenten, pro und kontra, die in seinem Kopf herumwirbelten, spielten alle Wenn und Aber, die seine eigene Zukunft betrafen, die Ungerechtigkeit, die seiner Mutter, Schwester und allen Verwandten durch den schieren Despotismus des Staates widerfahren waren, eine große Rolle. Ihm wurde bewusst, dass er eine Alternative hatte. Diese Tatsache war das Zünglein an der Waage. Er beschloss zu fliehen. Er war 22 Jahre alt. Es war das Jahr 1958.

In drei Jahren wäre es zu spät gewesen.

Wie seine Mama und Renate wurde Dieter im Westen mit offenen Armen empfangen; niemand kümmerte sich um seine Vergangenheit. Er blieb bei seiner Familie. Die Deutsche Bundesbahn war nur in Westdeutschland tätig und nicht in Westberlin. Immerhin fand er für den Anfang Arbeit als Mechaniker in der Fabrik Lindner, die Anhänger für Lastwagen herstellte. Seine Qualifikationen wurden vollständig anerkannt.

Um höhere Karriereziele bei der Eisenbahn zu verfolgen, musste er, neben seinem Schulabschluss, weitere Qualifikationen erwerben, die Mittlere Reife. Das war eine große Hürde, aber er schaffte es spielend: Während er tagsüber arbeitete, besuchte er ein Jahr lang die Abendschule und schaffte die Prüfung, um sein Ziel zu erreichen. Danach bewarb er sich mit all seinen Berechtigungen bei der Bundesbahn und bekam eine Stelle in Bayern, wo seine Tante Lilo sich mit ihrer Familie niedergelassen hatte. Er war im Dorf Niederarnbach stationiert.

Emi war im Osten zurückgelassen worden: Beide ihrer Töchter waren mit ihren Familien fortgegangen und alle lebten im Westen. Als Rentnerin war Emi dem östlichen Regime nicht von Nutzen. Rentner wurden von der Republik nicht zurückgehalten; im Gegenteil, sie waren nur eine Last für die Wirtschaft, wenn sie Unterstützung brauchten. Ihnen stand es frei, in den Westen zu gehen. Um andere daran zu hindern ihre Waren über sie zu schmuggeln, wurde Emi nur erlaubt, wenige persönliche Sachen mitzunehmen. Alle anderen Dinge mussten zurückbleiben. Sie wechselte per Zug legal nach Westberlin über und ihre Sachen wurden mit einem Lastwagen hinübergebracht. Nun war die Familie im Westen vereint: Emi, Erika, Dieter und Renate, alle unter einem Dach in der Albertinenstraße in Zehlendorf.

***

Renate neigte in ihrer Jugend nicht zur Heldenverehrung. Sie hörte die Musik dieser Tage, vor allem in Gesellschaft anderer Jugendlicher in der schwärmerischen Welle des Jazz und der Rock-n-Roll Musik, die in den 50er Jahren ihren Anfang nahm. Im Osten, wo moderne westliche oder gar amerikanische Musik beinahe unbekannt oder von den Behörden verachtet wurde, konnte sie nicht wie jetzt diese Art von Musik hören, die eine Saite in den Herzen der jungen Menschen berührte. Peter Kraus, ein deutscher Sänger, hatte vor allem den Rock-n-Roll in Deutschland bekannt gemacht. Ein weiterer zukünftiger Star der deutschen Popmusik war Udo Jürgens. Beide sind immer noch berühmt, obwohl sie bereits das 70ste Lebensjahr überschritten haben. Auch heute noch hört man begeistert ihre Musik.

Ein anderer ihrer Lieblingsmusiker war der Dauerbrenner Harry Belafonte. Wegen ihres fröhlichen und extrovertierten Charakters war sie begeistert von Calypso. Es war eine große Überraschung für sie, als sie hörte, dass Belafonte 1958 nach Westberlin kommen würde, um ein Konzert zu geben. Renate, damals noch keine 18 Jahre alt, besorgte sich schnellstens Tickets für dieses Konzert. Bei der Arbeit bekam sie sogar einen Tipp, wie sie Belafonte am Flughafen Tempelhof sehen könnte. Der Vater ihrer Kollegin Monika arbeitete am Flughafen und war für die Sicherheit verantwortlich. Damals hieß persönliche Sicherheit für Reisende hauptsächlich, dass man sich um die VIPs kümmerte. Gerade an diesem Tag rief Monika ihren Vater an, um den Tipp zu bekommen. Als sie am Flughafen ankamen, folgten Renate und Monika dem Hinweis, den sie erst eine Stunde vorher bekommen hatten, dass Belafonte nicht den üblichen Ausgang nehmen würde, nachdem er aus dem Flugzeug gestiegen war. Sie rannten zum Ausgang auf der anderen Seite des Gebäudes. Dort standen nur 10 oder 12 Leute - ungefähr vier davon waren von der Presse - die wohl den gleichen Tipp bekommen hatten. Zu ihrer großen Freude tauchte er auf, sein breites Grinsen ließ die weißen Zähne strahlen und er sah müde aus, aber trotzdem war er so, wie sie sich an ihn vom Pressefoto her erinnerte. Er blieb sogar stehen, um jedem in der kleinen Menge die Hand zu schütteln und Renate fühlte, wie ihre Hand nach dem Schütteln erlahmte. Für sie war es ein großer Moment in der Unabhängigkeit von Berlin.

Belafontes Memoiren „My Song" wurden 2012 zum Anlass seines 85. Geburtstages herausgegeben. Er erinnert [18]sich an seinen Besuch in Berlin, dass sogar damals, noch vor der Errichtung der Berliner Mauer, die Stadt in tiefe Melancholie getaucht war. Er konnte sehen, dass die Stadt eine Veränderung zum Guten dringend nötig hatte. Er sang das hebräische Lied „*Hava Nagila*" erst nach einigem Zögern und war von der großartigen Reaktion der Öffentlichkeit überrascht, denn der Krieg war nur 13 Jahre her.

***

Renate schloss an der Beuckeschule mit der „mittleren Reife" ab und absolvierte von 1959 bis 1962 ihre Lehre im Modehaus Modewerkstätten Ursula Schewe. Nachdem sie mit fliegenden Fahnen bestanden hatte, arbeitete sie dort für sechs Monate. Dieses Modehaus war recht bekannt und hatte bedeutende Kunden nicht nur aus Deutschland, sondern auch aus dem Ausland. Sie lernte die Wichtigkeit von maßgeschneiderten Kleidern und die immer wechselnden Moden, aber vor allem die Wünsche und Launen der VIPs kennen. Neben ihrer Tätigkeit als Jungschneiderin hatte sie noch eine recht ungewöhnliche Rolle. Wegen ihrer schlanken Figur war sie oft Ersatz für einige wichtige Kundinnen und spielte in gewisser Hinsicht eine Art Doppelgängerin für diese. Da ein paar Kundinnen keine Zeit für mehrere Anproben hatten, musste sie für diese als Model dienen. Sie erinnert sich, dass sie für Giulietta Masina Fellini, die Frau des italienischen Filmregisseurs Frederica Fellini, der 1956 bei „La Strada" und 1957 bei „Die Nächte der Cabiria" Regie führte, einspringen musste. Giulietta war selbst eine großartige Schauspielerin, die viele Auszeichnungen gewann, wie zum Beispiel auch in Cannes den Academy Award als beste Schauspielerin für ihre Rolle in „Die Nächte der Cabiria".

Die Besitzerin des Modehauses, Ursula Schewe, lernte einen brasilianischen Millionär kennen und schloss ihr Unternehmen, um nach Brasilien auszuwandern. Renate musste eine andere Arbeit finden, aber zu diesem Moment hatte sie genug vom Schneidern. Sie wollte etwas anderes machen. Sie entschied sich für den Beruf einer Büroassistentin, eine Stelle, die höchst gefragt war und als „Stenokontoristin" oder in einem Büro, das in Stenografie, Maschinenschreiben, Buchhaltung und Büroleitung versiert war, als Sekretärin ausgeschrieben war. Sie besuchte ein Jahr lang die Handelshochschule Hofmeister und arbeitete, nachdem sie die Schule abgeschlossen hatte, bei Eisenkonstruktion Rieth und Co., einem Hersteller für Metallteile. Nach zwei Jahren, von 1963 bis 1965, wechselte sie zur Werkzeugfabrik Marienfelde Stock und Co. Nachdem sie dort ein Jahr lang war, bekam sie die Stelle, nach der sie die ganze Zeit gesucht hatte, nämlich eine bei der aufstrebenden Firma MAN, die eine Zweigstelle in Berlin hatte. Die Firma stellt neben Motoren und anderen Maschinenbauteilen auch Busse und Lastwagen her und ist auch heute noch Marktführer der Branche mit weltweitem Erfolg.

Die Berliner Mauer

Die Jahre nach der Luftbrücke waren nur scheinbar ruhig und überdeckten den seismischen Druck, der sich im Fundament der DDR aufbaute. Aber die Erosion nagte stetig am Fundament: Es rostete, faulte - und blutete. Seit 1950 fanden mehr und mehr ihrer Untertanen einen Ausweg in den Westen. Ihr einziges Ziel war es, dem lauschenden, dem erdrückenden Regime, zu entkommen und ihrem Geburtsrecht als freie Bürger in ihrem eigenen Land zu leben zu folgen. Das war keine Auswanderung.

Sie packten ihre Taschen und gingen nach Westberlin, wo sie in provisorischen Lagern untergebracht wurden, um nach Westdeutschland ausgeflogen zu werden. Die DDR litt an der fürchterlichen Abwanderung, verlor die so wertvolle Arbeitskraft und gut ausgebildete Jugend - beinahe 3 Millionen seit der Luftbrücke. Ironischerweise war das eine Umkehrung des Flusses der Luftbrücke von 1948: Anstatt einem Zufluss essenzieller Dinge von Westdeutschland über Westberlin in den Osten strömten dieses Mal die wertvollen Bürger in Scharen nach Westberlin, viele davon flogen in den Westen - wieder eine Luftbrücke. *Gen Westen, Westward Ho!*

Die Sowjets hatten 1957 den Satelliten Sputnik gestartet und fühlten sich als glorreiche Eroberer des Weltalls. Gegen diesen Triumph blieb für sie das winzige Berlin am Planeten Erde ein Schandfleck. Der stetige Exodus konnte weder ignoriert noch toleriert werden; der Osten verlor kontinuierlich und der Westen bereicherte sich mit der begeisterten Jugend. Bis 1961 hatten 2,5 Millionen Bürger ihrer eigenen Nation den Rücken gekehrt. Darunter auch Dieter.

1961 hatte die Massenflucht eine Proportion von 20000 bis 30000 pro Monat erreicht, 2400 flohen am 12. August an diesem einzigen Tag. Der Funken war schlussendlich zu einem Feuer geworden. Nachdem sämtliche Drohungen gegen den Westen versagten, war die sowjetische Blockade nur eine verzweifelte Maßnahme.

In dieser Nacht des 12. Juli erlaubte der Ministerpräsident Nikita Khrushchev, dass das östliche Regime die Grenze zu den anderen Alliierten in Berlin abriegelte, was letztlich zum Bau der Berliner Mauer führte, die sich geradewegs durch die Stadt zog. Am Sonntag dem 13. August 1961 wachten die Berliner auf und wurden von einer hässlichen Überraschung begrüßt: einem Mittsommernachtsalptraum. Während der vergangenen Nacht waren die östlichen Behörden damit beschäftigt gewesen, einen Zaun aus Stacheldraht und teilweise sogar aus Zement durch Berlin zu ziehen. Innerhalb von zwei Wochen war die Stadt endgültig getrennt. Für die Berliner war es unmöglich, von einem Teil der geteilten Stadt in den anderen zu wechseln.

Von den Vorgängen, über die diesen Sonntag regelmäßig im Radio berichtet wurde, alarmiert eilte Renate zum Brandenburger Tor, das auf der Ostseite Berlins lag. Hinter dem Tor herrschte ein Gedränge, da Panzer in Stellung gingen, um jeglichen Protest im Keim zu ersticken. Der Zaun und die Mauer, die jeden Durchgang versperrten, verhinderten, dass Renate auf die andere Seite ging und genau sehen konnte, was vor sich ging. Wenn es eine Öffnung gab, wurde sie von der Polizei aus dem Osten blockiert und bewacht.

Sie sah auch einige junge Leute aus dem Osten, die einfach an der Wache vorbeieilten und spontan in den Westen liefen. Auf der westlichen Seite wurden sie von Schaulustigen mit Applaus begrüßt. Die Wachen hatten immer noch keine Befehle, wie sie darauf reagieren sollten.

Für viele Bürger kam das Leben zum Erliegen. Am Montag hatten jene, die in einem Teil Berlins lebten und auf der anderen Seite arbeiteten, ihre Stellen verloren. Birgit, eine Freundin von Renate und auch ein Lehrling, die in Ostberlin lebte, war gerade aus dem Osten gekommen, um das Wochenende bei ihrer Tante zu verbringen. An diesem Sonntag saß sie fest; ihre Verwandten rieten ihr, wegzubleiben und sich im Westen durchzuschlagen, und genau das tat sie.

Niemand konnte sagen, ob das eine Provokation des Ostens war, um den Westen wieder an den Verhandlungstisch zu zwingen, und wie lange diese Schikane andauern sollte. Der dauerhafte Charakter dieses absurden Zuges wurde erst nach Tagen und Wochen klar. Das größte Gefängnis der Geschichte war erbaut worden, um beinahe 40 Jahre zu bestehen.

Ostdeutsche Bürger unternahmen vielerlei Versuche, die Mauer zu überqueren, einfache Versuche wie die Mauer mit einem Seil hinaufzuklettern, oder mit einem Lastwagen die Mauer zu rammen und durch die Lücke zu rennen. Andere flüchteten, indem sie einen Tunnel unter der Mauer gruben oder mit einem Ballon darüber hinweg flogen. Auch über Selbstmorde von Menschen, die aus den Fenstern der Gebäude neben der Mauer sprangen, wurde berichtet.

Die Berliner Mauer (*13.08.1961, +09.11.1989), eine urbane architektonische Monstrosität, erreichte letztendlich eine Länge von 155 km. Egal, wo man versuchte sie zu überwinden, war das Risiko hoch, erschossen zu werden, denn alle Wachen hatten den genauen Befehl, sofort zu schießen, als ob sie mit ihren eigenen Bürgern im Krieg wären. Überläufer („Grenzverletzer" im DDR-Jargon) wurden für lange Zeit ins Gefängnis gesteckt, wenn sie erwischt wurden. In einem Fall ließ man das Opfer gnadenlos verbluten, nachdem es angeschossen worden war. Bis die Mauer 1989 zusammenbrach, hatten 171 Überläufer ihre Leben verloren. Die folgenden vier Polizeiberichte aus Ostberlin, die zufällig ausgewählt wurden, illustrieren die Brutalität:[19]

- 18. August 1964: Ein tödlicher Schuss wurde in den Rücken der wahrscheinlichen Grenzverletzerin Hildegrad Tribant, 27 Jahre, wohnhaft in Tilsiter Straße, abgefeuert. Sie wurde entdeckt, wie sie sich hinter einem Busch versteckte...
- 29. April 1966: 176 Schüsse wurden auf Paul Stretz, einem Westberliner, der im Spandau Kanal auf dem Territorium Ostberlins schwimmen war, abgefeuert. Da er für einen Grenzverletzer gehalten worden war, wurde er vernichtet.
- 9. April 1969: 148 Schüsse wurden auf den Grenzverletzer Johannes Lange aus Dresden abgegeben, bis der Verletzer vernichtet war.

Der Tadel an den Grenzwachen - für absurde und groteske Vergehen - gibt weitere Einblicke: Getadelt für

- überzeugtes Anhängen der Beatmusik
- Abschreiben von Passagen von Franz Kafka in sein Tagebuch
- den Besitz eines Spielzeugautos von Mercedes mit eingebautem Maßband.
- das Abfeuern eines einzelnen Schusses auf Grenzverletzer anstatt kurze Salven abzugeben.
- Das Schießen mit seiner Feuerwaffe in so einem Winkel, dass der Grenzverletzer nicht zum Anhalten gezwungen wurde[20]
- für das Begehen von Selbstmord durch Erhängen.

Die folgenden anonymen Zeilen, die jemand an die Berliner Mauer geschrieben hatte, der vorher lebend gefangen worden war, als er versuchte, sie zu überqueren, zeigen die Ironie und den Pathos, welche viele Überlebenden verfolgten:

„Hier saß ich als Deutscher, weil ich als Deutscher von Deutschland nach Deutschland gegangen."

***

Zwei Jahre später, im Juni 1963, waren die Westberliner extrem begeistert vom Besuch Kennedys, des Präsidenten der Vereinigten Staaten, der anlässlich des 15. Jubiläums der Luftbrücke, die die Stadt rettete, kam. Er sollte am 26. des Monats im Rathaus von Schöneberg eine Rede halten.

Renate arbeitete in der Belegschaft der Baufirma Rieth & Sohn. Da sie das Leben auf beiden Seiten der Front des Kalten Krieges kannte, fühlte sie sich besonders angesprochen. Im Westen hatte sie alle Freiheit, die von den westlichen Alliierten gesichert wurde, Freiheit, die vom Osten bedroht wurde und um die der Osten den Westen auch beneidete. Immerhin wurden Redefreiheit, Bewegungsfreiheit und persönliche Weiterentwicklung von jedem auf der Welt begehrt, von den Jungen wie auch den Alten. Ständig daran erinnert, dass alle Westberliner auf einem Pulverfass saßen, war sie mehr als nur neugierig oder politisch daran interessiert, bei der Rede dabei zu sein und die Botschaft aus erster Hand zu hören. Sie ging alleine zum Rathaus von Schöneberg.

Sie stand abseits der Menge, weiter hinten unter den Zuhörern, und bemerkte aufgeregt, dass die Versammlung von Persönlichkeiten wie dem amerikanischen General Lucius D. Clay, der für die Luftbrücke verantwortlich gewesen war und immer noch große Beliebtheit als Retter genoss, dem deutschen Kanzler, Konrad Adenauer, der auf dem Gipfel seiner Karriere war, besucht wurde. Natürlich war Willy Brandt, der Regierende Bürgermeister von Berlin, als Gastgeber auch anwesend. Renate war ein Teil einer Elite, die sich Berliner nannte, und Kennedy würde auch bald behaupten, dazuzugehören.

Die Rede war kurz, knackig und brillant. Der Übersetzer leistete ganze Arbeit, die Kernaussage zu übermitteln. Es war nicht das ruhige und klangvolle Jammern eines Politikers. Die Zuhörerschaft jubelte, als er ihr Durchhaltevermögen und ihre Entschlossenheit in der belagerten Stadt lobte, und vor allem, als er seine Solidarität mit ihrem Los bekundete. Die letzten Zeilen seiner Rede waren:

„Die Freiheit ist unteilbar, und wenn auch nur einer versklavt ist, dann sind nicht alle frei. Wenn alle frei sind, dann wird der Tag kommen, an dem diese Stadt und dieses Land wieder vereint sind, an dem Europa geeint ist und Bestandteil eines friedvollen und zu höchsten Hoffnungen berechtigten Erdteils wird. Wenn dieser Tag gekommen sein wird, können die Westberliner mit Befriedigung von sich sagen, dass die Berliner und diese Stadt Berlin 20 Jahre die Front gehalten haben.

Alle freien Menschen, wo immer sie leben mögen, sind Bürger dieser Stadt Westberlin, und deshalb bin ich als freier Mann stolz darauf sagen zu können: *Ich bin ein Berliner.*"

Die letzten berühmten Worte, „Ich bin ein Berliner" standen in einem klaren Kontext: Jeder Mensch, der Freiheit anstrebt, wo auch immer er auf dieser Welt sein mag, ist ein Berliner. So gesehen war auch Kennedy ein Berliner, viel mehr noch Renate.

***

Heute belegen Dokumente, die erst kürzlich veröffentlicht wurden, dass der westdeutsche Kanzler Konrad Adenauer andere Vorstellungen hatte, die höchstwahrscheinlich von seinem außenpolitischen Berater Horst Osterheld stammten. Adenauer wollte ernsthaft vorschlagen, dass die Vereinigten Staaten bei geheimen Verhandlungen den Sowjets einen Wieder-Austausch vorschlagen sollten. Es wäre eine Umkehrung des Austausches von 1945 gewesen: Wieder sollte Westberlin den Sowjets im Austausch für den Freistaat Thüringen, Teile von Sachsen und Mecklenburg mit den Städten Schwerin und Leipzig angeboten werden. [21]

Er wollte, dass der Staatssekretär der Vereinigten Staaten, Dean Rusk, auf Chruschtschow zuging und ihn dazu brachte, den Tausch zu akzeptieren. Er präsentierte seine Idee auch Kennedy. Kennedy allerdings ignorierte diesen Vorschlag und blieb dem Status Quo treu.

Wie sollte sich Renate im Angesicht dieser Möglichkeit fühlen? Sie kann nur schaudern und sich schwindlig fühlen bei dem Gedanken, dass die kommunistischen Klauen sich wieder nach ihr und ihrer Familie in Westberlin austrecken und sie faktisch wieder an die Sowjets verkauft werden.

Kapitel V

Die Suche

Jenseits der Grenzen
Renates erster Aufenthalt außerhalb deutscher Grenzen war 1957 in einem Jugendlager in der Nähe von Dubrovnik in Kroatien, als es noch, bevor das Land auseinanderfiel, Teil Jugoslawiens war. Sie war Teil einer Schülergruppe, die ihren 3-wöchigen Aufenthalt genoss. Da die Jugendlichen unter sich blieben und keinen Kontakt nach außen hatten, führte dieser vergnügliche Urlaub nie zu Berührungen mit ihren ausländischen Gastgebern.

Renate knüpfte erst später solche Kontakte. Naveen hatte einen Onkel, Anand, der in England lebte. Er war Arzt und im Landeskrankenhaus von King's Lynn angestellt. Da er nur sieben Jahre älter war als Naveen, verstanden sie sich so gut, als ob sie Brüder wären. Beide waren die Jüngsten ihrer jeweiligen Familien. Nun, da sie von zu Hause weg waren, ließen sie sich gehen und hatten Spaß, weit weg von den mürrischen Älteren. Das letzte Mal, dass sie sich getroffen hatten, war im Jahr 1961 in Merthyr, Wales. Zusammen waren sie nach Paris und in die Niederlande gereist und hatten sich dann in Amsterdam getrennt, der eine flog zurück nach England, der andere nach Deutschland. Nun plante Renate diese Reise mit Naveen, um seinen Onkel zu besuchen. Das war im Jahr 1966.

Sie reisten per Zug und Fähre. Nachdem sie den Kanal nach England überquert hatten und Dover erreichten, überraschte sie die große Aufregung, die am Hafen herrschte. Jeder Passagier wurde mit einem herzlichen Willkommensgruß in Empfang genommen und jedem wurden allerhand Aufkleber, Flaggen und Ballons angeboten. Einige der hübschen Damen trugen mittelalterliche Kostüme und kündeten so von dem Fest, das über ganz Britannien hinweg stattfand: das 900. Jubiläum der normannischen Eroberung. 1066 hatten die Normannen unter William dem Eroberer den angelsächsischen König Harald geschlagen und die Insel überrannt.

Bei der Erwähnung dieses Anlasses nickte Naveen klug. Renate fragte sich, woher er so viel über englische Geschichte wusste. Daheim in Indien hatten britische Soldaten nach dem Krieg Unmengen an Krimis zurückgelassen. Seine älteren Geschwister mochten die Thriller von Edwy Searles Brooks, der unter dem Künstlernamen Berkely Gray Geschichten um den Detektiv Norman Conquest („normannische Eroberung"), dessen Markenzeichen „1066" war, schrieb.

Nach ein paar Tagen Besichtigungen in London fuhren sie weiter nach King's Lynn. Anand war der Erste von Naveens Verwandten, den Renate traf. Er war frisch verheiratet, aber seine Frau war nach Indien gereist. Renate war überrascht einen Mann zu treffen, der von gleicher Statur wie Naveen war und auch den gleichen Humor hatte. Die beiden Männer begrüßten sich in ihrer Muttersprache unter viel und lang anhaltendem Gelächter; danach hieß Anand Renate nüchtern in Englisch willkommen. Er konnte kein Deutsch, aber hatte die Geduld, langsam Englisch zu sprechen und sich verständlich zu machen. Bald kam Naveens Cousin Chandrasekhar dazu, der drei Jahre jünger als Naveen war. Chandrasekhar arbeitete in England als Ingenieur und war für ein paar Tage auf Besuch hier.

Das Personal im Krankenhaus kam von überall her, von Indien, Pakistan und Sri Lanka, sogar von Schottland. Es war eine Nationengemeinschaft. Renate erinnert sich an den ewig fröhlichen pakistanischen Augenarzt in Bereitschaftsdienst, der, wann immer er zu seinen Patienten ging, den damals brandneuen Hit „Strangers in the Night", mit den Worten „etwas in deinen Augen war so einladend..." („something in your eyes was so inviting...") sang. Ja, das Lied, geschrieben von Bernd Kaempfert und gesungen von Frank Sinatra, war 1966 gerade erst veröffentlicht worden.

Alle Doktoren waren in der Lounge vor dem Fernsehgerät versammelt, tranken Tee, scherzten mit britischem Humor und sprachen, natürlich, über Kricket. Renate fühlte sich mit der britischen Lebensweise nicht wohl. Sie verriet ihr Unbehagen, indem sie den Tee, die Marmelade und das bis zum Becherrand gefüllte Bier, das nicht einmal eine Schaumkrone hatte, ablehnte... In Sachen Sport war sie mehr an der Fußball-Weltmeisterschaft, die gerade in England stattfand und in der Deutschland glänzend spielte, interessiert. Aber niemanden hier reizte Fußball. Es ging um Kricket hier und Kricket da, immer um dieses langweilige Spiel. Sogar Naveen erwies sich als Verräter, so wie er von seinem Lieblingsspiel, das in Deutschland niemand kannte, begeistert war. Endlich konnte er nach sechs Jahren wieder Kricket schauen.

Aber sie hatte einen Trost: Nach ihrer Rückkehr nach Berlin würden sie zusammen in einem Gasthaus sitzen und das heute berühmtberüchtigte Finale der Deutschen gegen England im Wembley Stadion vom 30. Juli, bei dem England nach einem umstrittenen Tor 4:2 gewann, anschauen. Das war die „Schlacht von Wembley" im Jahr 1966.

Während Naveen wegen der Schließung seines Institutes über den Sommer lange Ferien hatte, musste Renate nach den zwei Wochen in Großbritannien wieder arbeiten. Sie nahm den Zug nach London, um von da aus am nächsten Tag heimzufliegen. Anand hatte es eingerichtet, dass sie die Nacht vor ihrem Flug nach Berlin in einem Londoner Hotel übernachten konnte. Er kannte den Besitzer des Hotels, einen Tamilen aus Sri Lanka. Da Anand sich Sorgen machte, dass Renate nicht genug Englisch sprach, und weil sie alleine reiste, stellte er sicher, dass sie bei ihrer Ankunft in London die richtige Person antraf. Also rief er den Besitzer an, gab ihm eine Beschreibung von Renate und vereinbarte mit ihm, dass er auf Renate zuging und sie mit einem kurzen deutschen Satz begrüßte. Sie sollte mit einem Satz in Tamilisch antworten, der die Zahl 1066, die sie leicht aussprechen konnte, beinhaltete. Sie traf die richtige Person und kam auch im Hotel an - dank dieser Art von Identifizierung, die einem Krimi würdig war: wieder 1066.

***

Ein Jahr darauf fand Renate, dass es Zeit war, ihre Freundin Jorun, ein norwegisches Mädchen, das sie damals in den 1950ern in Jugoslawien kennengelernt hatte, zu besuchen. Joruns Verlobter war ein Deutscher, der in Rostock in Ostdeutschland, studierte. 1966 besuchte Jorun Renate in Berlin und die Freundschaft wurde erneuert.

Im August begannen Naveen und Renate ihre Reise, um dann Jorun in Oslo zu treffen. Naveen erhielt nur ein Durchreisevisum für Dänemark, aber das Besuchsvisum für Norwegen war noch nicht ausgestellt. Er musste es in Kopenhagen holen. Also fuhren Naveen und Renate nach Kopenhagen, blieben bei einer deutschen Emigrantin, Frau Fischer, und warteten auf das Visum für Norwegen.

Auf ihrer Besichtigungstour durch Kopenhagen kamen sie am Tivoli (ein weltberühmter Vergnügungs- und Erholungspark in der Innenstadt) vorbei, der in den Sommermonaten gesteckt voll war. Es stellte sich heraus, dass Marlene Dietrich dort jeden Tag in diesem Monat auftrat. Naveen war von dieser Nachricht begeistert. Er hatte ihre brillante Darstellung im Film „Zeugin der Anklage" daheim in Indien im Jahr 1959 gesehen.

Im Tivoli fand ihr Auftritt in einem Freilufttheater statt und Renate und Naveen hatten nur Stehplätze. Nach einem Stand-up-Comedian und einer Ankündigung, alles war natürlich in Dänisch gehalten, erschien Marlene Dietrich in einem fließenden cremefarbenen Kleid. Sie musste beinahe eine volle Minute warten, bis der Applaus verstummte. Das Paar genoss jede Minute ihres Auftritts. Eines der Lieder war „Where have all the flowers gone..." von Pete Seeger (*1919, +2014). Renate kannte die deutsche Fassung, „Sag mir wo die Blumen sind...". Das Pathos dieses Liedes stand an diesem Sommerabend im Gegensatz zu der jubelnden Menge. Der Text packte die Stimmung der Zuhörer; als die Worte „Where have all the young men gone? ... Where have all the soldiers gone? Gone to graveyards everyone..." (Sag wo die Männer sind? [...] Sag wo die Soldaten sind, wo sind sie geblieben? Sag wo die Soldaten sind, über Gräbern weht der Wind") erklangen, schaute Naveen zu Renate hinüber. Tränen glänzten in ihren Augen.

***

Jorun war eine angenehme, extrovertierte Person, die stolz auf ihr Land war und es liebte. Allerdings gab es nicht viel, was die jungen Leute in Norwegen unternehmen oder kaufen konnten, denn gemessen an deutschen Standards war alles sehr teuer. Der Besuch war recht ereignislos. Mit dem Bus fuhren sie westwärts bis nach Bergen, um einen Eindruck von den wunderschönen Landschaften und den Fjorden Norwegens zu bekommen; beinahe bankrott fuhren sie dann schleunigst zurück.

Von all den Reisen war die nach Großbritannien die eindrucksvollste für Renate. Erstens hatte sie so die Gelegenheit, die „Tommies" kennenzulernen, die so gar nicht dem Zuhause verbreiteten traditionellen Bild der steifen Snobs, die durch von Smog vernebelte Straßen schlurften, entsprachen. Zuerst war sie angenehm verwirrt, dann gewöhnte sie sich an die Engländer und ihren Linksverkehr und ihre Angewohnheit, bei Rot über die Straße zu gehen. Alle waren geschäftig, aber auch höflich und locker. Sie war erleichtert, als sie diesen geduldigen „Engländer" traf und mit ihm reden konnte, und der ihre ersten Versuche in Englisch anhörte und höflich und humorvoll antwortete.

Ein Vorfall hat sich in Renates Gedächtnis gebrannt: Nach einer Besichtigungstour durch London bestand Naveen darauf, das Parlament zu sehen. Als sie so eine breite Straße entlang spazierten, kamen zwei ältere Herren auf sie zu, beide trugen Schnurrbärte und Gewänder, die aus einem Bilderbuch stammen konnten, Hüte, lange Mäntel, gestreifte Hosen und Schirme. Naveen hielt sie an und fragte in aller Höflichkeit - er machte den Satz so lange wie möglich - ob die ehrenwerten Herren ihm sagen könnten, wie er denn zum Parlament käme. Einer der Herren schaute zu seinem Freund hinüber, lachte los und sagte: „Hast du das gehört?" Dann wandte er sich an Naveen und sprach: „Sie möchten zum Parlament? Um dorthin zu gelangen, müssen Sie hart arbeiten, sehr hart, um genau zu sein, junger Mann!" Beide lachten sich kaputt, bevor sie endlich den Weg wiesen.

Eine Reise nach Indien
Renate war nun vom „Reisefieber" gepackt. Die nächste Reise, die sie plante, sollte nach Indien gehen. Natürlich hatte ihre Bekanntschaft mit Naveen ihr Interesse an diesem Land geweckt. Sie war mehr als neugierig darauf, alles über sein „früheres Leben" - wie er es nannte - zu erfahren. Nun, da sie Englisch ausreichend beherrschte, fühlte sie sich einem Besuch in Indien und auch Naveens Verwandten gewachsen.

Auf ihrem Weg zur Arbeit kam sie an einem Reisebüro, Möwis Reisen, vorbei. Die Schaufenster waren voll mit Werbung für Urlaubspakete an so „exotischen Orte" wie Italien, Spanien und Jugoslawien.

Eines Tages, sie war gerade am Rückweg von der Arbeit, ging sie spontan hinein und fragte nach, ob sie auch Reisen nach Indien buchten. Sie wettete, dass sie bei der Nennung eines so überaus exotischen Ziels überwältigt wären und ablehnen würden. Zu ihrer Verblüffung erhielt sie ein ausdrückliches „Ja". Eine weitere Überraschung war, dass ihre Furcht vor exorbitanten Kosten, die mit einem so weit entfernten Ort sicherlich verbunden waren, unbegründet blieb. Das Reisebüro bot nicht nur Urlaubspakete für Indien an, sondern auch sogenannte „Charterflüge". Sie fand erschwingliche Flüge, aber es gab noch einen Haken: Sie musste den Hin- und Rückflug zu einem festgesetzten Datum buchen, und dazwischen lag ein 6-wöchiger Aufenthalt. Zu ihrer Bestürzung erhielt sie von ihrem Arbeitgeber nur 3 Wochen Urlaub im Jahr. Und dann war da noch die Frage, wo sie wohnen und was das kosten sollte. Gedankenverloren ging sie ohne Verpflichtungen, dafür mit einem Traum los.

Ein paar Tage später hatte sie eine Verabredung mit Naveen an ihrem Lieblingsort in der Nürnberger Straße, in der Nähe der Ruinen der Kaiser-Wilhelm-Gedächtniskirche. Es war ein kleiner und sauberer Selbstbedienungsladen namens Wimpy. Man ging zur Theke, holte sich Essen und Getränke, bezahlte bar und ging an einen Tisch, um den ganzen Abend in seiner eigenen Welt zu versinken. Im Hintergrund hörte man Instrumentalmusik, die Stücke wie „Spanish Eyes", „Besame Mucho" und „Guantanamera" spielte. Eine unaufdringliche brennende Kerze am Tisch zwischen dem Paar und die sanften Melodien dieser Zeit reichten aus, um die richtige Atmosphäre zu kreieren. Die bekannten Gerüche von Brot und Fastfood verdichteten die Gemütlichkeit. Turteltauben bevölkerten diesen Ort, hielten Händchen und träumten vom - oder planten sogar - das eigene Nest und Küken. Vielleicht waren einige da, um Unstimmigkeiten auszubügeln. Kurzum, es war ein ordentlicher und beliebter Vorläufer jener allgegenwärtigen Fastfood-Ketten, die danach kamen.

Nachdem Renate Naveen eine Minute Zeit gelassen hatte, um sich bequem hinzusetzen und seinen Lieblingsburger, den *„Doppel-Wimpy"* zu mampfen, ließ sie die Katze aus dem Sack:
„Weißt du was? Ich fliege nach Indien!"

Glücklicherweise hatte Naveen zwischen den Bissen seinen Mund geleert, also hatte er bloß an der Nachricht zu kauen. Er hielt inne, verschluckte sich aber nicht. Die Kerze knisterte und reinigte ihren Schlund. Naveen verstand das als eine Aufforderung, sich endlich zu äußern.
„Was?", war seine Reaktion.

Renate neigte den Kopf zur Seite, um ihn an der Kerze vorbei anzusehen. In seinem Gesicht und seiner Stimme war keine Spur von

Angst, Zweifel oder Verdacht, nur Überraschung. Er rührte seinen Kaffee ziemlich lange rum. Dann fragte er nur:
„Warum?"

Er versuchte nicht, sie davon abzubringen, aber er meinte, dass es bessere Orte für ihr Geld gab, wenn sie wirklich Urlaub haben wollte; wenn es schon ein exotisches Land sein musste, hätte er Mexiko vorgeschlagen. Er weigerte sich zu glauben, dass er so ein cause célèbre war, der irgendjemanden dazu veranlasste, sein Herkunftsland zu besuchen. Nachdem er von Renates unbeugsamer Entschlossenheit überzeugt war, brachte er die nächste Frage auf:
„Wie?"

Beide wussten, dass Naveens Taschen leer waren. Er hatte gerade mit seiner Promotionsarbeit, an die ein Stipendium geknüpft war, begonnen. Sie plante natürlich, die gesamte Reise von ihren Ersparnissen zu bezahlen. Verlegen schlug er vor, dass er ihr zumindest mit ihrem Aufenthalt in Indien helfen konnte.

Seine familiäre Situation gestaltete sich folgendermaßen: Sein Vater war erst vor Kurzem verstorben. Dann hatte sein älterer Bruder geheiratet und das Paar lebte bei seiner Mutter in Naveens Geburtsstadt Bangalore (das heutige „Bengaluru"). Anstatt diese drei zu belästigen, schrieb er an seine älteste Schwester, Leela, die auch in Bangalore lebte, um zu fragen, ob Renate bei ihr bleiben könnte.

Er teilte seinen beiden Schwestern, seinem Bruder und seiner Mutter mit, dass Renate nicht nur eine Freundin, sondern seine Verlobte war. Aber er wollte nicht, dass sich diese Neuigkeit verbreitete, damit sie nicht seinen Verwandten vorgeführt wurde, nur um von ihnen geprüft zu werden. Also schlug er vor, den Grund ihres Besuches zu verschleiern: Renate wäre eine Abgesandte von Deutschland, die als „Mitglied eines Programmes für kulturellen Austausch" nach Indien ging und damit einen ähnlichen Besuch eines indischen Abgesandten in Deutschland erwiderte. Ob seine Schwester und ihre Familie da mitmachen und ihm diesen Gefallen zugunsten seiner Verlobten tun könnten? Falls sie Nein sagen würden, wo sollte Renate dann bleiben?

Er wusste nur zu gut, dass sie sich auf ein Abenteuer einließ: Mit nur wenig Wissen über das Land und die Leute und ihren spärlichen Englischkenntnissen würde sie alleine nach Indien reisen und dort sechs Wochen freiwillig im Exil leben. Der einzige Trost wäre, wenn sie als Gast bei einer indischen Familie sein würde.

Naveen gab ihr einige Tipps für ihre Reise, wie zum Beispiel, dass sie niemals alleine in einem Taxi mitfahren sollte. Allerdings war sie bei allen Herausforderungen, auf die sie vielleicht treffen würde, auf sich gestellt; später sagte er, er hatte gewollt, dass Renate diese Herausforderungen so traf, wie er seine bei seiner Ankunft in Deutschland in Angriff genommen hatte.

***

Renate war bei der Firma MAN, einem internationalen Hersteller und Händler für Busse und Lastwagen, als Führungskraft eingestellt. Sie arbeitete in einer kleinen Zweigstelle in München. Am nächsten Morgen fand sie die richtige Gelegenheit, um mit ihrem Chef, Herrn Koch, zu sprechen. Er stand mit einem Brief in der Hand in der Tür und machte einige aufgeregte Bemerkungen in Richtung seiner Sekretärin, Frau Schmidt. Ein triumphierendes Lächeln ließ sein Gesicht aufblühen. Seine imposante übergewichtige

Statur zitterte und seine ausschweifende Gestik unterstrich seine gute Laune. Trotz seiner 60 Jahre und dem Übergewicht konnte er so aufgeregt sein wie ein Kind. Sie hoffte, er würde nicht vor Begeisterung auf und ab springen und sich am nur wenige Zentimeter über ihm befindlichen Türrahmen den Kopf stoßen. Nachdem sie ihn ein wenig Zeit gelassen hatte, um ruhiger zu werden, ging sie auf ihn zu und fragte:
„Herr Koch, haben Sie etwas Zeit für mich, ich hätte da eine Bitte…"
Immer noch rot im Gesicht, schwitzend und die Papiere wedelnd lächelte er:
„Ja, natürlich, folgen Sie mir."

Sie betraten sein Büro. Es war geräumig, hatte aber nur eine spartanische Einrichtung, war bescheiden mit persönlichen Dingen ausgestattet und quoll über mit allen Arten von Dokumenten, Papieren, Tabellen und Grafiken, die über den Tisch und den Stühlen verstreut lagen.

„Sie wissen, dass ich einen Freund aus Indien habe", begann sie. „Ich habe ihn Ihnen bei der Automesse vorgestellt."
Einige Monate zuvor hatte Renate Naveen eingeladen, den Stand ihrer Firma auf der Handelsmesse zu besuchen; sie hatte ihn Herrn Koch vorgestellt, der in bester Laune war und dem Paar alles Gute gewünscht hatte.
„Ja, ich erinnere mich natürlich. Sie kommen immer noch gut miteinander aus? Irgendwelche Probleme? Wie kann ich helfen?"

Das war ihr Stichwort, um ihre Beziehung zu Naveen und ihren Wunsch, nach Indien zu reisen, ausführlicher darzustellen. In seiner väterlichen Art war Herr Koch natürlich gnädig, aber bezüglich des 6-wöchigen Urlaubs meinte er:

„Nun, ich habe nichts dagegen. Selbstverständlich können Sie dann gerne wieder hier arbeiten. Aber bei einer so langen Abwesenheit, sogar wenn es nicht bezahlt ist, habe ich nicht die Befugnis, alleine zu entscheiden. Keine Sorge. Ich werde diese Angelegenheit mit dem Hauptsitz in München klären. Ich bin mir sicher, es sollte keine Probleme geben."

Ein paar Wochen später erhielt Renate gute und schlechte Nachrichten. Die Gute war, dass Naveens Schwester und ihr Ehemann tatsächlich zugestimmt hatten, sie bei sich aufzunehmen und das Spiel mitzumachen, Renate als „kulturelle Abgesandte" zu unterhalten. Da die gesamte Familie sehr aufgeschlossen war, hatten sie nichts gegen einen Gast aus dem Ausland.

Die schlechte Nachricht kam aus der Heimat. Renates Chefs in München hatten ihr Gesuch für einen 6-wöchigen Urlaub, sogar wenn er ohne Bezahlung erfolgte, abgelehnt. Unbeeindruckt davon entschloss sich Renate, auf ihr Schicksal zu verlassen; sie kündigte.

***

In den 1960er Jahren waren China und Indien wirklich mysteriöse Orte für den Westen. China existierte isoliert und kümmerte sich nur um die politische Kampagne der Kulturrevolution von 1966-76, die zu diesem Zeitpunkt gerade erst begonnen hatte.

Die Mehrheit im Westen war ein wenig verwirrt über die plötzliche Popularität Indiens, die sich wegen des offenen Zugangs zum Land unter jenen sozialen Rebellen, die entweder protestierten oder einfach ihre eigenen Ideale vor dem Hintergrund einer apokalyptischen Vision suchten, ausbreitete. Die Antwort kam in Form der Sinnlosigkeit des Vietnamkrieges und der neu entwickelten Nukleartechnologie. Der kalte Krieg zwischen den zwei Übermächten war am Höhepunkt, kulminierte 1961 mit dem Bau der Berliner Mauer und der nuklearen Konfrontation auf Kuba im Jahr 1962.

Noch dazu hatte sich ein großer Teil der Jugend, der sich „Hippies" nannte, damit begonnen, dieses Leben zu verneinen und mit psychedelischen Drogen wie LSD zu experimentieren. Sie suchten Trost an den Stränden von Goa, das sich an der Westküste Indiens befindet. Auch wenn sie keine Kriminellen waren, wurden sie von der Gesellschaft und dem Staat als Außenseiter abgestempelt und ausgelacht oder einfach ignoriert. Aus ihrer eigenen Sicht glaubten die Hippies, dass sie sich auf der spirituellen Suche nach Frieden auf einer Welt, die auseinanderbrach und verrückt geworden war, befanden. Die rebellische Stimmung breitete sich auf die Jugend in Europa aus und nur ein Jahr später, im Jahr 1968, brach die Mai-Revolte, die von Daniel Cohn-Bendit angeführt wurde, in Paris aus, eine ähnliche gab es in Berlin angeführt von Rudi Dutschke, und darauf folgte eine in Frankfurt.

Die Suchenden erhielten durch die Bewegung der Transzendentalen Meditation, die vom Guru Maharshi Mahesh Yogi gegründet worden war, gewaltigen moralischen Antrieb. Die Jugendbewegung startete zweifellos mit ihrem Einfluss auf die Beatles durch. Diese trafen den Yogi zum ersten Mal in London im August des Jahres 1967, lernten unter seiner Anweisung in Wales und besuchten ihn im Februar 1968 wieder in Rishikesh in Indien.[22]

Im Winter 1967 ging Renate zum Reisebüro und buchte die Flüge über Bombay nach Bangalore und nach sechs Wochen, sie blieb über Weihnachten, wieder zurück und beschaffte sich ein Touristenvisum.

Ihre Reise begann in Köln. Es gab drei Wege, um per Luftweg vom insolierten Westberlin nach Köln zu kommen. Der ostdeutsche Staat, der Berlin umgab, erlaubte nur den Alliierten, ihr Gebiet zu durchqueren, und dann auch nur über drei ausgewiesene Luftkorridore und nur drei Fluglinien: Pan American, British Airways und Air France. Renate flog mit British Airways. Der Anschlussflug von Köln aus ging noch am selben Tag mit Air India.

Zu dieser Zeit war ein Flug von Europa nach Indien ohne Zwischenlandung eine Seltenheit. Es gab immer einen Zwischenstopp im Mittleren Osten. Dieser Flug aber hielt in Moskau und ging dann weiter nach Bombay (das heutige „Mumbai"). Der Anschlussflug von Bombay nach Bangalore erfolgte über die nationale Linie Indian Airlines.

Als Renate Köln unter akzeptablen Wetterbedingungen für Anfang Dezember erreichte, wurde ihr gesagt, dass es eine Verspätung gab. In Moskau schneite es stark und alle warteten darauf, dass der Flughaufen geräumt wurde. Ihre Hoffnung auf eine nur kurze Verspätung wurde mit den Stunden schwächer und sie saß stundenlang am Flughafen fest.

Dann begannen die Angestellten endlich mit dem Einchecken der Passagiere. Sie stellte sich an und sah sich um. Es gab eine eigene Warteschlange für die erste Klasse, deren Passagiere deutlich herausstachen: hauptsächlich Männer in Geschäftskleidung und ein paar elegante Damen, die überheblich über die Passagiere in Renates Schlange, die aus einigen Indern, die unter Heimweh litten, Rucksacktouristen und Hippies, die Gitarren dabei hatten und trotz des Winters, aber in Erwartung des tropischen Reiseziels nur ausgefranste Sommerkleidung trugen, hinwegsahen. Renate hatte nicht gewusst, was sie anziehen sollte. Man hatte ihr gesagt, dass die Temperatur in Bombay um die 30 bis 35°C haben würde, aber sie war in Köln, wo es Temperaturen unter null hatte. Sie wollte auf der Reise bequeme Sachen tragen, aber nicht schlampig aussehen und beim ersten Treffen mit den Gastgebern einen schlechten Eindruck machen. Also hatte sie sich für ein geschäftsmäßiges Kostüm in Grau mit einer weißen Bluse entschieden; sie trug schwarze Schuhe mit hohen Absätzen und hielt ihre elegante Reisetasche sowie eine Zeitung in der Hand. Ihren Wintermantel hatte sie sich über den Arm gehängt und fühlte sich, so gekleidet, in ihrer Schlange fehl am Platz.

Als sie den Check-in Schalter erreichte, sah sie sich einer indischen Angestellten gegenüber, einer schlanken Frau in den Dreißigern, deren Bewegungen sehr grazil waren, sogar bei der bloßen Durchsicht, dem Zusammenklammern und Löchern der Papiere. Sie warf einen nachdenklichen Blick auf Renate, starrte auf ihr Ticket und zögerte. Dann sprach sie:
„Reisen Sie alleine, Fräulein Behnke?", fragte sie in akzentfreiem Deutsch.
„Ja, alleine", antwortete Renate. „Ich besuche eine Familie in Indien."
„Nun, ich denke wir haben gute Neuigkeiten für Sie", sprach die Frau mit einem warmen Lächeln und einem Zwinkern weiter. „Wir geben Ihnen ein Upgrade: Sie können in der ersten Klasse fliegen. In der Gesellschaft werden Sie sich wohler fühlen." Sie stempelte, kritzelte etwas auf die Papiere und klammerte sie zusammen. Dann kam noch eine gute Neuigkeit:
„Der Flug geht ohne Zwischenlandung von Köln nach Bombay und dauert nur acht Stunden."[23]

Als sie an Bord des Flugzeugs ging, wurde sie respektvoll in den Bereich der ersten Klasse gewiesen. Sie setzte sich hin, schloss den Sicherheitsgurt und sah sich um. Eine Zeit lang war sie in der Traumwelt verloren, welche die orientalische Dekoration, die sinnbildlich für die Fluglinie stand, um sie herum erschuf. Sie bemerkte überall ein niedliches Bild oder die Figur eines schnurrbärtigen Maharadschas, der einen rot-weißen Turban und passende Hosen, einen roten Mantel mit gelbem Saum und rote Schuhe trug. Er stand auf einem grünen magischen Teppich und verbeugte sich höflich in orientalischer Tradition mit der rechten Hand über die Brust gekreuzt. Dieser charmante Gastgeber, ein Symbol der Fluglinie, und die exotische Musik im Hintergrund schufen die richtige Atmosphäre für ihre Reise. Sie erkannte in der sanften instrumentalen Musik die typisch indischen Klänge, die für westliche Ohren sehr zugänglich waren.

Ein dunkelhäutiger athletischer Steward verbeugte sich mit einem weißen Grinsen vor Renate und bot ihr Süßigkeiten an. Das erinnerte sie an den „Schokoladen-Mann" ihrer Kindheit in Apolda.

Das alles war zu gut, um wahr zu sein…

***

Nach einem angenehmen Flug stieg sie am Flughafen Santa Cruz in Bombay aus, der Einreisehafen für alle Flüge aus dem Ausland, und passierte problemlos den Immigrationsschalter. Der Flughafen konnte allerdings nicht behaupten, internationalen Standards zu entsprechen. Der Gepäckausgabebereich war ein Schandmal, kein Denkmal. Es gab kein Beförderungsband oder Gepäckkarussell, die Taschen lagen verstreut umher, eine verwirrte Menschenmenge sprang über die Koffer und das Gepäck. Sie stand wie eine Schiffsbrüchige bestürzt daneben und war entsetzt über das Getümmel und Gewimmel, das Gebrabbel und Gekabbel, die Kinder, die durcheinander liefen und riefen, die Eltern in Eile; um das zu verdauen, dafür brauchte sie eine Weile.

Zu ihrer Erleichterung kam eine Flugbegleiterin der Linie, eine Frau im für diese Fluglinie typischen Sari, auf sie zu. Sie war außergewöhnlich höflich und bot ihre Hilfe bei der Suche nach dem Gepäck und den Zollangelegenheiten an.

Nach diesem tröstlichen Auftakt ließ die Flugbegleiterin die nächste Bombe platzen:
„Fräulein Behnke, der Abflug aus Köln hatte eine stundenlange Verspätung. Sogar mit Ihrer verkürzten Reisezeit sind Sie zu spät in Bombay eingetroffen..."
„Aber ich möchte nach Bangalore", erinnerte Renate die Dame.
„Ja, ich weiß." Sie rezitierte ihren Text in professionellem Ton; „Ich bin hier, um mich für die Unannehmlichkeiten, die durch die Verzögerung entstanden sind, zu entschuldigen. Der einzige Anschlussflug von hier nach Bangalore wurde verpasst. Ich befürchte, Sie müssen die Nacht hier in Bombay verbringen."

Sie machte eine Pause, studierte Renates Gesicht und wartete, dass sich darauf Anzeichen des Verständnisses für die Situation zeigten. Dann sprach sie weiter:
„Aber wir versichern Ihnen, dass wir Sie in einem guten Hotel auf unsere Kosten unterbringen. Da auch das letzte Shuttle bereits fort ist, werden wir Sie mit einem Taxi dorthin bringen und sie morgen in der Früh mit einem Bus abholen lassen, damit Sie für den Abflug nach Bangalore zum Flughafen kommen."

Renate, die ohnehin schon angespannt war, wurde allmählich wütend. Sie befolgte Naveens Rat und weigerte sich, alleine mit dem Taxi zu fahren. Ein anderer Passagier - ein Geschäftsmann in seinen Fünfzigern, wartete geduldig, damit auch er mit der Flugbegleiterin sprechen konnte, und hörte das Gespräch mit. Er stellte sich geschäftsmäßig vor und gab beiden Frauen seine Visitenkarte. Dann bot er an, Renate zu begleiten und mit dem Taxi dann von Renates Hotel aus zu seinem Ziel weiterzufahren.

Zusammen mit der Flugbegleiterin und dem Mitreisenden passierte Renate den Zoll und beschloss, ein Telegramm an ihre Gastgeber aufzugeben. Sie brachten sie zur Post, die im Flughafengebäude war, und halfen ihr, die Nachricht zu formulieren. Mit zitternden Fingern nahm Renate ihr rotes Buch mit dem goldenen Schiebeverschluss aus ihrer Handtasche. Es enthielt die wichtigsten Adressen, darunter natürlich auch die Adresse und Telefonnummer von Naveens Schwester in Bangalore - ein Buch, das sie nicht verlieren durfte.

Dann stiegen Renate und ihr freiwilliger Begleiter in das Taxi, das das typische gelbe Dach und die schwarzen Seiten hatte, und fuhren in das Hotel namens „Sun-n-Sand" am Juhu Beach. Das Auto rumpelte durch die löchrigen Straßen. Es war nicht viel Verkehr, da es spät am Abend und bereits nach der Stoßzeit war. Auf dem Weg sah Renate die Straßenseiten, die mit kleinen Läden, die noch immer offen hatten, gesäumt waren, eine Reihe winziger Geschäfte, deren Besitzer meistens vor der Tür standen. Die Beleuchtung war gedämpft, es hingen nur nackte schwache Glühbirnen von den Decken. Nur die wenigsten hatten Neonlampen. Im undeutlichen Hintergrund deuteten die Schatten aufragende Hütten an, die sich zu Slums formierten. Sie fragte sich, wenn das die Nachbarschaft war, wie das Hotel sein würde. Sie hatte Angst.

Als Renate das Hotel erreichte, veränderte sich die Welt wie in einem Traum von Aschenputtel. Im Bruchteil einer Sekunde verwandelte sich die erwartete Hütte in eine Villa mit einem großzügig beleuchteten Garten davor. In der schwülen, tropischen Nacht war diese Szenerie atemberaubend. Es hatte keine Ähnlichkeit mit den üblichen ausladenden Grand Hotels überall auf der Welt, sondern versprühte durch den wohnlichen, gemütlichen Bau eine vertrauliche Atmosphäre. Nachdem sie ihrem Begleiter gedankt und sich von ihm verabschiedet hatte, stand sie mit dem Buchungsbeleg in der Hand neben ihren Koffern.

Ein Hotelangestellter eilte herbei und holte ihr Gepäck ab. Sie folgte ihm in einen kleinen, schön geschmückten Rezeptionsbereich und traf auf die Rezeptionistin, eine hübsche und lebhafte Frau in einer weißen Seidensari mit goldenem Saum. Das Ende des Saris wand sich lässig über ihre Schulter und sie hatte ein Namensschild an den rechten Rand der Bluse geheftet, ihr Name stand in großen Buchstaben darauf. Sie hieß „Mrs. Gandhi", leicht zu merken: ein Jahr davor war ihre Namensvetterin Indira Gandhi Ministerpräsidentin geworden. Sie grüßte Renate mit ihrem Nachnamen, Behnke, der zum ersten Mal seit Beginn ihrer Reise richtig ausgesprochen wurde. Renate konnte es ihr auf gleiche Art danken. Beide lächeln, beide nicken. Frau Gandhi führte den Gast zu ihrem Zimmer. Renate fühlte sich zwar sicher, aber auch verausgabt und daher stolperte sie ins Bett, schlüpfte in die Laken und schlief friedlich träumend ein.

Ihr machten die fünf Stunden Zeitunterschied nichts aus. Nach einer ruhigen Nacht stand sie am Morgen auf, streckte sich am Fenster, atmete die Seeluft mit dem leichten Fischgeruch ein, den sie in der Nacht davor gar nicht bemerkt hatte. Das Fenster zeigte ihr ein reizvolles tropisches Bild: in der Ferne das azurblaue Arabische Meer und der glitzernde Sand. Dann etwas näher ein Pool, den Kokospalmen - die ersten, die Renate jemals gesehen hatte - zierten. Sie musste sich beinahe zwicken, um sich zu vergewissern, dass dieser exotische Anblick real war.

Sie genoss ihr Frühstück aus indischen Imbissen und Rühreiern mit Chili und anderen Gewürzen, das in der Speisekarte als „Parsi Frühstück" angeführt war, am Pool. Zum ersten Mal in ihrem Leben kostete sie richtig guten Tee. Der Saft der Papaya schmeckte köstlich. Sie liebte es, wie die Frucht sie mit ihrem Duft geradewegs aus dem hohen Glas begrüßte, bevor sie noch den ersten Schluck nahm.

Als sie mit dem Bus zurück zum Flughafen fuhr, saß sie etwas höher als die Nacht zuvor im Taxi und hatte so eine bessere Sicht. Der stockende Verkehr gab ihr genug Zeit, um das Bild hinter dem Fenster ausgiebig zu betrachten. Die Stadt summte wie ein Bienenstock im Takt des Tanzes und Dramas. Neben den Rufen und Schreien der Fußgänger bildete das unregelmäßige Hupen der verschiedensten Fahrzeuge, der Lastwagen, Autos und Dreiräder, eine Kakofonie, wie um den Fahrrädern und Karren zu drohen. Jeder Fahrer schien ungehalten darauf zu bestehen, bemerkt zu werden, jedes Auto schien sich unbeirrt voranzukämpfen, jede Straße war unweigerlich zum Bersten voll. Jeder Mensch schien diesem Chaos zu trotzen, damit er nicht im Treibsand der Anonymität versank.

Der Straßenrand bot das gleiche trostlose Bild wie letzte Nacht. Schlimmer, das helle Licht der Sonne beleuchtete ihn buchstäblich wie ein Scheinwerfer. Sie sah überall nur ein Elendsviertel. Jenseits der kleinen Läden, die die Straße säumten, sah sie eine jämmerliche Hütte nach der anderen mitten im Abfall aus kaputten schwarzen Regenschirmen, überall umherliegenden Kartons und Zeitungen, die im Wind flatterten, dazwischen glitzerndes grünes Glas zerbrochener Flaschen, kaputte Plastikteile, abgenutzte Reifen, heruntergerissen und weggeworfen, alles zusammen Müll, produziert, ertragen oder ignoriert von dürren, halb bekleideten Männern, manche in kurzen Hosen, die verkümmerte Beine preisgaben, einige nur in Unterwäsche, drahtigen und deprimierten Frauen, die sperrige schwere Körbe auf ihren Köpfen balancierten, und den allgegenwärtigen herumspringenden, herumlungernden, herumhumpelnden Straßenkötern, die die Müllhaufen plünderten; sie war Zeuge eines geisterhaften und grauenhaften Lebens in fürchterlicher Armut, welches sie vor dem fauligen Gestank warnte, der sie einhüllen würde, sollte sie aus dem Bus aussteigen. Sie hielt den Atem an. Dann seufzte sie auf.

Nachträglich fühlte sie sich an den Geschichtsunterricht in der Schule erinnert. Ihr Lehrer, Herr Dallmann, behandelte gerade ein Buch, das im 19. Jahrhundert von Friedrich Engels, einem engen Freund von Karl Marx, geschrieben worden war, und erzählte von den Lebensbedingungen der Arbeiterklasse und der Verderbtheit im viktorianischen England. Friedrich war der älteste Sohn eines deutschen Textilmagnaten und war von seinem Vater nach England geschickt worden. Schockiert erlebte er das Elend der Arbeiterklasse am Höhepunkt der Industrialisierung, vor allem in Manchester und Liverpool. Diese Erfahrung führte zu seinem Werk „Lage der arbeitenden Klasse in England", mit dem er die Deutschen vor dem warnen wollte, was ihnen noch bevorstand. Die Bedingungen in den Lebzeiten von Dickens mehr als 100 Jahre zuvor unterschieden sich kaum davon. Und nun wiederholte Indien scheinbar die Fehler der Industrialisierung und durchlitt das gleiche Elend.

***

Nachdem Renate den Flughafen erreicht hatte, als sie zum Schalter der Indian Airlines ging, um das letzte Stück nach Bangalore zu schaffen, traf sie der nächste Schlag:
„Großer Gott! Oh nein! Ich hoffe nicht, ich hoffe nicht..." flüsterte sie zu sich selbst.

Verzweifelt wühlte sie in ihrer Handtasche, nur um ihre Befürchtung bestätigt zu finden: Sie hatte ihr rotes Notizbuch gestern in der Post vergessen und alle ihre Adressen verloren, auch die ihrer Gastgeber in Bangalore. Nun wusste sie nicht, wo sie hin sollte.

Es war nicht mehr genug Zeit, um zur Post am anderen Terminal zu laufen und zu hoffen, das Büchlein zu finden. Sie atmete tief ein und versuchte, sich zu beruhigen. Sie setzte ein gelassenes Lächeln auf und fragte eine Angestellte, ob es in Bangalore eine deutsche Botschaft gab.
„Ich denke schon, dass es eine gibt. Es ist eine große Stadt", antwortete die Angestellte.

Renate war sich sicher, dass das Personal im Konsulat ihr helfen würde, Naveens Schwester zu finden. Glücklicherweise hatte sie sich den Namen von Naveens Schwager aufgeschrieben, was sie aber nicht wusste, war, dass es einer der häufigsten Namen in der Gegend war.

Der dreistündige Flug schien ewig zu dauern. Als das Flugzeug endlich gelandet war, herrschte Aufregung an der Tür, Gedränge unter den Passagieren, die schon am Mittelgang standen und aussteigen wollten, und ein ungefähr 10 Jahre altes Mädchen drängte sich

durch die Passagiere. Sie hielt direkt vor Renate, sah sie mit großen dunklen Augen an und fragte:
„Sind Sie Fräulein Behnke?"
„Ja...äh...ja", antwortete Renate verwirrt.

Das Mädchen stellte sich als Vijaya, die Tochter der Gastgeberfamilie, vor. Als Beweis hielt sie Renates Telegramm in ihrer Hand.

Renate stand da wie verhext. Nach all den Stunden, in denen sich die Anspannung aufgestaut hatte, war das zu gut, um wahr zu sein, die Begegnung war ein Geschenk der Götter. Impulsiv umarmte sie das kleine Mädchen und verabschiedete sich von der inneren Spannung.

Jahrzehnte später musste sie, wenn sie jemanden von diesem Ereignis erzählte, immer mit einer kleinen Vorgeschichte anfangen: Damals war der Luftverkehr noch nicht so streng und kontrolliert wie heute. Die Welt war unschuldig und niemand verdächtigte jeden Passagier, Messer, Waffen und Bomben bei sich zu tragen. Flugzeugentführungen begannen erst im Jahr 1968.[24]

Die kleineren Flughäfen waren wie Bushaltestellen. Man ging einfach an der Stewardess vorbei, nachdem sie das Ticket kontrolliert hatte. Vijaya durfte in das Flugzeug, nachdem sie ihren Grund genannt hatte.

Als sie später gefragt wurde, wie sie Renate erkannt hatte, antwortete sie: „Das war kein Problem. Sie war die einzige weiße Frau im Flugzeug."

Ein Heißer Winter
Nachdem Renate mit Vijaya den Flughafen verlassen hatte, traf sie Leela, Naveens älteste Schwester. Leela stand neben ihrem Auto. Sie ging ein paar Schritte auf Renate zu und begrüßte sie zwanglos, weder auf traditionell indische Art mit gefalteten Händen noch wollte Leela Renate umarmen und sie erschrecken. Ein breites Lächeln und eine herzliche Begrüßung mit fröhlicher Stimme wirkten Wunder. Sie war schlank und hübsch und ungefähr so groß wie Renate. Wieder bemerkte Renate die großen schönen Augen: Das schien ein Markenzeichen von Naveens Familie zu sein. Auch wenn sie sich im Gespräch schwer tat, hatte Renate das untrügliche Gefühl eines Déjà-Vu. Sie hätte darauf wetten können, dass sie sich vor langer Zeit schon einmal getroffen hatten. In einer anderen Welt?

Später erzählte Leela, sie hatte eine Deutsche mit teutonischem Aussehen erwartet, das Klischee, das überall auf der Welt verbreitet ist: eine große Frau mit - was sonst - blauen Augen und blonden Zöpfen, die ein Dirndl trug, eine „Brunhilde", die weibliche Version von „Wolfgang". Mit Renate traf sie ein anmutiges niedliches Mädchen, klein, schnell und beweglich mit leichten und flinken Schritten. Aber immerhin hatte sie dunkelblonde Haare und grün-graue Augen, die ein erfrischender Gegensatz zu den allgegenwärtig dunkelbraunen oder schwarzen Augen aller Inder, die Leela kannte, waren. Das stark von Akzent gefärbte stammelnde Englisch dieser Deutschen verbarg die Gewohnheit, alles zu beobachten und sich überall einzumischen. Später fasste Leela das mit dem Begriff „shrewd" zusammen, ein Kompliment, das sich mit „pfiffig" ins Deutsche übersetzen lässt.

Ein Chauffeur schwang das Gepäck in den Kofferraum und fuhr sie nach Hause. Das Haus lag in einem bekannten Stadtteil. Von einer größeren Straße, die immer stark befahren war, zweigte eine kleinere Straße ab, die zu einer friedlichen Nachbarschaft führte. Ein großer Garten mit sehr alten majestätischen tropischen Bäumen umgab das rote einstöckige Gebäude. Das Haus trug den Namen „Sheela". Sie fuhren gradewegs durch ein großes eisernes Tor und parkten nach einer Linkskurve unter einem Säulenvorbau. Gegenüber dem Vorbau war ein hübscher kleiner Teich mit einem Springbrunnen im Garten. Der Grundriss des Gebäudes entsprach einem typischen indischen Haus mit einer großen zentralen Halle nach dem Eingangsraum. Die Halle war mit angrenzenden Zimmern umgeben, in denen alle Fenster sich nach außen öffneten. Jedes Zimmer hatte ein Badezimmer und eine Toilette.

Der beabsichtigte Schutz vor den Elementen war offensichtlich. Sich gegen die gnadenlosen Sonnenstrahlen zu wehren hatte oberste Priorität. An zweiter Stelle stand der Bedarf an frischer Luft, die man nach Sonnenuntergang hereinlassen konnte, da alle Fenster nach außen zeigten. An jedem Fenster war oben an der Außenseite ein permanenter Sonnenschutz aus Ziegel und Beton angebracht. Nur die zentrale Halle, der Raum, der von den anderen Räumen am besten bewacht und von der Sonne abgeschirmt wurde, hatte keine seitlichen Fenster, sondern nur eine Dachluke. Im hinteren Teil des Hauses gab es ein kleiner Raum, der für den Familienaltar und zum Beten reserviert war. Die Küche und das Bad waren auch eher im hinteren Drittel des Gebäudes zu finden.

Renate wurde von Vijayas Brüdern Vikram und Vivek begrüßt. Die Kinder waren drei bis fünf Jahre auseinander, Vikram war mit 16 Jahren der älteste Junge, Vijaya war 11 Jahre alt, und der jüngere Bruder, Vivek, acht Jahre; die drei Vs der Familie. Alle drei standen vor ihren Zwischenprüfungen und freuten sich auf die Ferien gegen Ende des Jahres.

Vijaya führte Renate durch die Halle zu einem der Zimmer: Renates Zimmer. Während sie ihre Umgebung studierte und noch bevor sie ihre Koffer öffnen und kurz innehalten konnte, wurde sie mit einer großen Überraschung beschenkt. In der Ecke stand ein auffälliger Mitbewohner, um sie zu begrüßen: ein Weihnachtsbaum! Die Familie hatte damit gerechnet, dass das christliche Mädchen Heimweh haben würde, wenn sie von so weit her in ein Land angereist kam, in dem Weihnachten keine so beherrschende Angelegenheit war. Als Hommage an ihre kulturelle Herkunft hatten sie buchstäblich einen Baum in den Tropen aufgestellt, wo Tannen exotisch waren. Es war eine immergrüne Pflanze, eineinhalb Meter hoch und wunderschön mit bunten Bändern und Konfetti und anderen authentischen und herrlichen Dekorationen geschmückt; die Tatsache, dass es keine Tanne war, verschwand in Bedeutungslosigkeit. Vijaya leitete die Hilfe ihrer Brüder; die Kinder hatten sich sehr bemüht, dieses Willkommensgeschenk für den Gast aufzustellen. Für Renate war es der süßeste Weihnachtsbaum, der *Tannenbaum* ihres Lebens.

Trotz ihres abenteuerlichen Fluges in eine fremde Welt, dem ungeplanten Aufenthalt in Bombay und der Aufregung bei der Landung in Bangalore war es dieser Zeitpunkt, an dem die richtige „Reise nach Indien" begann: die Reise des Herzens.

Die Familie hatte ein Haustier, eine deutsche Schäferhündin namens Tara. Am allerersten Abend saß Renate in der Halle und unterhielt sich mit der Familie, als die Hündin mit wedelndem Schwanz zu ihr kam. Tara legte in völliger Ergebenheit und Unterwerfung ihren Kopf in Renates Schoß. Renate fand diese Zurschaustellung von Vertrauen und Zuneigung unglaublich bewegend. Sie streichelte den Kopf der Hündin und sagte:
„Sicher werden wir sehr gute Freunde."

Es sollte nicht sein. Am nächsten Tag fanden sie Tara tot auf, sie hatte die Welt friedlich verlassen. Die Hündin hatte sich nur von Renate verabschiedet. Sogar jetzt noch zittert Renates Stimme vor Rührung, wenn sie von diesem einzigen und letzten Zusammentreffen mit Tara erzählt.

***

Indien liegt in der nördlichen Hemisphäre, es war hier genau wie in Deutschland auch Winter, aber Renate bemerkte einen großen Unterschied. Für sie war Winter - trotz der Chöre und Lieder, die den Schnee und die Flocken preisen - eine Jahreszeit, die man akzeptierte und in Hoffnung auf eine bessere Zukunft erduldete. Nun aber war sie an einem Ort gelandet, an dem man den Winter nicht erduldete, sondern genoss. Der Unterschied wurde besonders auffällig, wenn sie sich an den kältesten Winter ihres Lebens, den vor 20 Jahren in Apolda, erinnerte. Jetzt war es der heißeste Winter, der sich in ihr Gedächtnis brannte.

Sie liebte die kräftigen direkten Sonnenstahlen, das Grün und die fremden bunten Blumen, die ihr zuwinkten. Nach und nach lernte sie, den Geruch von Jasmin, Champaka und anderen fremdartigen Blumen, die man schon riechen konnte noch bevor man sie sah, zu unterscheiden. Mädchen und Frauen trugen Blumen auf ihren Hinterköpfen. Ihre bunte Kleidung, Saris für Erwachsene, lange Röcke für Mädchen, waren gleichermaßen prächtig. Das war nicht die grau-schwarze schwermütige Winterkleidung von daheim, eine freudlos schwarz-weiße Szenerie vor einem reglosen und festgefrorenen Hintergrund. Hier war der Winter ein willkommener Gast, der vor dem unvermeidlichen Beginn eines gnadenlosen Sommers gefeiert und genossen wurde.

Renate traf ihren Gastgeber Sekhar einen Tag nach ihrer Ankunft, da er den ganzen vorherigen Abend bei einer Geschäftsversammlung gewesen war. Am Morgen, als sie aus ihrem Zimmer kam, stand er mitten im Wohnzimmer und erwartete sie offensichtlich.

Der elegant aussehende Mann mit seinem sorgfältig getrimmten Schnurrbart und der modischen Brille sah mehr nach Militär als nach Geschäft aus. Nach einem kurzen „Hallo" und einem festen Händedruck bedeutete er Renate, sich zu setzen; er ging um einen Tisch herum und setzte sich auf ein Sofa. Langsam und geduldig fragte er sie nach ihrer Reise. Er war ein guter Zuhörer, aber sie konnte sich nicht gut genug ausdrücken und so waren die Informationen nur minimal. Er sagte:
„Nun, lassen Sie sich Zeit. Genießen Sie Ihren Aufenthalt bei uns."

Leela sagte Renate, dass er ihr genug Zeit geben wollte, sich einzuleben, und dass seine Frau sie dabei unterstützen würde. Erst sehr viel später schaffte Renate es, ein längeres Gespräch mit ihm zu führen.

Sofort nach ihrer Hochzeit 20 Jahre zuvor, 1948, war Leela zu ihrem Ehemann nach England gegangen. Sie war alleine von Indien abgereist. Damals bestand dieser Flug aus vielen Zwischenstopps, man sprang von Ort zu Ort, über Bombay, Karatschi, Kairo, Tripolis, Rom und London. Sie war damals erst 20 Jahre alt. Sogar jetzt noch fühlte sie sich schwindlig, als sie davon erzählte.

Renate war wirklich außerordentlich froh darüber, dass Leela trotz ihrer vielen Aktivitäten ein wenig ihrer Zeit Renate widmen konnte. Leela führte die Familie und war daneben noch in vielerlei sozialen Arbeiten eingebunden. Ihre Mitarbeit bei einer Vereinigung zur Kindererziehung stach dabei heraus. Das Interesse an anderen Kulturen hatte sie mit Renate gemeinsam und Leela war immer bereit, über den Tellerrand hinauszublicken.

***

Ein paar Tage nach ihrer Ankunft besuchte Renate Naveens andere Verwandten. Sein frisch verheirateter Bruder Mukund lebte mit seiner Frau und seiner Mutter in einem Haus namens „Muktha", das sein Vater gebaut hatte. Nachdem er seine Frau vorgestellt hatte, fragte Mukund viel über die Vorgänge in Deutschland und demonstrierte so sein enormes Wissen über Europa. Als Experte für Musikwissenschaften hätte er am liebsten über indische Musik gesprochen - über die er später auch mehrere Bücher geschrieben hat - aber er wusste, dass dies ein Thema war, das Renates Erfahrungshorizont überstieg.

Seine Frau, Padmapriya, war eine stille Zuhörerin, die alle Details des Gesprächs aufnahm. Sie stammte aus Bombay, war erst seit einem Jahr in Bangalore, passte sich immer noch der neuen Umgebung an und lernte die lokale Sprache Kannada, oder Kanaresisch, zu der sie vorher gar keinen Bezug hatte. Die anderen drei Sprachen, derer sie mächtig war, konnten hier auch nicht weiterhelfen.

Anfangs blieb Naveens Mutter im Hintergrund, gab sich als Gastgeberin und bot Renate die verschiedensten Süßigkeiten und andere Leckereien an, die Naveen nur zu gerne verschlungen hätte. Sie setzte sich viel später dazu, um zu plaudern. Erst dann entdeckte Renate ihren extrovertierten Charakter.

Renate erfuhr dann, dass „Mami", oder Jayalakshmi Srinivasan, nicht nur vier Kinder großgezogen und eine Familie, die aus acht bis 12 Leuten bestand, geführt, sondern auch, dass sie viele Bücher, Romane und Kurzgeschichten in zwei indischen Sprachen und Schriften, in Tamil und Kannada, verfasst hatte. Sie hatte auch Werke von der einen Sprache in die andere übersetzt. In Indien war sie eine anerkannte Schriftstellerin. Während sie damit beschäftigt war, sich um die Familie zu kümmern, hatte man sie immer mit einem Notizbrett in der Hand gesehen, auf dem sie dann und wann ihre Gedanken kritzelte, um dann spät in der Nacht in Ruhe zu schreiben. Sie konnte sich nie den Luxus leisten, an einem Tisch zu sitzen, auf die Wand zu starren, auf Inspiration zu warten und sich über eine Schreibblockade zu beschweren.

Renate war überrascht, wie viel die Inder über die Welt außerhalb ihres Landes, vor allem über den Westen wussten, obwohl das Fernsehzeitalter in Indien gerade erst begann; regelmäßige, tägliche Fernsehübertragungen gab es frühestens ab 1965, in Bangalore ab 1981.[25]

Naveens zweite Schwester, Malathi, war acht Jahre älter als Naveen und lebte mit ihrer Familie in einem ähnlichen Haus mit Garten, aber in einer neu gebauten Umgebung. Wie ihre Mutter und Schwester war sie nicht nur eine Hausfrau. Sie arbeitete in einer internationalen Pfadfinderbewegung für Mädchen. Außerdem war sie aktive Sängerin klassischer indischer Musik. Sie erzählte viel von der Zeit, als ihr kleiner Bruder Naveen daheim war, von allen seinen Streichen und Streiten mit seinem Bruder, denn sie war meistens die Aufpasserin der Bälger gewesen.

Ihr Ehemann war ein fröhlicher Kerl, locker und sehr kommunikativ; leider sprach er sehr schnell, seine Worte jagten seinen Gedanken hinterher, sodass Renate Probleme hatte, ihm zu folgen. Sie hatten einen 11 Jahre alten Sohn, Suchin, ein lebhafter und aufgekratzter Junge, und eine Tochter, Samyuktha, ein süßes und stilles Kind von acht Jahren.

***

Europäer, die der Kälte entfliehen und einen sonnigen Ort aufsuchen, lieben es, sich im Sonnenschein zu aalen, bis sie eine deutlich sichtbare Bräune aufweisen und riskieren dabei sogar einen Sonnenbrand. Da Renate keinen Strand oder Grill fand, versuchte sie sich zu bräunen, indem sie in der Sonne spazieren ging, wann immer die Gelegenheit dazu fand. Einmal meinte Leela:
„Sie können es so sehr versuchen, wie Sie wollen. Glauben Sie mir, Sie werden nie so dunkel wie mein Bruder Naveen."
Naveens Bruder Mukund fragte sich laut:
„Warum stehen Sie da und leiden in der heißen Sonne? Kommen Sie rüber in den Schatten."
Wie alle Inder hatte er gelernt, am Tag die Sonne zu meiden. Er beschwerte sich in einem Brief an Naveen:
„Ich habe ziemliche Schwierigkeiten, die Dame zu begleiten, wenn wir durch die Straßen gehen. Sie besteht darauf, den Schatten zu vermeiden und geht am Straßenrand. Das ist nicht damenhaft. Ich versuche, im Schatten zu bleiben, der weiter weg vom Rand ist. Ich schaue unglücklich in die Augen von Fremden, die sich fragen, warum ich sie in der Hitze gehen lasse."

Aus welchen Gründen auch immer wurde Renate nach all den Bemühungen kaum braun und gab schließlich auf. Bangalore tat ihr diesen Gefallen nicht.

Kulinarische Einschränkungen
Der „heiße Winter", den Renate genoss, könnte seinen Namen auch von kulinarischer Seite haben. Glücklicherweise hielt Renate viele scharfe Sachen aus und hatte auch keine Probleme mit Curry, dem Rückgrat der indischen Küche.

Ein Spaziergang mit Leela durch den Garten überzeugte Renate von der Wichtigkeit aller Gewürze und Kräuter, die hier wuchsen. Während die emporragenden tropischen Pflanzen und Bäume Renate durch ihre schiere Größe und mit ihren exotischen Namen überwältigten, fühlte Renate sich mehr zu jenen hingezogen, mit denen sie etwas anfangen konnte. Der Garten war mit all diesen Pflanzen und Kriechgewächsen wirklich ein lebendiges Küchenkästchen und bot Pfeffer, Lavendel, Basilikum und Rosmarin - und Kaffee.

Sie dachte an Friedrich den Großen von Preußen, der Pfeffer so sehr liebte; man sagt von ihm, dass er Pfeffer sogar in seinen Kaffee getan hat. Und wirklich, Gewürze waren regelrecht ein Luxusgut für die Aristokraten, denn in Europa konnte sich das niemand sonst leisten. Es gab tatsächlich eine Verbindung zwischen Bangalore und den Preußen: der Maharadscha von Mysore tat den Einwohnern den enormen Gefallen, indem er einem bekannten Preußen, Gustav Hermann Krumbiegel (geboren am 18. Dezember 1865), erlaubte, den öffentlichen Garten von Bangalore mitzugestalten. Nach seiner Arbeit in Hamburg und im Hyde Park, London, war er ein berühmter Botaniker und Landschaftsgärtner geworden. 1893 wurde er Kurator des staatlichen Botanischen Gartens in Ooty (Udagamandalam), Indien. Der Botanische Garten Lal Bagh, 1760 vom Regenten Haider Ali in Auftrag gegeben, war der Stolz Bangalores. Von 1908 bis 1932 war Krumbiegel Direktor des Gartens. Er starb am 08.02.1956 in Bangalore. Seine Ideen und Beiträge können immer noch im wohlgepflegten öffentlichen Park bewundert werden. Die Straße, die den gewaltigen Garten umgibt, ist nach ihm benannt.

Während Renate so im Schatten stand und ihren Tagträumen nachhing, wurde sie von einem Rascheln in einem Busch aufgeschreckt. Ein wilder Eber? Hinter einem Baum kam Leelas Gärtner, ein drahtiger Mann mit müdem Schritt, hängenden Schultern und einem schlaffen Schnurrbart, der ihn noch trauriger aussehen ließ, hervor. Aber er summte fröhlich eine Melodie und trug gewaltig große Palmenblätter und Abfälle fort; offensichtlich räumte er die hinteren Regionen des Gartens auf. Er wechselte ein paar Worte mit Leela und ging dann erschöpft fort. Von da an sah Renate ihn immer wieder einmal zu jeder Tageszeit, wie er sich um den Garten kümmerte, der in gewisser Hinsicht sein Garten war, denn offenbar war er sein Herr und sein Diener zugleich.

Renate war aufgefallen, dass die meisten Inder Vegetarier waren, die sogar auf Fisch verzichteten. Als Brahmanen waren die Angehörigen ihrer Gastfamilie noch strenger; sogar Eier waren untersagt. Die einzigen tierischen Produkte waren Milch und Milcherzeugnisse wie Butter und Käse. Außerdem waren die Speisen bis auf ein oder zwei Teelöffel geklärter Butter, die auch Ghee genannt und am Tisch serviert wurde, fettfrei. Aber obwohl sie nie etwas Härteres wie ein Steak kauten, schienen sie alle starke und gesunde Zähne zu haben. Für Renate blieb das ein Rätsel, an dem sie sich die Zähne ausbiss.

Niemand war übergewichtig. Die Gesichter waren bis ins hohe Alter noch relativ faltenfrei, die meisten Inder waren agil, neigten aber zu langsamen Bewegungen und taten selten einen schnellen Schritt; entweder war das eine orientalische Angewohnheit, um sich bei

Kindern Respekt zu verschaffen, oder es lag am heißen Klima, das von Verausgabungen abriet. Die langen Bekleidungen der Männer und auch Frauen, die Dhotis beziehungsweise Saris, machten bei jedem Schritt ein raschelndes Geräusch, verwandelten aber den gleitenden Gang in ganzellengleiche Anmut.

In Deutschland ist die Kartoffel der Star unter den Gemüsen, das Grundnahrungsmittel par excellence. Im 18. Jahrhundert hatte Friedrich der Große diese Wurzelknolle von Südamerika nach Preußen gebracht. Er setzte sich mit all seiner königlichen Autorität durch und bestand darauf, dass die Kartoffel von seinen Untergebenen akzeptiert wurde. Seit damals regiert die Große Kartoffel das Land. Im Gegensatz dazu spielt dieses Gemüse in Indien keine Hauptrolle; es hat eine untergeordnete Präsenz, findet sich nur unter „ferner liefen", oder schlimmer, ist nur ein Bühnenarbeiter. Die Kartoffel konkurriert mit anderen Gemüsen wie Karotten, Kohl und Bohnen, sogar mit vielen seltsamen Wurzeln um die besten Rollen.

Eines sonnigen Tages während des Mittagessens kam das Gespräch auf die indische und deutsche Küche. Vijaya bat Renate, ein leckeres deutsches Gericht für die Familie zu kochen. Daran waren zwei Bedingungen geknüpft: Streng vegetarisch und typisch Deutsch musste es sein. Das war ziemlich viel verlangt, eine regelrechte Herausforderung.

Zuerst wusste Renate nicht, was sie machen sollte. Nach nochmaliger Überlegung erinnerte sie sich, dass die Kartoffel meist nur mit anderen Gemüsen gekocht wurde. Also entschloss sie sich, dem armen Ding zu geben, was es verdiente. Am nächsten Tag schälte und briet sie einfach nur Kartoffeln, das war das einfachste, was sie machen konnte, und ignorierte dabei natürlich den verzweifelten

Schrei der deutschen Küche nach Speck bei der ganzen Sache. Diese einfache, langweilige Delikatesse mit dem schwergängigen Namen „*Bratkartoffel*" bot dem armen Gewächs die Chance, ein Star zu werden. Für die Familienmitglieder war es eine Neuheit, sie genossen das Mahl in allem Ernst und erzählten sogar davon, als sie ihre Nachbarn und Verwandten trafen. Die bemitleidenswerte Kartoffel hatte den Oscar der Küche gewonnen.

***

Eines Tages schlug Leela vor, Renate mit auf den Markt zu nehmen. In Deutschland wäre das ein Wochenmarkt, wo die Lebensmittelhändler und andere Verkäufer sich ein oder zwei Mal an einem zugeteilten Ort versammelten, aber hier war es eine dauerhafte Angelegenheit, ein Marktplatz im Herzen der Stadt, den man jeden Tag aufsuchen konnte. Renate war aufgeregt, da sie nun richtige orientalische Luft schnuppern würde.

Es war ein herrlich sonniger Morgen, die Vögel zwitscherten und flogen herum, waren offensichtlich genau so aufgeregt wie Renate. Der Markt eilte seinem Ruf weit voraus. Als sie sich dem „Stadtmarkt" zu Fuß näherten, konnte sie schon von vielen Metern entfernt alle Lebensmittel riechen und das Schreien der Verkäufer hören. Dass die Atmosphäre einem Basar glich, wurde klar, als sie auf den vollgestopften Pfaden wandelten, an deren Seiten sich sämtliche Gemüse- und Obstsorten vor den Ständen stapelten.

Laute, wild gestikulierende Verkäufer und zögernde Kunden drängten sich auf den Wegen, und jede Partei kämpfte um eine gute Verhandlungsposition. Der Einkäufer musste Ruhe bewahren, um sich auf seine Wünsche zu konzentrieren und um diese auch zu verbergen. Er oder sie zeigte nur wenig Interesse oder sogar leichten Widerwillen in Anbetracht des tatsächlich benötigten Produkts und der Verkäufer ließ es so aussehen, als würde er einen lächerlich niedrigen einmaligen Preis für diesen besonders knausrigen Kunden machen. Neben dem Geschrei und dem Durcheinander stand die Zeichensprache für sich selbst. Man musste die gesprochenen Worte nicht verstehen.

Manchmal waren beide Seiten in ein Schreiduell verwickelt. Ab und an durchbrach ein gemeinsames herzhaftes Lachen die Anspannung. Gelegentlich lachte nur eine Seite zum Verdruss des anderen, da der vorgeschlagene Preis zu lächerlich war. Das war das Drama im Wettkampf Anbieter gegen Abnehmer.

Leela und Renate gingen ein wenig voneinander entfernt. Ein Junge auf seinem Rad rauschte zwischen ihnen hindurch und betätigte seine Klingel. Eine streunende Kuh kreuzte gemächlich ihren Weg, wurde kaum bemerkt, und dennoch gewährte man ihr das Vorfahrtsrecht, die Freiheit, zu gehen, wohin sie wollte. Die weiße Zebu-Kuh sah mit den langen beeindruckenden Hörnern schlank und majestätisch aus; mit hoch erhobenem Kopf bewegte sie sich mit gemütlichen Schritten, ein Model von einem Rind. Die Augen waren aufmerksam und das lange Gesicht schön. Alles in allem ein ziemlicher Kontrast zu den kurzen Hörnern, dem eingesunkenen Kopf, dem gedrungenen Gesicht und dem müden Ausdruck ihrer Schwester in Europa.

Vor einem der Stände wurden bunte kniehohe Haufen von Gewürzen präsentiert, insgesamt 12, jeder in einer anderen Farbe, die im Sonnenlicht strahlte. Eine Mischung aus diesen ergab das hochgerühmte Curry oder *Masála*. Ihr fiel die Intensität des Geruchs auf, der sich von Sorte zu Sorte innerhalb von ein paar Metern und Sekunden änderte. Nach dem Aroma der Gemüsesorten, roh, reif oder ranzig, war das hier ein Festzug aus Jasmin und Jackfrucht, Mostrich und *Masála*, Delikatessen und Duftstäbchen, such es dir aus. Kurzum, es gab genug zu tun für Augen, Ohren und Nase.

Der Spaziergang war überhaupt nicht langweilig, sondern eher abenteuerlich, man musste über Schlaglöcher springen und Bananenschalen glitschten unter jedem Schritt. Leela war nicht danach, mit den großmäuligen Verkäufern zu feilschen. Nach nur oberflächlicher Betrachtung der Stände und der Produkte beschlossen beide, mit leeren Händen vom Ausflug zurückzukehren.

Auf dem Rückweg erschrak Renate. Sie sah eine Erscheinung auf sich zukommen, eine Figur von mittlerer Größe, deren gesamter Körper von oben bis unten mit einem schwarzen Gewand bedeckt war. Das Gesicht wurde von einer Kapuze mit viel Netzwerk auf Augenhöhe verhüllt. Nicht einmal die Füße waren erkennbar. Die Bewegungen der Person waren geschmeidig und unheimlich. Dann blieb die Erscheinung vor Renate stehen. Die Erscheinung schwebte, Senate bebte.

Renate griff nach Leelas Ellenbogen. Leela lachte und flüstere Renate zu:
„Oh, das ist eine Frau, Sie trägt eine *Burka*. Sie ist Muslimin. Das ist schon alles."

Renate wusste sehr wohl, dass einige muslimische Frauen sich in der Öffentlichkeit verschleierten, aber dennoch hatte sie die Erscheinung der schwarz gekleideten Frau in der sonst so sonnigen Umgebung mit all den bunten Sommerkleidern unvorbereitet getroffen. Dann bemerkte sie, dass die Frau von einem kleinen Mädchen, das ihre Hand hielt, begleitet wurde.

Leela rief nach ihnen. Die Frau sagte nichts. Leela lachte und zeigte auf Renate. Aller Wahrscheinlichkeit nach war das eine Vorstellung. Renate sah weiterhin das stille, aber sichtbare Kind und die hörbare, aber unsichtbare Mutter an. Plötzlich warf die Mutter die Kapuze zurück und enthüllte ihr Gesicht. Sie lächelte. Sie war Mitte zwanzig und hatte ein schönes Gesicht mit eleganten Zügen. Sie trug nur um ihre Augen Make-up, die Lippen waren ungeschminkt. Durch den fehlenden Sonnenschein auf der Haut waren Gesicht und Lippen eher blass. Leela und die Frau unterhielten sich freundlich, während das Kind den Blick unverwandt auf Renate hielt.

Dank Leelas Übersetzungen konnten sich Renate und die Frau ein wenig unterhalten. Leela drehte sich zu Renate und sagte:
„Sie sagt, ihr gefällt Ihr Kleid."

Renate war verblüfft und sie war sich unvermittelt ihres orangefarbenen Sommerkleides und der passenden Bluse bewusst. Die dankte der liebenswürdigen Fremden für das Kompliment. Sie wusste allerdings nicht, wie sie es erwidern sollte, Schwarz war so gar nicht Renates Farbe.
Dann verabschiedete sich die Frau sehr höflich; sie verdeckte ihr Gesicht wieder, zog sich aus der Privatsphäre der Gesellschaft zurück, nahm die „Maske der Öffentlichkeit" wieder auf und ging weiter in Richtung Markt.
Renate fragte sich, wie diese Frau ohne die ganze leidenschaftliche Mimik und Pantomime, die hauptsächlichen Waffen der Kunden, mit den Ladenbesitzern verhandeln würde. Das Feilschen würde sich so gestalten, als ob ein Radio gegen einen Fernseher antreten würde.

Ein paar Schritte weiter stellte Renate sich vor, wie die Gruppe der drei Frauen ausgesehen haben musste: eine in einer schwarzen *Burka*, die andere in einem hellgrünen Sari und die dritte in orangefarbener westlicher Kleidung. Drei Traditionen, drei Kulturen. Jede Kleidungsart war traditionell, konnte aber in einer anderen Gesellschaft überraschend oder unkonventionell aussehen.

Renate erklärte Leela, dass sie seit ihrer Kindheit Angst vor maskierten Menschen hatte, seit der Sache mit dem Weihnachtsmann; sie hoffte, dass die nette Frau es nicht bemerkt hatte.
„Wie haben Sie gewusst, dass sie es ist?", fragte Renate nach einer Pause.
„Ich meine, wie haben Sie sie erkannt, ohne dass Sie ihr Gesicht gesehen haben?"
„Ich habe sie überhaupt nicht gekannt. Sie ist mir völlig fremd."
„Wie haben Sie sie dann dazu gebracht, stehen zu bleiben und mit uns zu reden?"
Leela antwortete:
„Oh, das war leicht. Ich habe sie gegrüßt und gesagt, dass sie da ein entzückendes Kind bei sich hat. Dann fragte ich, ob das ihr Kind wäre. Das hat dann das Eis gebrochen."
Diese Begegnung mit einer fremden Frau, diese Geschichte, hatte eine Moral für Renate: Man muss hinter die Fassade, die Maske, eines jeden Menschen blicken, um die wahre Schönheit dahinter zu würdigen.

***

Renate hatte immer die Sari-Läden und Schmuckgeschäfte besuchen wollen. Leela fand etwas Zeit und brachte Renate zu einer überfüllten Einkaufsstraße.

Der Juwelierladen war geradewegs neben der Straße, nur ein paar Stufen führten hinein. Da waren keine Wachen oder Tore oder andere Sicherheitsmaßnahmen. Es war überraschend. Sie hatte gesehen, wie sogar Hotels und Restaurants große uniformierte Wachen mit Turbanen hatten, die die Gäste und Kunden höflich hinein und wieder hinaus führten. Sie fragte sich, wie ein Juwelier mit all diesen wertvollen Sachen sich nicht darum kümmern konnte, diese zu beschützen. Waren die Besitzer leichtsinnig, oder war ein Raub etwas Unvorstellbares?

Der Laden war sehr schmal, dafür aber sehr lang. An der linken Seite war ein beträchtlicher Glaskasten, der die käuflichen Kostbarkeiten ausstellte. Der Besitzer des Geschäftes hockte direkt davor auf seinem Stuhl. Er war ein Mann Mitte fünfzig. Er saß dort barfüßig und mit hochgezogenen Beinen. Seine Bille hatte er auf den Glastisch gelegt und untersuchte mit einer Lupe in der Hand einen Stein auf diesem Tisch. Der angestrengte Gesichtsausdruck mit dem einen zusammengekniffenen Auge gab nicht preis, ob seine Prüfung zu einer positiven oder negativen Beurteilung des Objektes führen würde.

Nachdem Leela Renate vorgestellt und kurz geplaudert hatte, zeigte der Mann, was er da inspiziert hatte. Es war ein reizendes Juwel, ein Sternrubin mit einem - wie er es nannte - „*Asterismus*". Um die Qualität des Steins zu demonstrieren, hielt er eine Taschenlampe darüber und ein sechszackiger Stern, der sich mit dem Licht bewegte, erschien. Es war faszinierend.

Renate durfte dann sämtliche wertvollen, lose und in Schmuck aller Arten, wie Armreife und Armbänder, Ketten und Kränze, eingefasste Steine betrachten. Für sie war es ein Schnellkurs in der Welt der Edelsteine.

Er gab ihnen etwas Luft, um die ganzen Informationen zu verdauen, und bot ihnen Kaffee an. Er rief nach einem jungen Angestellten, der loslief, um die Getränke zu holen.

Dann platzierte der Mann den Stein in die Mitte eines weißen Papieres und rollte es zu einem kleinen Paket zusammen. Das legte er dann in eine kleine Lade unterhalb des Glastisches. Die Vorstellung des Steins war vorbei. Soviel zu all der Pracht des wertvollen Objektes, dachte Renate. Aber sie war dankbar für seinen Auftritt. „Wie kann ich Ihnen helfen?", fragte der Juwelier.

Diese typische Frage eines Ladenbesitzers kam reichlich spät. Renate lernte, dass diese übliche Eröffnung eines guten Geschäftsmannes nicht wie im Westen am Anfang eines Gespräches auftauchte. Erst nach Minuten um Minuten des Smalltalks, oder eher „*Bigtalks*", kreuzt diese Frage auf. Der orientalische Geschäftsmann mag es nicht, direkt zur Sache zu kommen. Erst muss die richtige Atmosphäre aufgebaut werden. Und tatsächlich hatte er die beiden in die richtige Stimmung gebracht.

Der Kaffee kam von weiß Gott woher. Er wurde in zwei Gläsern serviert. Zucker und Milch waren bereits darin und auch schon umgerührt. Das war nach Ermessen des Gastgebers geschehen. Alles war bereit: nur schlückchenweise trinken und entspannen. Der Kaffee war heiß, süß und gut, aber jedes Glas war nur halb voll. Renate ahnte, dass er sich mehr leisten konnte. Aber das Getränk war nur symbolisch gemeint, vielleicht auch philosophisch, denn es erinnerte daran, dass das Glas zumindest halb voll ist. Egal.

Endlich äußerte sie ihren Wunsch: Eheringe nach ihrer Vorstellung. Sie sollten golden sein und, wie in Deutschland üblich, schlicht aussehen, aber auf einer Seite mit Steinen besetzt. Leela war eingeladen, sie zu beraten.

Nach ein paar weiteren Ratschlägen des Juweliers entschied sich Renate für Ringe mit Rubinen und Saphiren: ein Rubin in der Mitte, zwei weiße Saphire daneben und abschließend zwei blaue Saphire. Sie sagte Leela, dass sie nach ihrem Besuch in Indien damit Naveen überraschen wollte. Die Damen fingen an zu lachen, als sie sich vorstellten, wie Naveen das aufnehmen würde.

Der Juwelier hatte sein Bestellbuch geholt und so den ersten Teil ihres Gespräches nicht gehört. Er war perplex, als er sie so lachen sah. Er setzte seine Brille auf und trug die Bestellung ein, wobei in seinem Gesicht ein goldbesetztes Grinsen stand.

Eine wahre Geschichte
Ein paar Tage nach ihrer Ankunft wollte Leela Renate den Nachbarn vorstellen.

Es kam der Tag, an dem Leela sagte, dass sie eine angenehme Überraschung für Renate hatte. Dann erinnerte Leela sie an die Nachbarn und sagte, dass das Paar gerade aus Bombay zurückgekehrt war. Sie waren auch neugierig darauf, Renate kennenzulernen. An diesem Nachmittag machten sie sich auf dem Weg.

Das Paar lebte in einem kleinen Haus mit einem großzügigen Garten davor. Ein kleiner Tisch stand in der Nähe der Eingangstür und um diesen ein paar Sessel aus Rattan. Eine Teekanne und vier einfache Tassen und Untersetzer ruhten bereits auf dem Tisch. Renate sah auch Kekse und würzige gebratene Imbisse, die *Pakoda* genannt wurden und auf einem großen Teller lagen.

Die Eingangstür wurde von einem dünnen kleinen Mann um die 50, der ein feines kurzärmeliges Hemd, weiße Hosen und Pantoffeln trug, geöffnet. Seine dunkle ebenholzfarbene Haut stand im starken Kontrast zu seinen strahlend weißen Zähnen und dem silbernen Haar. Er grüßte sie in herzlicher Stimmung und stellte sich selbst als Pran vor; er begrüßte Renate mit einem Zwinkern in den Augen, als ob er eine Überraschung für sie hätte. Sie setzten sich in die einfachen Rattanmöbel.

Der Mann deutete mit dem Kopf in Richtung der Tür und sagte:

„Meine Frau wird uns gleich Gesellschaft leisten."

Gerade in diesem Moment erschien seine Gattin. Sie war eine Frau mit zarter Figur und glatter, elfenbeinfarbener Haut. Sie war gleich groß wie ihr Mann. Ihre Gesichtszüge waren sehr fein; sie war weit über vierzig, aber ihre Bewegungen wirkten jugendlich. Sie hatte ein charmantes, liebes Lächeln. Zu Renates Überraschung war sie keine Inderin. Sie war Deutsche und hieß Irene, stammte aus Nürnberg und sprach, natürlich, mit einem unmissverständlich fränkischen Akzent. Sie hatten ihre Tochter in Bombay besucht, die 20 Jahre alt war und als Model arbeitete.

Sowohl der Mann als auch die Frau sprach fließend Deutsch; das Gespräch war nach Tagen des intensiven Englisch-Kurses eine willkommene Abwechslung für Renate. Später sagte Leela zu Renate, dass sie, als sie endlich wieder in ihrer Muttersprache reden konnte, wieder in ihrem Element war und ihre Gestik und Mimik richtiggehend aufblühten. Sie hatte Renate nie zuvor so entspannt gesehen.

Irgendwann kam das Gespräch auf Renates ersten Eindruck von Indien. Da sie von Bombay gesprochen hatten, musste Renate zugeben, dass sie keine Zeit gehabt hatte, die Stadt zu besichtigen. Mit der Erwähnung, dass sie die Straßenszene auf dem Weg zum Flughafen nicht gerade herzerwärmend gefunden hatte, schien sie eine nachdenkliche Unterbrechung provoziert zu haben.

Eine Ansammlung tropischer Vögel zwitscherte fröhlich von den hohen Bäumen; glücklicherweise keine Krähen, die die Symphonie zerstörten. Das leichte Rascheln der Blätter vermeldete die abendliche Brise am Ende des Tages. Eine einzelne Ameise schlich sich an die Zuckerdose am Tisch. Alle beobachteten den kleinen Künstler, der vor dem verzauberten Publikum angab. Dann lehnte sich Irene nach vorne und unterbrach die Stille. Sie wechselte wieder ins Englische und sagte:

„Kennen Sie die Redensart? Indien: Entweder man liebt es, oder man verlässt es -love it or leave it."
Sie schnippte die Ameise vom Tisch.

Leela lenkte das Gespräch auf Englisch und erzählte, wie Renate der lieben Kartoffel die Ehre erwiesen hatte; das folgende Gelächter brachte die Unterhaltung wieder in Gang.

Renate konnte nicht widerstehen und fragte, wie es kam, dass Pran fließend Deutsch sprach. Er lachte laut und sagte:

„Nun, zunächst sollten Sie wissen, dass ich schon in Deutschland gelebt habe, als Sie noch gar nicht geboren waren!"

„Das war vor langer Zeit, Renate", fügte Irene unter Seufzen hinzu. „Es war ein anderes Deutschland damals."

Ihre sonst aufmerksamen Augen konzentrierten sich auf den Horizont, waren mehr verträumt als nachdenklich.

Pran verlagerte sein Gewicht und redete weiter:

„Wissen Sie, ich lebte in den 1930er Jahren in Nürnberg und arbeitete für Siemens. Irene und ich waren verliebt und wollten bald heiraten. Dann brach der Krieg aus. Da ich britischer Staatsbürger war - das war noch vor der indischen Unabhängigkeit von 1947, wohlgemerkt - und ich wurde zuerst von den Deutschen interniert. Nachdem ich freigelassen worden war, wurde ich von den Briten zurück nach Indien geschickt. Hier war ich zwar wieder zu Hause, aber weit weg von Irene; sie steckte in Deutschland fest. Wir saßen beide fest und waren in diesen schweren Zeiten auseinandergerissen worden. Beinahe pleite meldete ich mich dann freiwillig für die britische Armee und wurde an die Ostfront geschickt, nach Burma, um gegen die Japsen zu kämpfen. Dort wurde ich zum Verantwortlichen für die „mess" in einem Gefängnis für japanische Kriegsgefangene ernannt. Wissen Sie, was „mess" heißt? Es ist eine militärische Kantine. Ich habe das Beste daraus gemacht.

Eines Tages hatten wir prominenten Besuch vom Roten Kreuz. Sie inspizierten die Lager, um zu sehen, ob wir unsere Staatsgäste angemessen behandelten und die Menschenrechte einhielten. Es stellte sich heraus, dass der Leiter der Delegation meine Arbeit äußerst lobenswert fand und sagte, dass er das in seinem Bericht erwähnen würde. Bei seiner Abreise wollte er mich sprechen; er wollte wissen, ob er mir einen Gefallen tun könnte. Ich erzählte ihm meine Geschichte. Ich sagte, dass es eine große Gefälligkeit wäre, wenn er mit meiner Verlobten in Kontakt treten könnte, die nun im Feindesland war."

Er machte eine kurze Pause, um etwas Tee in seine Tasse zu gießen. Dann sprach er mit einem Lächeln weiter:
„Stellen Sie sich bloß vor! Nach ein paar Monaten erhielt ich tatsächlich einen Brief von diesem Herrn in dem stand, dass er Irene ausfindig gemacht hatte. Er teilte mir ihre momentane Adresse mit. Da Siemens seinen Standort in Nürnberg hatte und der Ort deshalb stark bombardiert worden war, hatte Irene anderswo Zuflucht gesucht, in einer kleinen Ortschaft in der Nähe. Um die Geschichte kurz zu machen, wir konnten uns schreiben und nach Jahren der Trennung wurden wir wiedervereint."

„Ich verließ Deutschland und fuhr mit allem, was ich hatte, per Schiff nach Indien", sprach Irene weiter. „Und das war für immer". Sie wurde rot, ihre Wangen blühten unter der Erinnerung. „Wir haben hier geheiratet. Es ist eine großartige Zeit, die wir zusammen haben." Sanft betonten sie ihre aufrechterhaltene Liebe, beide griffen nach der Hand des anderen und drückten sie leicht.

Ihr Leben hatte mit einem Happy End begonnen.

Kunst und Handwerk
Renate hatte bemerkt, dass die Familien in jedem Haus, in dem sie zu Besuch war, einen eigenen Gebetsraum mit einem Familienaltar hatten. Einige der Ornamente und Verzierungen zeugten von Religiosität. Eines davon war die *Tulsi*-Pflanze (heiliger Basilikum, *ocimum sanctum*), die unverwechselbar tischhoch im hinteren Garten wuchs. Die Pflanze ist für ihre medizinischen Qualitäten bekannt.

Als Renate Leelas Zuhause betrat, hatte sie zuerst gedacht, dass auch die anderen Figuren und Malereien eine religiöse Bedeutung hatten, denn die Motive waren aus der hinduistischen und buddhistischen Mythologie. Aber viele davon gehörten zur Wohnkultur, je nach Geschmack der Bewohner.

Renate bewunderte die Kunstfertigkeit und Handwerkskunst, die in diesem Land eine ungebrochene Tradition darstellten. Als sie Interesse daran zeigte, machte man sie auf die Vielfalt aufmerksam, die Materialien, Arbeiten, Kunst, Grundsätze und Symbolik, jedes Figürchen oder jede Malerei repräsentierte ein Motiv oder eine Episode der hinduistischen Mythologie, von der Renate noch nie gehört hatte. In der westlichen Welt verehrte man nur die griechische Mythologie.

Außerdem war es offensichtlich, dass Handwerk ein Teil der indischen Kultur war, wie man an den Dekorationen sogar außerhalb der Häuser, in den Schaufenstern, den Hotels und andernorts sehen konnte. An der Hauptstraße, der Mahatma Gandhi Straße, wurde sie zu einem staatlichen Handelszentrum für Kunst und Handwerk geführt. Vom Aussehen und dem Standort her war es ein „Eckladen", reichlich bescheiden mit den kleinen Schaufenstern und wertvollen Objekten, die sich drinnen traurig aneinanderdrängten. Der staatliche Einfluss war nicht zu übersehen und wurde einerseits von der Unordnung und andererseits von den zwei strengen Wachen in Khaki-Uniformen, die am Eingang standen, um den Besucher zu versichern, dass das hier ein ernst zu nehmendes „staatliches Handelszentrum" war und Waren von guter Qualität zu fixen Preisen anbot, symbolisiert. Die Kunden schlängelten sich durch schmale Gänge, in denen man praktisch über die Gegenstände stolperte. Mit gebührendem Respekt gegenüber den kulturellen Werten der Umgebung flüsterten sie mit leisem Gemurmel wie in einer Bibliothek oder einer Kirche. Das war kein Ort zum Feilschen, Handeln und Bieten wie auf einem Markt.

Als Erstes betrachtete Renate die ausgestellten geschnitzten Figuren aus verschiedensten Materialien: Elfenbein, Stein, viele Sorten Holz wie Ebenholz, Rosenholz und Walnuss, aber hauptsächlich das einheimische Sandelholz, das den ganzen Laden mit seinem Duft erfüllte. Sie sah auch hölzerne Puppen, Seide, bearbeitete Metallwaren aller Arten, Bronze, Messing und Glockenspeise, eine Legierung, die speziell für den Glockenguss dient. Neben gewichtigen Metallstatuetten standen auch schwer aussehende Objekte aus Pappmaché. Gewaltige Tische aus Marmor mit eingearbeiteten Halbedelsteinen zeigten das Kunstwerk des Taj Mahal. Sie verbrachte Minute um Minute vor einem Kunstobjekt und wusste nicht einmal etwas über den symbolischen Hintergrund. Der Gegenstand war nicht das Ergebnis eines Ausbruchs an Talent und Gelegenheit. Der Künstler musste es unter den Einschränkungen der Tradition und Gebräuche, die sich im Laufe der Jahrhunderte entwickelt hatten, geschaffen haben.

Es war schade, dass die westlichen Medien diese Charakteristik der indischen Geschichte ignorierten; sogar die Indische Kulturwoche in Berlin hatte die Kultur nur mit lebendigen Künsten wie Musik und Tanz dargestellt.

Aber hier konnte Renate beobachten, dass die Kunstwerke auch auf internationaler Ebene hochgeschätzt wurden; als sie um sich blickte, sah sie, dass hauptsächlich Touristen in der Schlange vor der Kasse standen. Obwohl der Symbolismus und der kulturelle Hintergrund sich dem Verständnis eines Fremden entzogen, waren die Liebe zum Detail und die Präzision der kunsthandwerklichen Ausführung ausreichend, um den Uneingeweihten zu begeistern.

Beruflich war Renate in einer Modewerkstatt, die internationale Geschmäcker bediente und die wechselnden Vorlieben, Forderungen und Preise beachtete, mit Stoffen und Mode in Berührung gekommen. Qualität war hochgeschätzt, hatte aber ihren Preis. Später arbeitete sie für einen Hersteller von Maschinenteilen und Kraftfahrzeugen, der auch dem internationalen Wettbewerb ausgesetzt war, und dort hatte sie mit akribischen und präzisionsorientierten industriellen Gütern, die den Gesetzen der Effizienz, Qualitätskontrolle und des Rufes folgten, zu tun. Hier in diesen Artikeln fand sie all diese Tugendenden gleichermaßen in einem unentbehrlichen Zustand oder *conditio sine qua non* eines internationalen Marketings auf beeindruckende Art und Weise versammelt. Der indische Künstler, der irgendwo im Hinterland arbeitete, wahrscheinlich mit veralteten Werkzeugen und auf althergebrachte Weise, stellte Objekte her, die absolut jeden Qualitätstest bestanden hätten und die den internationalen Markt erreichten, indem sie Kunden, die als Touristen kamen, begegneten. Wie es mit den meisten Künstlern der Fall ist, scheuten diese Unternehmer Marketing und Werbung, um ihre Kunden zu erreichen; vielleicht erachteten sie es als unter ihrer Würde, ihr Talent offen zur Schau zu stellen und um Aufmerksamkeit zu eifern. Sie wussten nicht, oder wollten es nicht wissen, dass ihre einzigartigen Produkte am globalen Markt kaum Konkurrenz gehabt hätten.

Beim Personal schien die Hierarchie abgestuft zu sein, vom gottähnlich allmächtigen und unsichtbaren Manager zum allgegenwärtigen Bediensteten in kurzen Hosen, der herumlief und die Rufe und Befehle der Bediensteten des mittleren Managements, die regungslos und gelangweilt an ihren Tischen saßen, auszuführen. Und wieder bemerkte Renate, dass, wie üblich und wie sie es oft miterlebt hatte, im Kundenservice und anderen Dienstleistungsbereichen die Regierung dazu verpflichtet war, mehr Personal als benötigt einzustellen und die Arbeit eines Einzigen auf vier Personen aufzuteilen.

Die Objekte, welche die Kunden stolz erworben hatten, wurden in eine Zeitung oder trostloses braunes Papier eingewickelt, mit einer Schnur oder einem Hanfseil zusammengebunden und dem verwunderten Kunden überreicht. Kunst existierte nur in der Künstlerwerkstatt und wurde nicht auf andere Gebiete wie Marketing und dem Erwerb neuer Kunden ausgeweitet. Schaufenster spielten keine große Rolle, ebenso wenig Beleuchtung, Musik und Verpackung, und es gab schon gar keine Präsentation der Trophäe in einer angemessenen Tasche, die den Ort des Kaufs verlautbarte, mit der der Kunde den Ort verließ und die Quelle seines Kaufes verriet.

Die dicht gedrängte Ausstellung der Artikel im staatlichen Handelszentrum stand im Gegensatz zu den exzellenten Stücken und erinnerte Renate so an die explizite Trennlinie zwischen dem privaten und öffentlichen Raum, die sie schon überall bemerkt hatte, wie zum Beispiel in Bombay; die Straße zum Hotel hin und das Innere des Hotels selbst standen im krassen Gegensatz zueinander. Der Übergang zwischen Privateigentum und Öffentlichkeit war unmittelbar und überall sichtbar. Jedes Haus, Restaurant, jede Bank oder jeder Laden hielt den eigenen Bereich bis zum Eingang hin penibel sauber und gepflegt; einige schmückten morgens sogar den Eingang der Häuser mit handgemalten komplizierten Mustern, die nur einen einzigen Tag hielten. Aber der Bereich dahinter wurde, was auch sonst, der Pflege oder Vernachlässigung der Gemeinde überlassen.

Ausflüge
Die Familie besaß ein Ferienhaus in den Nilgiri-Bergen im Westghats, der im Nachbarstaat Tamil Nadu lag. Solche Orte, die Bergstationen, waren von den Briten während ihrer Herrschaft im Sommer als Rückzugsort bevorzugt worden.

Das Haus lag in Coonoor, circa 20 Kilometer von der Bergstation Ooty entfernt und befand sich, wie auch diese, auf 2200m Seehöhe. Hoch oben in den Bergen bot die landschaftliche Schönheit mit ihrer üppigen Vegetation und gewundenen Straßen die ideale Umgebung für Filmproduzenten. (Vor diesem Hintergrund wurde 1984 der Film, „Reise nach Indien" von David Lean, der auf den Roman von E.M. Foster basiert, gedreht.)

Hier wollte Leela ein paar Tage mit ihren Kindern und mit Renate verbringen. Der alte Chauffeur nahm die Herausforderung gewohnt schweigsam an. Mit schmalen Augen und geschürzten Lippen ritt er die holprige Straße wie einen Rodeobullen, schnitt jede Kurve und hupte den Berg nach oben. Die Straße wand sich durch das mit blühenden Blumen, wie Lantana und blaue Ipomoea, durchsetzte Grün.

Nach einer Fahrzeit von einem ganzen Tag erreichten sie das Landhaus im Kolonialstil, von dem sie eine wunderbare Aussicht auf die schönen Schluchten hatten. Hier bekam Renate einen kleinen Einblick in die reiche Flora und Fauna einer tropischen Hochregion, in der sich Regen und Sonne abwechselten. Auf beiden Seiten der Anhänge konnte Renate, sehr zu ihrer Freude, Teepflanzen entdecken. Auf der Erhöhung namens Upper Coonoor wollten sie einen botanischen Garten besuchen, in dem 1000 verschiedene Pflanzenarten und eine eigene Abteilung für Gewürze wie Klee, Zimt und Pfeffer zu finden waren. Die Flora beherbergte auch eine Vielzahl an verschiedenen Vögeln wie Sittiche, Lerchen und Kormorane. Die Fauna schien nach den Besuchern zu rufen und Renate konnte gut verstehen, dass das Beobachten von Vögeln hier eine beliebte Freizeitbeschäftigung war.

Allerdings war das kein Rückzugsort für den Winter. Auf dieser Höhe konnte es ganz schön kalt werden. Renate jammerte ein wenig, da sie es gewöhnt war, dass bei diesen Temperaturen eingeheizt wurde. Sie musste sich mit ihrem Pullover begnügen, sehr zum Vergnügen ihrer ebenso frierenden Gastgeber. Renate hatte den Verdacht, dass sie die Kälte wirklich genossen. Ihre Misere erinnerte sie an Naveen, der sich in Deutschland beschwerte, dass niemand sein Unbehagen im dort heißen Monat August verstehen konnte.

Mutter Natur hatte ihre eigene Art, Renate zu begrüßen: Renate betrat das Badezimmer, das eine Hintertür nach draußen hatte. Als sie die Tür schließen wollte, erschrak sie. Renate rannte verängstigt nach draußen und schrie, da sie das richtige Wort für diese Kreatur nicht wusste: „Tier! Tier!". Der Chauffeur rannte hinein, um die Jungfrau in Nöten zu retten; der Weiße Ritter fand nur einen Frosch, der faul am Boden saß und sich fragte, was die Aufregung sollte.

Das war Renates zweite Begegnung mit einem Tier. Das erste Zusammentreffen fand in Bangalore statt, als sie, wieder wusste sie den richtigen Begriff nicht, mit einem lauten Schrei aus dem Zimmer stürzte: „Crocodile!" Das Biest stellte sich als Gecko oder Echse heraus, Tiere, die überall auf den Wänden zu finden waren. Dieser eine war aber nun aus seinem üblichen Versteck hinter den Bilderrahmen herausgekommen und aalte sich blass und nackt im Sonnenschein.

Nach einigen vergnüglichen Tagen in Coonoor, an denen sie auf ihren ausgedehnten Spaziergängen die Natur bewundert hatten, fuhren sie wieder nach Hause, um ihren nächsten Ausflug in Sekhars Heimat, nach Chittoor, das im östlichen Staat Andhra Pradesh lag, in Angriff zu nehmen. Im Gegensatz zum vorherigen Ziel würden sie nun an einen Ort in einer trockenen Region fahren, der in der Vergangenheit oft von Hungersnöten heimgesucht worden war, wenn Bauern flüchteten, um anderswo zu überleben.

Renate war hocherfreut, Sekhars Eltern zu treffen, die beide überaus umsichtig und gastfreundlich waren und denen bewusst war, dass Renate alle möglichen Erfahrungen machte, die für die beiden so durch und durch trivial waren. Der Vater begrüßte Renate mit einigen Worten und die Mutter mit einem herzlichen Lächeln. Ihre subtilen Gesichtsausdrücke allein waren genug, um ihre Gedanken und Gefühle zu kommunizieren. Wieder konnte Renate viel von ihren Augen ablesen und sogar eine Umarmung hinter den Worten spüren.

Das Haus mit dem Namen „Gaurikumar" war gebaut worden, um der trockenen und heißen Umgebung, die beinahe das gesamte Jahr so war, zu trotzen. Die zentrale Halle mit ihren hohen Wänden und dem Dachfenster wurde von dicken glitzernden Granitsäulen, die poliert und glatt um eine quadratische, etwas tiefer liegende Fläche herum standen, gestützt. Das war der Bereich, in dem sich die Familie wie in einem Wohnzimmer versammelte. Die ganze Umgebung, beinahe alles, was man berührte, war aus kühlem Stein; nur die Möbel waren aus Holz. Es gab keine Teppiche oder Vorhänge, keinen Unterschlupf, in dem sich Staub sammeln konnte oder unter denen sich Insekten versteckten. Räume führten von der Halle aus in alle Seiten, wie bei einem typisch indischen Haus. Eine Treppe aus steilen Steinstufen ging in den oberen Stock zu geräumigen Wohn- und Schlafräumen.

Im Erdgeschoß, in der rechten Ecke, war ein Raum, der vorher als Büro genutzt worden war, jetzt aber leer stand. In der Mitte des Raumes sah Renate eine einem Teppich ähnliche Vorrichtung, die vertikal, an der breiten Seite mit einem Mechanismus verbunden von der Decke hing; sie fragte, was das denn wäre. Leela zeigte auf ein Seil, das von der Decke weg bis zur Tür und darüber hinaus reichte, und erklärte: Das sei ein Fächer aus vergangenen Tagen, als es noch keine Elektrizität gab. Ein Diener war draußen nahe der Tür gesessen, hatte am Seil gezogen und es wieder losgelassen, damit der „Fächer" vor und zurück schwang. Die obere Kante des Teppichs diente als Angel. Ihre Schwiegermutter rief nach ihr, also ging Leela in die Küche.

Der kleine Junge Vivek hörte zum ersten Mal vom Geheimnis dieser Vorrichtung. Es juckte ihn in den Fingern, es einmal auszuprobieren, deshalb bat er Renate, sich an den Tisch in der Mitte des Raumes zu setzen und rannte los, um am Seil zu ziehen. Zu seinem Erstaunen funktionierte es genau so, wie es ihm erzählt worden war, nur dass der „Fächer" eine gewaltige Staubwolke zu Boden schüttelte und eine aschblonde Frau kam hustend und fluchend wieder zum Vorschein. Renate erinnert sich an die Angst in Viveks Augen, als er zur nächstbesten Tür rannte.

Sekhars Vater war in dieser Gegend ein erfolgreicher Anwalt. Sein Anwesen war mit einer großen Kokosnussplantage, die inmitten der trockenen Umgebung einer Oase glich, gesegnet. Dort gab es eine weitere Zuflucht, eine Hütte aus Palmblättern, die mit der Landschaft verschmolz. Gern nahm Renate die Einladung des Blattwerks, das blendende Licht zu verlassen und die Augen am umliegenden Grün auszuruhen, an. Das war wirklich ein Ort, um zu entspannen, weg von der Hitze und dem Staub, weg von den Gedanken und Sorgen des Tages, in der Tat ein wahrer Rückzugsort, für den Eintretenden eine Einladung zu einer Reise ins Innere.

Wie Renate die Kokospalmen, die alles überragenden Wachen, die sie zum ersten Mal in Bombay angetroffen hatte, betrachtete, sah sie etwas, das sich am Stamm bewegte. Ein Kokosnusspflücker kletterte die Palme nach oben. Er zog sich den Baum hoch, die Hände und Füße umfassten abwechselnd die Palme. Nach einer Minute flinken Aufstieg hatte er den Wipfel erreicht. Dann warf er nacheinander die grünen Nüsse von der Größe einer Melone hinunter.

Renate machte sich jedes Mal, wenn eine Kokosnuss von alleine zu Boden fiel, Sorgen, dass die Nuss einen von ihnen auf den Kopf traf. Leela versicherte ihr, dass das noch nie passiert war. Renate entspannte sich und sah einem Mann zu, der ihr eine Kokosnuss öffnete. Er trennte ein Ende der Nuss mit einem gebogenen Beil ab, um mit dem scharfen Ende ein Loch in die Nuss zu schlagen, und steckte einen Strohhalm hinein. Renate genoss das köstliche Kokoswasser direkt aus der noch grünen Schale. Sie konnte beinahe Harry Belafonte im Hintergrund singen hören, „Coconut woman…"

***

Ein weiterer Ausflug, der dieses Mal Richtung Westen nach Hasan, 220km von Bangalore entfernt, führte, wurde die kulturelle Reise, die Renate am meisten beeindruckte. Nach einer langen Fahrt kamen sie in der Stadt Hasan an. Von dort aus konnten sie zu zwei bedeutenden Kulturstätten, nach Halebid und Belur, weiterfahren. Renate sah zum ersten Mal die architektonischen Wunder der Hoysala Dynastie aus dem 12. Jahrhundert. Zum Glück waren die Tempel aus Stein und nicht aus bloßem Holz, daher waren die Monumente noch sehr gut erhalten.

Die Basis der Tempelarchitektur der Hoysala war ein Fundament, auf welchem konzentrische Quadrate durch Rotation einen Stern formten, und darauf wurde der Tempel errichtet, wobei sich das Muster bis zur Decke durchzog. Eine weitere Charakteristik sind die hunderten Friese und Skulpturen, die aus Speckstein oder Chlorit-Schiefer geschnitzt worden waren, durch welche alles überfüllt erscheint, die aber auf dem zweiten Blick Struktur und Ordnung sehen lassen. In Bélur, am Chennakéshava-Tempel, der 1117 nach Christus während der Herrschaft von König Vishnuvardhana erbaut worden war, zeigt einen Krieger, der mit einem Löwen kämpft; dieser Krieger war Sala, der Begründer dieser Dynastie. Der Tempel wird symbolisch von Fries-Elefanten getragen. Im nächstkleineren Lakshmináráyana-Tempel stehen wunderbare Statuen von Krishna, wie er seine Flöte spielt, von Vishnu sowie auch dem göttlichen Paar Shiva und Párvathi.

Ein paar Kilometer weiter, in Halébíd, der Hauptstadt der Hoysala, konnte man einen Tempel des Shiva besuchen. Der Tempel war 1121 vom selben König begonnen worden. Bei ungefähr 300 Reliefs war Renate am meisten von neun Relief-Reihen fasziniert, die übereinander lagen und Elefanten, Tänzer, Musiker, Reiter, Schwäne, usw. zeigten. Kein einziges Objekt sah aus wie ein anderes.

Es war hier, wo Renate die künstlerischen Meisterleistungen mit Figuren in Hülle und Fülle aus längst vergangenen Tagen sah, den präzisen Stil, der die Handwerkskunst sogar heute noch inspiriert. Dabei halfen ihr die früheren Besuche der verschiedenen Läden, die ähnliche Stücke ausstellten. Sie konnte den Zeitgeist und den Fortbestand dieser Kultur erfassen.

Die Lizenz-Raj
Es war abends und das Essen war vorbei, der Koch hatte den Tisch abgeräumt und die Kinder das Esszimmer verlassen, um ihre Hausaufgaben zu machen. Leela war auf ihrem Zimmer.

Renate stand auf, aber ihr Gastgeber, Sekhar, bedeutete ihr, sich zu setzen.

„Ich hoffe wirklich, Sie genießen Ihren Aufenthalt", begann er. „Am ersten Tag war ich etwas kurz angebunden, da ich wusste, dass Sie sehr müde waren, so kurz nach Ihrer Ankunft."

Er saß aufrecht und hatte einen festen Blick. Seine Hände waren ruhig und sein Gesicht entspannt.

„Oh, das ist schon in Ordnung, außerdem war mein Vokabular eingeschränkt ...", fügte Renate mit einem Lächeln hinzu.

„Warum sagen Sie das?", widersprach er. „Sie sprechen ziemlich gut. Tatsächlich Teutonisch, direkt und klar. Das mag ich an euch Deutschen. Ihr sagt, was ihr meint. Keine zweideutigen Signale und halbe Antworten der Höflichkeit wegen."

Sein klarer britischer Akzent erinnere Renate an ihren Besuch in England vor ein paar Jahren und an die Herren, die sie getroffen hatten, als sie zum Parlament gingen. Sekhar hatte nicht nur in England gelebt, sondern wusste auch sehr viel über Kontinental-Europa, hauptsächlich über Dänemark; es gab ziemlich viele Kontakte mit den Dänen, da Sekhar in einem indischen Unternehmen arbeitete, das von Dänen gegründet worden war. Er konnte Europäer sogar anhand ihrer Gebräuche und Charakterzüge unterscheiden.

„Danke, aber Sie sind zu höflich", sagte Renate, um ihn aus der Reserve zu locken.

„Absolut nicht". Er gab nicht nach. „Ich mag das Beste aus beiden Welten, dem Westen und dem Osten. Es ist nur, dass ich das Verhalten bestimmter Inder, die mit der orientalischen Lebensweise und der hohen Religiosität protzen, nicht ausstehen kann, aber ich schätze auch das andere Extrem, das Nachahmen der WOGs, nicht. Wissen Sie, was WOG heißt? Das sind „Westernized Oriental Gentleman", Westlich Geprägte Orientalische Herren, die nach der Tradition der Britischen Raj leben und versuchen, englischer als die Engländer zu sein."

Damit lud er sie ein, ihn vor diesem Hintergrund zu bewerten. Er war sicher keines von beiden. Vielleicht mehr ein Preuße oder Indo-Preuße, überlegte Renate. Er fuhr fort, als ob er ihre Gedanken gelesen hätte:

„Ich mag es, wenn man mir direkt in die Augen sieht und ich höre gern ein klares ‚Ja' oder ‚Nein' als Antwort. Das schätze ich an den Preußen."

Er wechselte das Gesprächsthema und ging zu dem über, was ihn dieser Tage auf Trab hielt, nämlich sein Geschäft.

Er war ein Entrepreneur, der sein eigenes Unternehmen von Grund auf aufgebaut hatte. Er hatte keinerlei Unterstützung von Privatinvestoren, den sogenannten „Business Angels", in Form von Kapital erhalten.

„Der einzige Vorteil in Indien ist ein sicherer Käufermarkt mit einer großen Nachfrage und einem großen Mangel an Haushaltsprodukten. Eines meiner beliebtesten Produkte ist unter anderem ein Druckkochtopf, der speziell auf die Bedürfnisse indischer Frauen abgestimmt ist", sagte Sekhar.

Er verengte seine Augen und blickte ins Leere; etwas beschäftigte ihn. Dann kam er auf die Hindernisse zu sprechen.

„Ich habe nicht so sehr mit den Kunden zu kämpfen, sondern eher mit der Regierung und ihren Widrigkeiten mit all den Lizenzen, Vorschriften und Genehmigungen."

Nach einer Pause fügte er mit einem Lächeln hinzu:

„Diese Regierung, die sich in die Wirtschaft einmischt und die Geschäfte unterbindet, hat sich den Namen „Lizenz-Raj" oder „Genehmigungsherrschaft" verdient.

Renate wusste kaum etwas über die nationale Wirtschaft und Politik, hatte aber die erbärmlichen Zustände in Ostdeutschland und den im krassen Gegensatz stehenden Fortschritt im Westen miterleben müssen. Sie hatte in neugieriges Interesse auf diesem Gebiet entwickelt.

Daheim lebte sie in einer Welt des freien Marktes und arbeitete für Unternehmer, die am Weltmarkt konkurrierten; diese wiederum machten Profit und lebten von den Gewinnen, die nach Steuerabzug blieben. Die Existenz der Unternehmer war ungeschützt und der Gnade des Wettbewerbs ausgeliefert. Im Gegensatz dazu genoss sie als Angestellte soziale Sicherheit. Bei einem Konflikt stellten die Gewerkschaften sicher, dass der Staat und die Gesellschaft zum schwächeren Partner hielten. Sie war als einfache Angestellte, die kein Vermögen oder auf dem ersten Blick Rechte oder ein Geburtsrecht hatte, mit diesem westlichen System zufrieden. Das war tatsächlich „soziale Marktwirtschaft" wie sie leibte und lebte.

In den deutschen Medien wurde Indien permanent als ein Land dargestellt, in dem es einerseits die Superreichen und andererseits die hungrigen Massen gab. Das Fernsehen neigte natürlich dazu, eine komplexe Gesellschaft nur in hellen oder dunklen Farben zu porträtieren und dabei nur die Millionäre und Bettler, die Erfolgreichen und Machtlosen, die Gewinner und Verlierer zu zeigen. Der Mittelstand wäre das Thema für einen Blindgänger.

Von diesem Ausgangspunkt des Mittelstandes konnte Renate die Vielfalt und den Kontrast, der von den Medien so herausgestrichen wurde, der nun überall, auf den Straßen, dem Markt und den Läden, in feinsten Abstufungen sichtbar war, beobachten. Es gab keine ausreichende Sicherung für die Dienstmädchen, Diener und anderen Hausangestellten. Die Arbeitszeit dieses Personals war nicht geregelt. Sie hatten weder Versicherungsschutz im Fall von Krankheit, Arbeitslosigkeit, Unfällen und Arbeitsunfähigkeit, noch gab es genügend Unterstützungskassen oder Versorgungsfonds für Menschen im hohen Alter. Renate bemerkte tatsächlich die Existenzangst in der unterwürfigen und kriecherischen Einstellung der abhängigen Angestellten, die immer der Gnade ihres Vorgesetzten ausgeliefert waren und ständig Angst hatten, ihre Stelle zu verlieren. Der angstvolle Blick, die gebückte Haltung und der Gang, alles zeugte von ihrem Schicksal.

Renate dachte an die Zeit, an den Beginn dieses Jahrhunderts, in der ihre Großmutter in Deutschland gelebt hatte: die Feudalzeit. In Indien beobachtete Renate die turbulente gleichzeitige Existenz einer feudalen privilegierten Klasse und einer Arbeiterklasse, wobei die neuen Unternehmer dazwischen eingequetscht, weder hierhin noch dorthin gehörten, und im Dschungel verloren waren. Die Regierung ging ihren eigenen Weg. Planwirtschaft war wirklich der letzte Schrei, die aufkeimende Marktwirtschaft noch nicht fehlerfrei.

Renate fragte sich, ob die Politiker den freien Markt erstickten und in Richtung ostdeutscher Zustände schlitterten.

Das war nicht ganz so: Anders als bei der Behandlung, die Onkel Fritz und andere, die, obwohl sie Kunden aus aller Welt hatten, über Nacht grundlos und regelrecht enteignet worden waren, erlaubte Indien den Unternehmern zu kämpfen, zu überleben und zu leiden.

Sekhar konkurrierte darum, wenigstens den heimischen Markt mit seinen Produkten, die stark gefragt waren, zu versorgen. Trotzdem war eine solche Versorgung „nur mit freundlicher Genehmigung der Regierung", wie er es formulierte, möglich.

Renate konnte nicht verstehen, warum sich Indien immer noch mit wirtschaftlichen Problemen herumschlug, obwohl es vor zwanzig Jahren, 1947, unabhängig geworden war. Nur zwei Jahre davor war Deutschland von den Siegermächten zerbombt und ausgeraubt worden. Alle verbleibenden Vermögen waren als Schadensersatz weggefegt worden. Vom Krieg zerrissen, mit leeren Händen, ohne natürliche Ressourcen, die der Rede wert gewesen wären, und ohne ausreichend Arbeitskraft hatte sich Westdeutschland nur mithilfe des Marshall-Plans erholt.

Aber lag es nur am Fehlen ausländischen Kapitals, dass Indien hinterher hinkte? Lag es an den Regierenden der Nation, die trotz der unternehmerischen Fähigkeiten der Bürger im Kreis liefen? Lag es wieder einfach nur an den selbst auferlegten Einschränkungen, der Planwirtschaft und den Politikern, die wie in Ostdeutschland sozialistischen Träumen, denen Renate den Rücken gekehrt hatte, frönten? Lag Indien irgendwo zwischen West und Ost und schlug sich in der Mitte durch? Verloren im Nebel?

Kultureller Austausch
Die Idee, Renate als Mitglied eines Programms für kulturellen Austausch auszugeben, sollte sie vor neugierigen Verwandten, die sie als geeignete Braut für Naveen unter die Lupe nehmen würden, beschützen. Das schien nur teilweise zu funktionieren, da der Anlass ihres Besuches ein offenes Geheimnis war. Aber auch jene, die beide ihrer Rollen akzeptierten, waren darauf versessen, ihr die indische Kultur zu zeigen.

Naveens Onkel mütterlicherseits, Subrahmaniam, der zu Hause Raja oder Raju genannt wurde, war einer davon. In den verschiedensten Künsten bewandert, war er tatsächlich eine Koryphäe auf dem

Gebiet der indischen Kultur. In seiner Jugend hatte er sich der Malerei und Bildhauerei zugewandt und zählte viele meisterliche Stücke zu seinen Erfolgen. Später, in seinen Fünfzigern, reiste er als Amateurfotograf durch Indien und fing mit seiner Kamera die landschaftliche Schönheit der Nation ein und hielt Diavorträge. Das waren alles nur Hobbys neben seiner hauptberuflichen Tätigkeit, denn er war ein leitender Beamter im staatlichen Finanzministerium.

Renate hatte von Naveen viel über ihn gehört. Bei einer Gelegenheit verriet Naveen unabsichtlich das Geheimnis seines Wissens über die europäische Kultur, das sehr umfassend war, obwohl er in der Schule nur in indischer Kultur unterrichtet worden war. Als Kind besuchte er oft seine Großeltern und dabei belauschte er die Bemerkungen seines Onkels, der mit Freunden oder Verwandten diskutierte, und saugte dieses Wissen auf. So hörte Naveen vom alten Rom, dem Christentum und den europäischen Meistern der Malerei.

Er erinnerte sich lebhaft an einen Vorfall, als er zehn Jahre alt war und am südlichen Ende der Stadt lebte. Da es keine hohen Gebäude gab, hatte man von der Straße, in der er wohnte, einen ungehinderten Blick auf den Sonnenuntergang. Eines Abends, es dämmerte gerade, spielte er vor dem Haus und sah seinen Onkel mit einer Kamera in der Hand in Richtung des Hauses laufen. Es war die erste Kamera dieser Art, die Naveen sah, nämlich eine, die man noch per Hand aufziehen musste. Um Atem ringend bat Raja um ein Glas Wasser, das er hastig austrank, und rief dann zu seiner Schwester, dass er in ein paar Minuten, nach Sonnenuntergang, zurück sein würde. Dann rannte er weiter, wollte eine bessere Position finden, um den Sonnenuntergang einzufangen. Diese Aufregung beeindruckte Naveen, wie ein Künstler kämpfen, wie viel Aufwand er betreiben und sogar wie ein aufgeregtes Kind durch die Straßen laufen musste, um sein Ziel zu erreichen.

Dieser Besuch beim Onkel ließ jedoch bei Renate keine unangenehmen Gefühle hochkommen, denn sie durchlebte, nachdem sie Naveen kennengelernt hatte, einen Schnellkurs in Sachen indischer Kultur: der Indische Verband in Berlin, eine wohltätige und freiwillige Organisation, war schwer damit beschäftigt, der Öffentlichkeit die unterschiedlichsten Veranstaltungen, die von indischen Studenten unter der Schirmherrschaft des Senats von Berlin organisiert wurden, zu präsentieren. Für gewöhnlich krönte der Verein um Oktober herum seine diversen Tätigkeiten des Jahres mit einer Indischen Kulturwoche. Die Woche begann mit einem großen Empfang, der von Berühmtheiten einschließlich des Regierenden Bürgermeisters von Berlin besucht wurde, und anschließend folgte jeden Tag eine andere kulturelle Veranstaltung. Naveen gehörte zum Vorstand und seine Aufgabe war es, die professionellen indischen Künstler für die Darbietungen einzuladen. Das waren erstklassige Künstler, wie zum Beispiel die Tänzer Ram Gopal (in Bangalore geboren) und Uday Shankar sowie sein Bruder, der Musiker Ravi Shankar. Die meisten waren bereits berühmt oder wurden es in absehbarer Zeit. Renate hatte den verschiedensten Veranstaltungen beigewohnt, seit sie mit Naveen bekannt war.

***

Rajas Haus war ein einstöckiges Gebäude, das in einer neueren Nachbarschaft lag. Renate hatte mit Interesse festgestellt, dass alle von Naveens Verwandten in einem Haus mit Gärten davor und dahinter wohnten. Jedes Haus hatte einen reizenden, klingenden Namen. Das Haus, das sie und Leela nun besuchten, hieß Suvasini (das Duftende).

Zuerst standen sie vor einem verschlossenen Stahltor und wurden von vier kleinen kläffenden Hunden herausgefordert. Nachdem ein Diener die Hunde nach hinten gebracht hatte, traten sie durch das Tor und gingen einen Kiespfad entlang durch den Garten, in dem niedere Büsche und blühende Pflanzen wuchsen. Als sie das Haus betraten, begrüßte sie Rajas Frau Neela. Sie war eine graziöse Dame um die dreißig und entsprach einer indischen Frau aus einem Bilderbuch. Sie trug einen gelb-grünen Sari, eine goldene Halskette und Ohrringe, die mit Diamanten besetzt waren. Der rote Punkt auf ihrer Stirn war ziemlich groß. Eifrig begrüßte sie Renate:

„Kommt rein, kommt rein, kommt rein."

Nachdem sie die Veranda betreten und die Schuhe ausgezogen hatten, wurden sie ins Wohnzimmer oder die „Halle" gebeten. Renate fiel eine Glasvitrine zwischen den Räumen auf; sie reichte vom Boden bis zur Decke und enthielt dekorative Stücke aller Arten, darunter verschiedenste Figürchen aus Elfenbein.

Die Halle selbst hatte viel mit einem Museum gemein. An einem Ende des Raumes führte eine Treppe zu den oberen Zimmern. Sie stand da, vertieft in die Gemälde, Figuren und Skulpturen um sie herum, während die anderen mit schnellen Worten miteinander plauderten. Dann zog sich Neela zurück, um Imbisse und erfrischende Getränke zu bereiten.

Onkel Raja eilte mit flinken Schritten und einem breiten Lächeln die Treppe herunter. Er war um die vierzig, schlank und von mittlerer Größe. Er trug traditionelle indische Kleidung: ein langärmliges Baumwollhemd ohne Kragen, das an der Hüfte ein langes, einem Sarong ähnliches Wickeltuch(*Dhoti oder Veshti*), auch aus Baumwolle, bedeckte. Es hatte einen Brokatsaum.

Während sie den Kaffee und die köstlichen indischen Snacks genossen, die Neela zubereitet hatte, wandte sich die Aufmerksamkeit der indischen Kultur zu. Renate steuerte das Gespräch in Richtung eines Themas, bei dem sie sich etwas wohler fühlte, nämlich dem Film.

Zuhause hatte sie, noch bevor sie Naveen kennenlernte, zwei deutsche Filme, die in Indien spielten, gesehen. Es waren ziemlich naive Filme, „Der Tiger von Eschnapur" und „Das indische Grabmal" (beide von 1959), die Inder als grausam und böse darstellten, Augen rollend und fremde Götter und Dämonen anrufend, um die Weißen und ihre eigenen unschuldigen Frauen zu schikanieren. Kein Wunder, dass sie sich gruselte, als sie bei der allerersten Gelegenheit hörte, dass Naveen aus Indien stammte. Diese Enthüllung hatte ihr Angst, sie aber auch neugierig gemacht. Ein Augenroller in Fleisch und Blut?

Renate lebte in Berlin und wurde so beinahe unvermeidlich eine glühende Verehrerin der Filmwelt. Seit den 1950er Jahren war das Berliner Filmfestival oder „Berlinale" - in jenen Tagen fand es im Sommer statt - eine jährliche Attraktion für die Öffentlichkeit, vor allem für die Kinoliebhaber. Man konnte die besten Filme aus aller Welt sehen. Jedes Jahr so beschenkt konnte Renate die Facetten verschiedener Kulturen, die in den Filmen dargestellt wurden, genießen. Natürlich, wie im Fall der ersten Filme, die sie über Indien sah, sind die Filme fähig, die Meinung über eine andere Welt zu beeinflussen - sie in Gnade oder Ungnade fallen zu lassen.

Indien erlebte auch eine Neue Welle, die von Regisseuren wie Satyajit Ray begonnen worden war. Ray war in Deutschland überaus beliebt geworden und hatte in Berlin sechs Mal nacheinander Auszeichnungen für vier Filme von 1963 bis 1966 gewonnen.[26] Er stand auf gleicher Höhe mit den anderen berühmten Indern der darstellenden Künste.

Der Zufall hatte es gewollt, dass Renate nun in Bangalore war, einer Stadt der Kinos und passionierter Kinobesucher. Die glänzenden Poster in den Straßen, die Neuerscheinungen ankündigten, und die extravaganten Kinos überall beeindruckten sie.

Trotzdem waren die populären Filme, die sie bisher mit Naveens Verwandten gesehen hatte, nicht sehr erinnerungswürdig. Obwohl sie die Sprache nicht verstand, konnte sie den Standard der Regieführung mit den unpassenden und deplatzierten Liedern und Tänzen, die wie Werbung mitten in den Szenen auftauchten, bewerten. Das Argument, dass die Filme in Indien nichts anderes als „Opium fürs Volk" - wie Lenin gesagt hätte - waren, stellte sie nicht zufrieden. Sie kannte die Sonnenseite daheim in Berlin. Zögernd sprach sie diesen heiklen Gedanken an und suchte nach der passenden Ausdrucksweise. Dieses Thema zog eine lange Diskussion nach sich.

„Sie müssen es so sehen", fing Raja an. „Für uns in Indien startete die Filmwelt durch, als der Film zu sprechen begann, mit den sogenannten ‚Tonfilmen' …"

Er hielt einen kurzen Vortrag über die Filmgeschichte. Tatsächlich gab es früher eine bedeutende Zusammenarbeit zwischen Deutschland und Indien. Franz Osten, ein Filmpionier aus Süddeutschland, baute Filmstudios in München und später in Bombay auf. In den 1920er Jahren machte er mehr als 60 historische Filme, die in Indien spielten.

Daraus ergab es sich, dass ein indischer Anwalt namens Himanshu Rai nach Deutschland reiste. Er interessierte sich für das neue Medium, dem Film mit Ton. Zuerst wollte er Filme über das Christentum drehen, da er von den Passionsspielen in Oberammergau in Bayern beeindruckt war. Dann entschied er sich aber dafür, einen Film über Buddha zu machen. Der Film „Leuchte Asiens", der in Indien mit technischer Unterstützung von Franz Osten gedreht worden war, hatte auch in Deutschland durchschlagenden Erfolg.

Bei dieser bahnbrechenden Zusammenarbeit beider Länder half die deutsche kinematografische Ausrüstung den indischen Filmemachern immens. Zu Beginn des Krieges im Jahr 1939 wurden Franz Osten und sein Kameramann interniert und aus Britisch-Indien verwiesen. Osten starb 1956 in Deutschland, dort kaum bekannt, in Indien hochverehrt. Die Zusammenarbeit zwischen den beiden Ländern kam durch den Ausbruch des Krieges zu einem abrupten Ende.[27]

„Rai und seine Frau, Devika Rani, versuchten, die Zusammenarbeit mit den Deutschen fortzusetzen", erklärte Raja weiter.

„Raja war ein richtiger Fan von Devika", unterbrach seine Frau Neela mit einem Augenzwinkern.

Raja schien etwas verlegen zu werden, als er so an seine Jugend erinnert wurde; er lächelte die Bemerkung weg und redete weiter:

„Devika, die fließend Deutsch sprach, ging sogar nach Deutschland, um Schauspielunterricht von Fritz Lang und Marlene Dietrich zu bekommen. 1934 gründeten Rai und Rani das Filmstudio ‚Bombay Tonfilme'."

Devika Rani wurde der Star schlechthin in dieser Zeit, spielte zusammen mit dem „Evergreen-Schauspieler" Ashok Kumar und war Mentorin und Hilfe für viele zukünftige berühmte Schauspieler ihres Studios, wie Raj Kapoor und Dilip Kumar. Letztendlich ging das Studio 1954 bankrott. 1933 hatte die *Grande Dame* des indischen Films mit der längsten Kuss-Szene von vier Minuten einen ziemlichen Aufruhr verursacht. Sie lebte bis ins hohe Alter in Bangalore und starb 1994.

„Das Fundament, die in den 1930er Jahren gelegt worden war, nahm zwei Ausprägungen an. Eine davon waren die Filme als Ausdruck der Kultur", sprach Raja weiter. „Der Schwerpunkt liegt auf Kultur, nicht auf Unterhaltung. Das sind die Filme, die bei den Festivals gezeigt werden und Auszeichnungen bekommen. Dann haben wir da noch die anderen, die dazu dienen, die Massen zu unterhalten."

„In Indien ist Kino ein privates Unternehmen, das keine Unterstützung der Regierung erhält, also muss es selbst für Profite sorgen. Solange Menschen Filme dieser Art lieben, wird es Gewinne geben und das Genre wird nicht aussterben. Kommerzielle Produktionen brauchen Action, Komödie, Melodrama, Musik und Tanz. Eines Tages, wenn die Masse reif genug ist, werden solche Filme verschwinden."

Rückblickend muss gesagt werden, dass dieses Genre, der Masála-Film, einen fixen Platz eingenommen hat und nun „Bollywood" genannt wird. Mit einer Laufzeit von über drei Stunden und all den Gesangs- und Tanzszenen erfreut es sich großer Beliebtheit - sogar über die Grenzen Indiens hinaus. Zum Glück haben sich dank hervorragender Regisseure wie Mira Nair und Deepa Mehta auch kulturelle Filme als Genre etabliert.

***

Renate war auf den Glauben, der in ihrer Gastfamilie praktiziert wurde, neugierig und bat Leela, sie zu einem Hindu-Tempel zu begleiten.

Wie es der Brauch war, brachten sie als Opfergaben Blumen, Obst und eine Kokosnuss zum Tempel. Als sie zu Fuß auf den Tempel zu gingen, fühlte Renate überrascht, wie jemand an ihrer Handtasche, die sie in ihrer rechten Hand trug, zerrte. Sie wusste von den Taschenräubern, die Geißel einer jeden Großstadt, verstärkte ihren Griff und zog heftig an der Tasche, während sie sich zu dem Missetäter umdrehte. Zu ihrer Überraschung war es ein Affe, so groß wie ein Kind, der auf zwei Beinen stand und an ihrer Tasche hing; als sie aufschrie, ließ er die Tasche los und floh. Äffte der Kerl einen Taschenräuber nach? Als sie sich dem Tempel näherten, sah sie eine ganze Menge Affen mit langen Schwänzen, die auf allen Vieren herumliefen und nach Leckereien Ausschau hielten. Mensch und Affe kamen ohne Probleme miteinander aus. „Ein friedliches Zusammenleben", dachte Renate.

Sie betraten, wie es üblich ist, barfuß den Tempel. Die übermäßige Dekoration und die Darstellungen aller mythologischen Dinge, die - natürlich - für sie nicht sofort verständlich waren, verblüfften Renate. Außerdem hinterließ die Üppigkeit vor dem Hintergrund ihrer protestantischen Erziehung ein befremdliches Gefühl und ließ sie beim Anblick der farbenprächtigen Porträts und dem großartigen Altarschmuck sogar zusammenzucken. Die Gerüche von Kampfer, Jasmin, Kokosnüssen, Bananen und brennenden Räucherstäbchen vermischten sich und belebten Renate, erinnerten sie aber an den Weihrauch in einer katholischen Kirche.

Nach dem Gottesdienst standen die Gläubigen mit offenen Handflächen, eine über der anderen, an zwei Seiten des Altars. Der Priester ging herum und bot jedem Asche, rotes Pulver und Jasminblüten an. Mit einem Kupferlöffel schöpfte er auch ein paar Tropfen parfümiertes Wasser auf die Handfläche. Renate sah zu und tat es den anderen gleich. Der Priester blieb stehen, ignorierte sie und ging weiter zum nächsten Gläubigen. Renate stand da wie ein verlassenes Kind.

Leela gab ihr den entscheidenden Hinweis. Renate hatte einen Fehler gemacht: Sie hatte die falsche Handfläche oben. Sie musste die rechte Handfläche über die linke legen, denn die rechte ist die Hand, mit der man etwas Wertvolles empfängt oder gibt. Der Priester sah ihre Korrektur und kam lächelnd zurück, um auch ihr das symbolische Geschenk Gottes zu gewähren.

Ihr wurde bewusst, dass die strikte Einhaltung sämtlicher dieser Regeln äußerst wichtig war, um die Jahrtausende alte Religion zu praktizieren, und begann sich so für die Rituale und den Symbolismus, angefangen mit der Architektur eines Tempels bis hin zu den Statuen, zu interessieren. Da die griechische Mythologie die Einzige war, mit der sie in ihrem Leben in Berührung gekommen war, versuchte sie sich anhand dessen, was ihr von diesen Überlieferungen noch in Erinnerung war, in der hinduistischen Mythologie zurechtzufinden und sich zu orientieren. Renate war auf dem Weg, ein tieferes Verständnis der indischen Kultur zu erlangen.

Der Turm zu Babel
An der Bevölkerung gemessen war Indien die größte Demokratie. Von ihrem Verständnis der westlichen Demokratie her wusste Renate um die Macht des Volkes, auch wenn das Volk im guten Glauben

ohne mandatierte Details zum Regieren den Einfluss mit den Wahlen für die gesamte Periode im Voraus abgab. Zumindest war das die Gelegenheit, eine inkompetente Regierung aus dem Amt zu wählen.

In Ostdeutschland allerdings, mit nur einer ewig währenden Partei, der SED, für die man, und nicht gegen die man wählte, war die Wahl eine Farce, da alle Wähler dazu gezwungen waren, die Kandidatenliste zu wählen, die die Partei ihnen vorlegte. Die Bürger wussten von diesem falschen Spiel im Namen oder unter dem Vorwand der Demokratie, wobei sich das Land sogar noch Deutsche Demokratische Republik nannte. Deutsch? Ja. Aber demokratisch? Nein. Streiks oder Demonstrationen waren verboten und jegliche Form dieses Protestes war gleichbedeutend mit einem staatsgefährdenden Aufstand, den man sofort unterdrücken musste, wie es 1953 passiert war. Es war ein Zerrbild der Demokratie, eine Schande, aber so war es überall hinter dem Eisernen Vorhang.

Hier war sie besonders aufgeregt darüber, eine funktionierende Demokratie zu bestaunen. Redefreiheit und Reisefreiheit waren Geburtsrechte der Bürger.

Mehr als nur ein Mal beobachtete sie, als sie an Hauptstraßen und Kreuzungen kam, Massendemonstrationen von aufgebrachten Bürgerlichen, Männern und Frauen allen Alters, laut, lärmend, fest entschlossen und wütend, Sprüche schreiend und Fäuste schüttelnd, als ob ihre Lebensgrundlagen oder sogar das nackte Überleben auf dem Spiel stehen würde. Da ihre Proteste von Sprüchen in der lokalen Schrift unterstützt wurden, konnte Renate nur jene lesen, die in Englisch geschrieben waren: „Englisch immer - Hindi nimmer!"

Mukund erklärte ihr den Hintergrund der Aufregung, die schon über Jahre anhielt. Ein Inder identifiziere sich immer mit seiner Sprache als seine kulturelle Basis, das Konzept der Nationalität wäre erst eine Erfindung aus späteren Tagen. Da die meisten dieser Sprachen alt und ausgereift seien und ihre eigene Literatur und Geschichte hätten, wären sie viel mehr als nur politisch motivierte Bagatellen. Tatsächlich war die Indische Union 1956 je nach linguistischer Homogenität in verschiedene Staaten unterteilt worden.

Das Hauptproblem war nun, dass in diesem Jahr eine einzige offizielle Landessprache für die gesamte Nation ausgewählt werden sollte, wobei Hindi und Englisch um den Thron kämpften. Wenn es nach jenen im Norden ging, sollte Hindi, da es dort am meisten verbreitet war, die einzige offizielle Sprache werden - auch im Süden. Jenen im Süden war diese Sprache fremd, sogar noch mehr als Englisch, da sie im Zuge der britischen Kolonialherrschaft seit beinahe einem Jahrhundert mit dieser Sprache lebten. Hindi zu lernen hätte für sie einen Nachteil gegenüber den Menschen im Norden bedeutet. Sie befürchteten, die Chancengleichheit in ihrem eigenen Land zu verlieren, da jene im Norden mit ihrer Muttersprache hätten weitermachen können und jene im Süden wären gezwungen, eine neue Sprache und eine neue Schrift von Grund auf zu lernen, um zu überleben.

Die Angelegenheit war seit 1950, seit die Verfassung in Kraft trat, ein Streitthema. Überraschenderweise hatte der Premierminister Jawaharlal Nehru (*1889, + 1964) jedoch die Wichtigkeit von Englisch mit den folgenden Worten eingeräumt: „Englisch ist heute unzweifelhaft die größte Annäherung an eine internationale Sprache". Trotzdem gab er nach und verteidigte Hindi, nur um den enormen Widerstand zu spüren. Er verschob das Problem um weitere 15 Jahre, allerdings mit der festen Absicht, im Jahr 1965 Englisch mit Hindi zu ersetzen. Der Süden widersetzte sich jedoch und wehrte sich seit zwei Jahren gegen diesen Schritt. Nun hatte sich die Angelegenheit zugespitzt, speziell im Staat Tamil Nadu, der östlich von Bangalore lag und in dem sich Menschen deshalb sogar selbst verbrannten.

Renate fiel auf, dass Naveens Verwandte selbst mehr als 20 Jahre nach der Unabhängigkeitserklärung lieber in Englisch als in der eigenen Muttersprache redeten, und das traf auch auf jene nachfolgende Generation zu, die nach dem Rückzug der Briten geboren worden war. War die erklärte Vorliebe für die eigene Sprache wirklich eine Farce oder nur eingebildet?

Renate fragte sich, warum Englisch überhaupt so beliebt war. Bei ihr und vielen ihren Verwandten herrschte so große Abneigung gegenüber der Sprache der sowjetischen Besatzer, dass sie später beinahe alles gelernte Russisch aus ihren Erinnerungen tilgten.

Offensichtlich war das Land der perfekte Ort, um den Turm zu Babel zu errichten, denn auch hier gab es eine große Anzahl von Sprachen (22 wie 2007 gezählt), mehr als in jedem anderen Land, und alle waren von der Verfassung ermittelt, beschrieben und anerkannt. Da die meisten - nicht alle - Sprachen ihre eigene Schrift und Phonetik haben, von links nach rechts geschrieben werden - auch nicht alle - wies der Rupien-Schein 15 darauf gedruckte Schriftarten auf. Renate bewahrte die Anleitung für die Anwendung des Mückenschutzmittels „Odomos" als Erinnerung auf, da sie in beinahe 20 Sprachen und Schriften verfasst war.

Beim Finale des Rennens zwischen Hindi und Englisch stellte sich später heraus, dass 1963 das Gesetz der Amtssprache berichtigt und

Englisch uneingeschränkt beibehalten wurde. Rückblickend muss man sagen, wenn Indien in den folgenden 30 Jahren Hindi als Amtssprache angenommen und Englisch umgehend abgeschafft oder sogar außer Acht gelassen hätte, dann wäre eine ganze Generation Inder um die Möglichkeit, eine führende Nation in Sachen Informationstechnologie, ganz abgesehen von der Fähigkeit, beinahe die Hälfte aller Firmen in Silicon Valley, Kalifornien, zu gründen und zu leiten, gebracht worden.

So war der Triumph der Demokratie, oder in anderen Worten die Macht des Volkes, gerechtfertigt.

Segen
Eines Morgens verkündete Leela, dass ihr Großvater gerne Renate kennenlernen würde. Es war eine formlose Einladung, aber mit Leelas gedämpfter Stimme klang es nach einer Vorladung. Renate aber war schon bei dem bloßen Gedanken an das Konzept eines „Großvaters" sehr aufgeregt. Sie hatte nie einen Opa gehabt.

Naveen hatte ihr oft von ihm erzählt: Mukund und er waren dankbar, einen Opa zu haben, denn der andere Großvater väterlicherseits war gestorben, als Naveen noch nicht einmal geboren war. Sie hatten auf dieser Seite der Familie zahlreiche Cousins, aber die meisten waren jünger als sie. Also mussten sie nicht um die Aufmerksamkeit des Großvaters wetteifern. Manchmal gingen sie in der Mittagspause oder bei ähnlichen Gelegenheiten von der Schule zum Haus der Großeltern und neben seiner Aufmerksamkeit, die der Großvater den Jungen zu teil werden ließ, brachte er ihnen bei, Bridge mit einem imaginären Gegner (Dummy) zu spielen. Er war ein ausgezeichneter Bridge-Spieler und verlor die Geduld, wenn die beiden sich nicht an alle Karten der vorherigen Stiche erinnern konnten - das war doch so einfach!

Erst später verstanden sie seine Erfolge. Großvater war der Divan (ein Premierminister oder Kanzler) des Maharadschas von Mysore und später in den 1940er Jahren diente er als Divan im Königreich Bharatpur im Norden des Landes. Für seine Dienste war er mit zwei Titeln belohnt worden: *„Rájamantrapraveena"* und *„Ráshtrasévaprasaktha"*, die man mit „Experte in Staatskünsten" und „erfahren im Dienste des Staates" übersetzen kann. Ungefähr 10 Jahre später, nachdem Indien unabhängig geworden war, hatte sein Schwiegersohn, Naveens Vater, eine ähnliche Laufbahn und zwar auch in ähnlichen Positionen als Chefsekretär (die neue Bezeichnung für Divan) des Maharadschas von Mysore und später für den Nizam von Hyderabad. Wie es zu dieser Zeit für Beamte üblich war, hatten Pflicht und Einsatz die höchste Priorität, private Interessen und Familienleben mussten immer hinten anstehen.

Im Dienst der indischen Könige bewegte Opa sich viel unter den Briten und war in der westlichen Mentalität bewandert. Es hat natürlich geholfen, dass er sein ganzes Leben lang ein begeisterter Geschichtsstudent gewesen war und er hatte die Vorgänge in Europa mit den beiden Weltkriegen genau verfolgt.

Im Privaten war er überaus religiös und fühlte sich sehr mit den Traditionen des Hinduismus verbunden. Neben seinen beruflichen Pflichten kümmerte er sich immer um die Familie, hatte zwei Brüder und drei Schwestern, die allesamt jünger als er und verheiratet waren und ihre eigenen Familien hatten, großgezogen. Nun sorgte er sich nach dem Tod von Naveens Vater auch um dessen Zukunft.

***

Das Haus mit dem Namen „Ananda" (bedeutet so viel wie Freude oder Glückseligkeit) war ein altes Haus, das von schweren Eisentoren, die mit bedrohlichen vertikalen Stacheln versehen waren, um Fremde abzuwehren, bewacht wurde. Die furchterregenden Stacheln waren eine Herausforderung für alle Kinder. Naveen hatte Renate erzählt, dass er als Kind, wenn die Erwachsenen nicht in Sichtweite waren, hinaufgeklettert war; Ziel war es, das Tor ungesehen und unverletzt zu überwinden.

Sie gingen auf die Veranda, wo Fremde und Nichtverwandte bewirtet wurden. Bis zu diesem Punkt war es erlaubt, Schuhe zu tragen. Nach der Veranda betrat Renate barfuß den Gang, wo sie Naveens Großmutter, eine umwerfend fröhliche Frau, antraf. Sie begrüßte Renate mit passablem Englisch und mit so außergewöhnlicher Wärme, als wäre Renate bereits ein Mitglied der Familie.

Renate wurde dann in einen großen Raum zu ihrer Rechten geführt. Sie betrat das Zimmer zusammen mit Leela. Opa, oder „Appa", wie die Familie ihn nannte, saß zurückgelehnt in einem Lehnstuhl und las ein Buch voller Eselsohren und Seiten, die schon sehr vergilbt waren. Er war ein schlanker Mann mit einem festen und scharfsinnigen Aussehen und ebensolcher Ausstrahlung. Er legte das Buch zur Seite und begrüßte Renate formell nach der indischen Tradition mit gefalteten Händen, dann bedeutete er allen, sich vor ihm hinzusetzen. Bei seinem gewinnenden Lächeln fühlte Renate, dass er damit mehr als ein normales Willkommen ausdrückte, etwas wie „So, da sind wir also. Ich habe dich schon erwartet." Da sein Auftreten aber in ihren Augen dem typischen Gebaren eines Orientalen entsprach, fühlte sie sich in diesem Moment nicht sonderlich wohl. Sie konnte nur traditionelle und konservative Ansichten von ihm erwarten. Außerdem gab es noch den Generationsunterschied, der überbrückt werden musste.

Zwei weitere Damen kamen dazu, wahrscheinlich Naveens Tanten. Renate fühlte sich von der vielen Gesellschaft überwältigt. Aber zu ihrer Erleichterung machte Appa, nachdem sie kurz geplaudert hatten, eine entsprechende Bemerkung zu Leela und den Tanten. Er erklärte Renate, dass er mit ihr unter vier Augen sprechen wollte. Die anderen drei Frauen standen langsam, zögernd, aber gehorchend auf und leisteten seinen Anforderungen Folge.

Renate war entgeistert: Fast genau zwei Jahre zuvor hatte ihre eigene Großmutter beschlossen, ein Tête-à-tête mit Naveen zu führen und Renate und ihre Mutter aus dem Wohnzimmer verbannt. So ein Zufall! Aber ihre Großmutter und Naveens Opa hatten sich nie getroffen.

Er machte eine Pause. Renate fragte sich, ob er nur nachdachte oder sichergehen wollte, dass alle außer Hörweite waren. Dann fragte er unumwunden: „Verstehen Sie mein Englisch?"

Das war das Bescheidenste, was sie je gehört hatte. Sein Englisch? Nun, das war eine Frage, die sie ihm eigentlich hatte stellen wollen. Er bemerkte ihre Verwirrung und sagte: „Ich meine, ist mein Englisch zu schwierig, um es zu verstehen? Können Sie mir folgen?" Er lächelte und stützte sich an den Lehnen ab, um aufzustehen: „Ich frage, weil ich Ihnen etwas sehr Wichtiges sagen werde ..."
„Ja, natürlich kann ich Sie verstehen", bekräftigte Renate.

Er entspannte sich. Dann stand er auf. Sein gebrechlicher Körper stand im Gegensatz zu seinem energetischen Gang, als er zum Bücherregal ging und das Buch, das er gelesen hatte, zurückstellte.

Er kam zurück, setzte sich jedoch nicht hin, und sprach einleitend über seine Lebensphilosophie. Er redete nicht um den heißen Brei herum, er wollte nur, dass sie ihn richtig verstand. Er sprach von der universellen Wahrheit und der Einheit aller Regionen. Er sprach nicht über die Unterschiede zwischen den Kulturen, sondern über die Einigkeit der Menschheit. Indirekt deutete er auf die Weltkriege hin und wieder und wieder spielte er auf die offensichtliche Wahrheit an, dass alle Menschen die gleichen Ansprüche, Ambitionen und Ängste haben.

Je länger er redete, umso weniger sah Renate in ihm einen nach Tradition lebenden Menschen der älteren Generation, der eine oberflächliche Toleranz gegenüber einer Fremden, einem wilden Kind, das in seinem Hinterhof aufgetaucht war, zeigte. Seine Herangehensweise machte ihr klar, dass er keine Vorbehalte gegen Menschen ihrer Herkunft hatte. Sein fester Glaube an Gott ließ es ihm natürlich erscheinen, dass er immer das Gute in den Menschen sah.

Großvater machte einen Schritt nach vorne, blieb plötzlich stehen und verstummte. Dann beugte er sich zu ihr vor und fragte: „Mit welcher Absicht sind Sie nach Indien gereist?"

Renate war überrascht. Plötzlich war sie am Zug. Was sollte sie sagen, wo beginnen? „Was ich meine", sprach er weiter, „meinen Sie es ernst mit Naveen?"

Wie verhext konnte Renate nur nicken. Er schien zufrieden mit ihrer sogar ohne Worte offenen und klaren Antwort. Zum ersten Mal bewegte sich sein Blick weg von ihr. Sie hörte ihn seufzen.
„Ich weiß, Sie sind ehrlich. Ich wünsche euch beiden nur das Beste."

Er setzte sich in den Sessel, faltete seine Hände und schloss die Augen zu einem stillen Gebet. Seine Augen versanken tief in den Höhlen. Es herrschte absolute Stille. Renate konnte nur ihren eigenen Herzschlag hören. Sekunden vergingen wie Minuten. Dann bewegte er sich und öffnete seine Augen. Er legte seine Hand auf ihren Kopf und sagte:
„Ihr habt meinen Segen, meine Liebe."

Zurück in die Zukunft
Als sie ihre Eindrücke von Indien zusammenfasste, versuchte Renate zu entnehmen und zu verstehen, was dieser Aufenthalt für sie bedeutet hatte. Wie immer war sie in solchen Momenten alleine, alleine mit ihren Gedanken, Gedanken, die sie fasste, und Gedanken, die sie verbarg.

Sie war nicht als Missionarin gekommen, um ihre Ansichten zu verbreiten oder andere zu beeindrucken oder zu beeinflussen. Ihre einzige Absicht war es, die Welt, in der Naveen aufgewachsen war, kennenzulernen.

Sie war ein völliger Neuankömmling; sie war beinahe eine Fremde. Aber all jene, die Renate traf, hatten keine vorgefasste Meinung, Erwartungen oder Vorurteile. Sie war mit offenen Armen und ohne jegliche Vorbehalte aufgenommen worden. Man hatte sie in die innersten Gemächer ihrer Kultur, Tradition und Lebensart geführt.

Renate konnte umgekehrt nicht sagen, inwieweit sie die Menschen, denen sie begegnet war, beeinflusst hatte. Es überraschte sie, welchen Einfluss das Land, die Leute und die Lebensart auf sie hatten. Ihr vorher kaum vorhandenes Wissen über Indien und ihr schlechtes Englisch, mit dem sie kaum längere Diskussionen auf höheren Ebenen bestreiten konnte, hatten ihr intuitives Verständnis nicht beeinträchtigt. Solche Erschwernisse wurden von der Geduld der Gastfamilie und den Wiederholungen der Sprechenden, die auf lange Vorträge und Monologe verzichteten, wieder wettgemacht; hie und da erhielt sie grundlegende Hinweise, die sie erfasste, verinnerlichte und bewahrte. Der nichtverbale Teil, also die physischen Ausdrucksmöglichkeiten und die Interaktion, die man eher fühlte als hörte, waren die Schmiermittel für eine glatte Kommunikation. Durch die Reise und dem Erfahren von allen Facetten des Lebens während ihres langen 6-wöchigen Aufenthaltes hatte sich Renates Persönlichkeit weiterentwickelt.

Es gab noch eine klare Einsicht, zu der sie kam. Trotz alle dem, was in einem nicht christlichen und nicht westlichen Land so anders ist, kommt unterm Strich Folgendes heraus: Oberflächlich gesehen mögen Menschen unterschiedlich sein, aber ihre Hoffnungen, Absichten, Nöte, Ängste und Bedürfnisse lassen sich überall auf der Welt auf denselben Nenner bringen. Diese so einfache und banale Wahrheit kann man nicht als offensichtlich hinstellen. Sie muss erst aus der persönlichen Erfahrung heraus entstehen.

Renate dachte an den Spruch, den Irene genannt hatte: „India - love it or leave it" - liebe oder verlasse es. Leider tat sie nun beides.

Nachdem sie sich angeschnallt hatte, machte sie es sich auf ihrem Sitz bequem und schloss die Augen. Nun konnte sie die Welt um

sich nur über Geräusche wahrnehmen. Die Musik, die vom Rhythmus der Tabla begleitet wurde, veranlasste sie, mit dem Denken aufzuhören und stattdessen zu fühlen, die Gedankengänge zu pausieren und mit dem Träumen zu beginnen. Plötzlich tauchte eine Erinnerung aus der Kindheit vor ihrem inneren Auge auf: der Gruß der Jungen Pioniere aus ihrer Jugend in Ostdeutschland vor beinahe zehn Jahren. Er enthielt eine Nachricht. Ihr Rücken versteifte sich, als sie sich erinnerte:
„Für Frieden und Völkerfreundschaft: Seid bereit!"
„Immer bereit!"

Nun kehrte sie von der Traumwelt zurück in die Realität, zurück in den deutschen Winter, zurück in die Zukunft. Sie hatte schon in jungen Jahren gelernt, wann sie laufen, wann sie standhaft sein und wann sie über Grenzen gehen musste. Jetzt aber fühlte sie, dass sie ihr Leben selbst in der Hand hatte, denn ihr Ziel war klar, und sie raste genau darauf zu.

Im Gegensatz zu den Suchenden aus dem Westen, die nach Indien reisten, hatte sie weder nach einer glorreichen geistigen Erleuchtung gesucht, noch war sie damit gesegnet worden: Ihre innere Reise hatte schon lange davor begonnen. Hier allerdings hatte sie an Fahrt aufgenommen.

Sie fühlte den Wind in ihren Segeln. Trotzdem brauchte sie keinen Kompass. Ja, sie war fast pleite und hatte keine Arbeit. Das war egal, sie würde dem Leben entgegentreten.
„Ich schaffe es", flüsterte sie. *Ich schaffe es.*

Kapitel VI

Schlangen und Leitern

Überraschung

„Du bist eine Optimistin!", schrie Naveen über den Verkehrslärm an der Station Bahnhof Zoo in Berlin zu Renate. Seine erhobene Stimme klang vorwurfsvoll. Beide standen an der Haltestelle und warteten auf den Bus. Ihrer, die Nummer 81 in Richtung Süden, würde als Erstes kommen, und Naveen musste für weitere zwanzig Minuten im Schnee warten, bis sein Bus mit der Nummer 69 in Richtung Norden kam.

Sie waren nicht alleine. Ein paar mehr Leute warteten auf den Bus, einige gingen auf und ab, andere schaukelten auf ihren Fersen hoch und runter und schwangen ihre Arme, teilweise aus Ungeduld, teilweise, um die Kälte zu vertreiben.

„Und du bist ein Pessimist!", schrie Renate zurück und blies dabei eine Dampfwolke aus. „Darum tust du mir auch leid."

Sie führten den Streit wegen ihrer Arbeit weiter. Nachdem sie aus Indien zurückgekehrt war, hatte Renate sich nicht genug angestrengt, eine neue Stelle zu finden. Sie schien immer noch unentschlossen, wie sie das anfangen sollte, und war immer noch zu stolz, zum Arbeitsamt zu gehen und um Arbeit zu bitten.

„Ich bin kein Pessimist", protestierte Naveen. „Ich glaube nur, dass man sich auf das Schlimmste vorbereiten muss."

„Das Schlimmste?" konterte Renate. „Ich bin arbeitslos. Was kann denn noch schlimmer sein?"

Sie traten einen Schritt zurück, als ihr Bus durch den vom Salz matschigen Schnee fuhr.

„Gut, du weißt am besten, was zu tun ist", gab Naveen nach, zog die Handschuhe aus und streichelte ihre Wange. Sie gab ihm einen Kuss und sprang in den Bus. Die Tür schloss sich.

***

Es vergingen zwei Tage. Eines Vormittags brachte der Postbote einen eingeschriebenen Brief für Renate. Der Brief trug das bekannte Abzeichen ihres vorherigen Arbeitgebers, der Firma MAN. Sie wurde neugierig. War dieses Schreiben nur eine Erinnerung, dass sie vom letzten Jahr noch offene Schulden hatte, oder nur ein Zertifikat vom Hauptsitz in München, der endlich bemerkt hatte, dass sie die Firma verlassen hatte? Sie öffnete den Umschlag und las:

„Sehr geehrtes Fräulein Behnke,

Wir bedauern Ihren Entschluss, die Firma nach langer, für uns wertvoller Anstellung verlassen zu haben. Wir verstehen, dass Ihnen unter diesen Umständen keine andere Möglichkeit geblieben ist. Wir hoffen, Sie hatten einen schönen Aufenthalt in Indien.

In der Zwischenzeit wurde Ihre Stelle aufgrund von Umstrukturierungsmaßnahmen in unserer Zweigstelle aufgewertet. Sie ist aller-

dings immer noch frei, da wir für diese Position noch keinen geeigneten Kandidaten gefunden haben.

Falls Sie noch verfügbar sind, würden wie uns freuen, wenn Sie noch daran interessiert wären, wieder in unsere Firma einzutreten und diese Stelle zu übernehmen. Sie können jederzeit mit mir in Kontakt treten.

Mit den besten Wünschen, auch von unserer Belegschaft,
Hochachtungsvoll
Eberhard Koch
Zweigstellenleiter,
MAN Berlin"

Wie gebannt las Renate den Brief immer und immer wieder. Dann zeigte sie ihn ihrer Mutter. Sie brauchte den ganzen Tag, um diese Neuigkeit zu verdauen und rief am nächsten Tag Herrn Koch an, um einen Termin auszumachen.

Da ihre ältere Kollegin, Frau Schmidt, eine Beförderung erhalten hatte und nun die Sekretärin des Chefs war, hatte man Renates vorherige Position tatsächlich umgestaltet und einige der früheren Aufgaben von Frau Schmidt fielen nun auch mit hinein. Renate wurde die neue Stelle zusammen mit einem höheren Gehalt und zum Eintritt ab 5. Februar angeboten. Sie musste nur noch unterschreiben und das tat sie auch.

Nun war es Zeit, Naveen die Neuigkeiten zu erzählen. Sie wollte es ihm ins Gesicht sagen, seine Reaktion sehen und den Sieg des Optimisten genießen. Renate rief ihn an und sie verabredeten sich für den nächsten Tag.

***

„Sei realistisch, verlange das Unmögliche."
Dieses Graffiti konnte man in Paris lesen, ein Symbol der vergangenen turbulenten und stürmischen Tage von 1968, die nicht nur Frankreich oder Europa erschütterten. In Frankreich hatten im März die Studentenstreiks mit solcher Gewalt begonnen, dass die Polizei im Mai die Universitäten Nanterre und Sorbonne in Paris abriegeln musste. Als es hart auf hart kam, griff der Aufstand (unter dem Namen soixante-huitaires bekannt) auf die Arbeiter in der Renault-Fabrik und anderen Herstellern in Paris und den Vorstädten über. Am 18. Mai streikten bereits 2 Millionen Arbeiter; am 20. 10 Millionen, also zwei Drittel der gesamten Arbeitskräfte in Frankreich.

Im März 1968 folgte der Vietnam-Demonstration am Grosvenor Square in London eine am Trafalgar Square. Eine Straßenschlacht mit der Polizei endete mit der Verhaftung von ca. 200 Personen. Infolge dieses Ereignisses gründete das Innenministerium eine Spezialeinheit namens Special Demonstration Squad oder SDS (alias „The 27 Club" nach dem Gründungsdatum), die innerhalb politischer Gruppen verdeckt agierte.

Ungefähr zur gleichen Zeit protestierten im April in den USA Studenten unter anderem gegen den Vietnamkrieg, besetzten die Universität von Columbia und brachten sie zum Stillstand. Ende August unterbrachen organisierte Jugendliche wie die Youth International Party („Yuppies") die nationale Konferenz der Demokraten in Chicago und lieferten sich eine Woche lang Kämpfe mit der Polizei und der Nationalgarde. Im gleichen Monat unterdrückten die Sowjets solche Aufstände in der Tschechoslowakei; sie marschierten mit Panzern in ihren Satellitenstaat ein und beendeten Alexander Dubchecks (Erster Sekretär der Kommunistischen Partei) Reformen, die auch als „Prager Frühling" bekannt sind.

In Deutschland ging es nicht besser zu. Die Wirtschaftsflaute von 1966 und der Widerstand gegen Vietnam waren nur zwei Faktoren, die für die Studentenproteste verantwortlich waren. Dann wurde der Student Benno Ohnesorg im Juni während einer von ihm organisierten Demonstration der sozialistischen Studentenvereinigung gegen den Schah von Iran, der Berlin besuchte, von der Polizei getötet. Rudi Dutschke, der aus Ostdeutschland stammte, führte die Studentenproteste an. Vom Philosophen Herbert Marcuse beeinflusst befürwortete die Studentenvereinigung die Theorie, dass ein städtischer Guerillakrieg gegen den Staat nötig war, um das System zu stürzen. Die Rote Armee Fraktion (RAF) von Andreas Baader und Ulrike Meinhof entstand aus dieser Ansicht.

Aus Sicht der Gesamtgesellschaft, die mit ihren Errungenschaften des Friedens und Wohlstandes aus dem Wirtschaftswunder zufrieden war, wurden diese Störungen nur von Flammenwerfern, störrischen Skandaljournalisten und anarchischen Aufwieglern, die vom Frieden verwöhnt waren, verursacht. Sogar Renate, die normalerweise große Sympathien für die Unterdrückten hegte, konnte nicht verstehen, worüber sie sich aufregten und warum die Studenten mit dieser Raserei ihre Zukunft zerstörten. Zu ihrer Erleichterung war Naveen reif genug, sich auf seine eigenen Ziele zu konzentrieren, welche ihm nicht die Zeit ließen, sich über die Mängel in der Gesellschaft den Kopf zu zerbrechen oder darüber, wie er die Welt verbessern könnte. Er hatte ihr das fest versichert und gesagt, dass er nach dem indischen Sprichwort „erst eine Lampe im eigenen Haus anzünden, dann erst daran denken, eine im Tempel anzuzünden" handelte. Er stellte sich den Vorgängen an den Berliner Universitäten gegenüber taub und kümmerte sich Tag und Nacht um seine Forschung.

***

Das Labor war in einem der Universitätsgebäude, die auf beiden Seiten einer breiten vierspurigen Straße, die nach dem Aufstand von 1953 im Osten benannt war, lagen. Die Tatsache, dass es kein Wohngebiet war, zog jene an, die ihre Geschäfte diskret abwickeln wollten. Der Straßenrand wurde von Prostituierten heimgesucht, die auf und ab flanierten, auf Kundschaft - hauptsächlich Lastwagenfahrer - warteten. Man sah zurechtgemachte und herausgeputzte Huren in High-Heels herumstolzieren, die potenziellen Freier umherkutschieren und das älteste Geschäft blühen und florieren.

Dieser exklusive Verein hatte Naveen und andere Fremde, die Spinner, die die Stiegen eines Gebäudes in ihren eigenen düsteren alchemistischen Bestrebungen hochliefen, mit uneingeschränkter Toleranz akzeptiert. Diese Gesellschaft war eine seltsame Mixtur, alle auf Du und Hi miteinander, eine Hi-Society: die Prostituierte, der Lastwagenfahrer und der freimütige Laborant.

Naveen musste praktisch alle vier Stunden in seinem Labor sein, um die laufenden Experimente, die ein beständig hohes Vakuum benötigten, zu überwachen. Unter der Woche, wenn sie auf einer Party waren, sogar in der Nacht schauten Renate und Naveen im Labor vorbei. Sie half, die Fläschchen mit flüssiger Luft, die bei -186°C blubberte, zu füllen. Es war, als ob man bei den Nachbarn, die auf Urlaub waren, die Pflanzen goss. Unter Grummeln und Seufzen, das die langen Pausen unterbrach, überprüfte Naveen die Werte und nahm mysteriöse Messungen vor. Aber das war Naveens

Welt. Nach der Mondlandung am 20. Juli diesen Jahres hatte er gemeint: „Wie ich die Astronauten beneide! Sie haben einen Ort erreicht, an dem genau das Vakuum herrscht, dass ich zu erreichen versuche und das ich Tag und Nacht in meinem Apparat verteidige." Er interessierte sich kaum für die Studentendemonstrationen in den Straßen, sondern nur für Atome - diese kleinen Gnome und Kobolde mit mehreren Armen und Beiden und ihrem ewigen Tanz.

1969 schloss Naveen seine experimentellen Studien ab und begann mit seiner schriftlichen Abschlussarbeit. Zwei Quellen unterstützten ihn in finanzieller Hinsicht. Eine davon war seine Arbeit als Leiter eines Studentenwohnheims für ungefähr 90 Studenten und Studentinnen. In diesem Wohnheim hatte er ein geräumiges Zimmer - allerdings nur zeitlich limitiert. Nach einmaliger Verlängerung musste am Ende des Jahres, in dem seine Hochzeit stattfand, kündigen und somit fand sein Einkommen als Leiter ein Ende. Die andere Quelle war die Finanzierung von seinem Forschungsprogramm der DFG, der Deutschen Forschungsgesellschaft. Diese Unterstützung würde mit Fertigstellung seiner Arbeit Ende Februar 1970 aufhören.

Er bekam bei der Prüfungskommission einen Termin im Juli 1970, um seine Arbeit zu verteidigen. Bis dahin plante er, von seinen Ersparnissen zu leben. Nach der Prüfung hatte er das Recht, sich für eine Stelle zu bewerben. Die Zukunft für das Paar war tatsächlich voller Hoffnungen und Erwartungen. Nur noch ein paar Monate …

Der Mensch beschließt
Als das Licht am Ende des Tunnels immer heller - sogar blendend, nach Sonnengläsern fordernd - wurde, fand Naveen, dass das der richtige Moment für den Vorschlag war, zu heiraten. Das war keine

Überraschung für Renate, es war schon „höchste Zeit" für eine Hochzeit!

Glücklich bot Erika an, die Kosten für die Feier zu übernehmen. Kurioserweise bestanden Naveens Mutter und Bruder, beide keine Anhänger des christlichen Glaubens, darauf, dass das Paar in einer Kirche heiratete. Für sie war es überaus wichtig, dass die Hochzeit, außer den obligatorischen Unterschriften am Standesamt, vor einem Altar und mit göttlichem Segen stattfand.

Renate hatte immer in einer Kirche heiraten wollen. Da Naveen aber kein Christ war, befürchtete Renate, dass dies ein großes Problem wäre. Sie schrieb einen Brief an Bischof Kurt Scharf, dem Bischof von Westberlin (von 1966 bis 1976). Sie erhielt prompt die Antwort, dass ihre lutherische Kirche keinerlei Einwände hatte, wenn sie einen Nichtchristen heiratete. Die Vereinigung konnte formell nach christlichen Traditionen in einer protestantischen Kirche abgehalten werden, die Heirat würde aber nicht in das Eheverzeichnis der Kirche eingetragen.

Vor diesem Ereignis wollte der Pfarrer das Paar treffen und über die Zeremonie sprechen. Renate nahm an, dass dieser Termin dazu diente, Naveens Wissen über das Christentum zu testen und dass danach eine Predigt folgen würde. Das Treffen stellte sich als lockere Zusammenkunft heraus. Der junge Pfarrer, der für Renates Gemeinde zuständig war, wollte nur den Bräutigam kennenlernen. Er erklärte Naveen den Ablauf der Hochzeit. Er fragte, ob Naveen aufgrund seiner Religion irgendwelche Einwände bezüglich des Rituals hatte. Naveen hatte nur eine Sache anzumerken.
„Ich bin ein bisschen verwirrt wegen des Satzes, den Sie nach der Einwilligung zur Ehe hinzufügen: ‚bis dass der Tod euch scheidet!'"

„Warum?", fragte der Pfarrer mit einem Kichern.
„Wollen Sie sich davor scheiden lassen?"
„Ganz im Gegenteil", antwortete Naveen.
„Ich finde es nicht richtig, dass der Tod als zeitliche Begrenzung gilt, denn ich glaube an ein Leben nach dem Tod, woher wissen wir Sterblichen also, wann eine Ehe wirklich zu Ende ist."
Der Pfarrer lächelte und setzte die Diskussion nicht weiter fort.

Die Hochzeit wurde für 1. August 1969 angesetzt. Gemäß der Tradition war am Abend davor der sogenannte Polterabend, an dem der Junggeselle und die Junggesellin sich von der Ehelosigkeit verabschieden und von Freunden und Kollegen unter Jubel zum nächsten Schritt im Leben getragen werden. Die Abschiedsfeier sollte bei Erika stattfinden.

Bevor man das Haus des Gastgebers betrat, wurde von den Gästen erwartet, dass sie gebrauchtes Geschirr am Eingang zerschlugen. Dieser Brauch sollte dem Paar Glück bringen. Daher hatte Naveen dicke Kartonschutzschilde an Muttis Haustüre befestigt und die Gäste kamen vergnügt mit gut sichtbaren Taschen voller Geschirr an. Zwei Stunden lang klirrte es, da die Gäste nacheinander in vereinbartem Abstand herbeiströmten, sich mit einem lauten Krachen ankündigten und über die Scherben traten. Es wurde eine der heißesten Nächte, auf die einer der heißesten Tage des Jahres folgte. Naveen verbrachte die meisten der Anfangsstunden des Abends mit Schwitzen und Kehren, während Renate, ihr Bruder half ihr, der jungen Meute Erfrischungen und Imbisse anbot. Nach der Feier erlaubte Mutter Erika Naveen in dieser Nacht nicht mehr, zu seiner Wohnung, die etwa eine Stunde entfernt in der nordwestlichen Ecke des französischen Sektors lag, zurückzukehren. Sie befürchtete wirklich, dass er verschlafen und nicht rechtzeitig zur

Hochzeit kommen würde. Er wurde „eingesperrt" und rechtzeitig geweckt.

Die verpflichtende Unterzeichnung am Standesamt war einfach und kurz, danach folgte die Zeremonie in der Kirche. Die Hochzeitsgäste hatten sich am Parkplatz vor der Kirche versammelt. Tante Lilo und ihre Familie war aus Bayern angereist. Nur Cousin Klaus hatte es nicht geschafft. Naveens Cousin Chandrasekhar, der in Deutschland wohnte, war mit seiner Frau Angelika gekommen. Erika, Dieter und das Brautpaar waren die Gastgeber. Ein silbergrauer Mercedes, der um die Kurve raste und mit quietschenden Bremsen zu einem ruckartigen Halt kam, schreckte die Gäste auf. Renate fragte sich, welcher schnelle und elegante junge Mann nun mit baumelnden Schlüsseln an der Hand herausspringen würde. Ein sehr großer älterer Mann mit weißem Bart kam zum Vorschein, knallte die Tür zu und lief auf die andere Seite des Wagens. Naveen flüsterte Renate zu, dass dies sein Professor wäre. Sie sahen, wie er galant für seine Frau, die ein elegantes cremefarbenes Kleid trug, die Tür öffnete. Der Professor war mit seinem weißen Bart und dem dunklen dreiteiligen Anzug von der alten Garde, der klassische Wissenschaftler und Industrielle. Er hatte Mitleid mit diesem jungen Studenten, der seinen Vater verloren hatte. Bereitwillig hatte er die Einladung angenommen und war mit seiner Frau gekommen, um Naveens Eltern zu vertreten. Die Hochzeitsgesellschaft bestand nun insgesamt aus 13 - ja, 13! - Personen.

Es war ein heißer Tag. Sogar in der Kirche stand die Luft. Später bemerkte Naveen:
„Kein Wunder, wenn ein Inder heiratet, muss das Wetter sich anpassen", und machte Renate ein Kompliment:

„Jedenfalls waren deine Wangen die ganze Zeit rot wie Äpfel. War das die Aufregung oder die Hitze?"
Beim Altar hielt sich der Pfarrer an seine Routine. Als es zum entscheidenden „Ja"-Wort des Paares kam, stellte er der Braut die übliche Frage, die mit „bis dass der Tod euch scheidet" endete. Dann wandte er sich an den Bräutigam, fragte auch ihn, ließ aber die letzten Worte wie abgesprochen aus. Das Ergebnis: Eines Tages würde Renate frei sein, Naveen aber nicht!

Nachdem sie die Kirche verlassen hatten, wartete eine Überraschung auf die „frisch Vermählten". Mutti hatte einen über und über mit Blumen geschmückten Mercedes-Benz organisiert. Renate und Naveen setzten sich hinein und wurden zur Feierlichkeit in Mutters Haus gefahren. Das Fest dauerte vom Mittagessen bis spät in die Nacht. Die Hochzeitsnacht verbrachte das Paar in einem nahe gelegenen Hotel, das Mutti gebucht hatte.

***

Renate und Naveen hatten Flitterwochen geplant. Romantische Mondnächte hatten allerdings nach der Mondladung nur zehn Tage vorher, am 21. Juli, ihren Reiz eingebüßt. Die NASA hätte es so einrichten können, dass ein frisch getrautes Astronautenpaar, der Angelegenheit angemessen in festlichem Astronautenaufzug gekleidet, die Ersten waren, die den Mond betraten. Sie hätten Adam und Eva der neuen Welt symbolisiert.

Am Tag nach der Hochzeit flogen sie von Berlin über Wien nach Athen, Griechenland. Es war August und dort herrschten recht hohe Temperaturen, aber sie konnten es gut aushalten. Nach einem Ausflug auf den Peloponnes blieben sie ein paar Tage lang in Athen und kehrten dann zurück. Allgemeine Eindrücke und Gedanken über die antike Kultur und der Einfluss des mediterranen Essens und des Wetters taten ihrem Ausblick auf die Zukunft wohl. Bezüglich der politischen Lage in Griechenland hatte es nur zwei Jahre zuvor, am 21. April 1967, einen Putsch gegeben, bei dem die Militärjunta die demokratische Regierung ersetzt hatte. Nationalismus war stark aufgeflammt und viele zeigten eine lange Nase in Richtung Resteuropa und schwangen Banner mit den Worten „Griechenland gehört den Griechen". Als Touristen hörten Renate und Naveen weder vom Leiden der von Diktatur unterdrückten Bevölkerung noch von Beschwerden der Bürger, die sie trafen. Vielleicht hätte ein Enthüllungsjournalist die nackten Tatsachen und die Vorgänge im Hintergrund beobachtet.

Bei ihrer Rückkehr erwartete sie eine angenehme Überraschung. Sekhar, Naveens Schwager und Renates Gastgeber in Bangalore, war gerade in Dänemark und würde einen Tag in einem Hotel in Berlin verbringen. Das war eine ausgezeichnete Chance für Renate, ihm ihre Umgebung zu zeigen. Erika hatte ihn zum Kaffee eingeladen.
Bevor er zu ihr nach Hause kam, wollte Sekhar noch das berühmteste Kaufhaus Berlins, das KaDeWe, sehen. Naveen begleitete ihn und sein Gast war hingerissen von den Artikeln und dem Service, die hier geboten wurden.
„Ich schätze, wir müssen uns beeilen", drängte Naveen. „Wir werden zum Kaffee erwartet."
„Immer mit der Ruhe, Bruder. Wir haben Zeit."
„Nein. Wir brauchen mindestens eine Stunde dort hin. Wie du weißt, sollten wir um 16 Uhr, also um 4 Uhr nachmittags dort sein."
„Sechzehn Uhr!", kicherte Sekhar. „Himmel, das ist aber eine genaue Angabe. Davon habe ich gehört, die Preußen lieben Pünktlichkeit, nicht wahr?"

Als sie bei Erika ankamen, setzten sie sich auf die Sofas im Wohnzimmer. Erika hatte die Gäste, nach einer hilflosen Konversation auf Englisch und Deutsch, kurz begrüßt. Renate sprang zwischen Küche und Wohnzimmer umher, immer darauf bedacht, den Gast zufriedenstellen und die Gastgeberin nicht zu verwirren. Schlussendlich stand Erika mit einem Tablett in der Tür zum Wohnzimmer. Die Kaffeekanne und die Tassen standen darauf. Die große Standuhr schlug 4.

„Naveen." Sekhar flüsterte ihm mit einem Lächeln zu. „16 Uhr!"

***

Naveen blieb im Wohnheim, dadurch konnte er noch als Leiter fungieren und Geld verdienen. Renate lebte bei ihrer Mutter. Deshalb trafen sie sich ein oder zwei Mal die Woche, als ob sie noch miteinander gehen würden, beide fuhren gepflegt und gut gekleidet stundenlang mit dem Bus quer durch Berlin, um den Ehepartner zu treffen, wie bei einer richtigen Verabredung. Manchmal blieben sie bei Erika und schauten zusammen die Fußball-Weltmeisterschaft, die in Mexiko ausgetragen wurde. Das Ganze war sehr mühselig. Aber aus verschiedensten Gründen hatte es keinen Sinn, sich zu diesem Zeitpunkt eine Wohnung zu suchen. Es war für ein frisch vermähltes Paar extrem schwer, in Berlin eine bezahlbare Mietwohnung zu finden. Außerdem konnte Naveen nur ein regelmäßiges Einkommen haben, wenn er Arbeit fand. Berlin war nicht der beste Ort für chemische Industrie. Da Wohnungen meist unmöbliert waren, würde ein eigenes Heim auch bedeuten, dass sie die Einrichtung bezahlen müssten, nur um die Möbel beim Umzug wieder loszuwerden.

Obwohl sie gerade geheiratet hatten, lebten sie getrennt. Vielleicht festigte diese freiwillige Trennung ihren ehelichen Bund.

... aber Gott entscheidet
Die wahre Prüfung lag noch vor ihnen.

Zwei Monate vor ihren Jahrestag fühlte Renate sich krank. Erst schien es nur eine Infektion zu sein, obwohl das für Mitte Sommer recht ungewöhnlich war. Erika rief ihren Arzt. Nachdem er sich wochenlang zu Hause um Renate gekümmert hatte, musste er aufgeben. Er befürchtete, dass sie eine doppelseitige Lungenentzündung oder sogar Schlimmeres hatte, und schlug vor, Renate ins Krankenhaus bringen zu lassen und rief einen Krankenwagen. Der Wagen und zwei kräftige junge Männer, die schnell, aber leise waren und eine beruhigende Routine ausstrahlten, waren innerhalb von Minuten da. Renate wurde auf einer Trage die zwei Stiegen hinuntergetragen und in den Wagen verfrachtet; Naveen sprang hinein, klammerte sich an die medizinischen Befunde, die der Doktor hiergelassen hatte. Er hockte neben der Patientin auf der Trage im fensterlosen hinteren Teil des Wagens und hatte so keine Ahnung, wohin sie fuhren, dafür aber den Trost, dass es an einen Ort ging, wo Renate richtige medizinische Hilfe erhalten würde.

Daraufhin folgte eine Odyssee, der Krankenwagen fuhr in ganz Berlin herum, die Sanitäter klopften an die Tür eines Krankenhauses nach dem anderen, und bei jedem wurde ihnen der Zutritt verwehrt. Nach einem dieser Zwischenstopps öffnete einer der Männer das kleine Fenster hinter sich und erklärte Naveen, was vor sich ging:

„Es ist seltsam", sagte er mit unverhohlenem Missfallen. „So etwas ist uns noch nie passiert. Obwohl mit den Formalitäten alles in Ordnung ist, lassen die Krankenhäuser uns nicht hinein und schicken uns weiter. Sie sagen, dass sie sich nicht um solche Fälle kümmern."

Naveen tat die Mutter leid, die zu Hause geblieben war und nicht wusste, was passierte. Er hätte die Männer darum bitten sollen, kurz bei einer Telefonzelle anzuhalten. Aber was würde er ihr sagen? Dass sie immer noch auf der Suche nach einem Krankenhaus waren?

Nach mehreren weiteren Zurückweisungen fanden sie letztendlich ein Krankhaus weit im Süden, eine Klinik für Lungenkrankheiten. Wer auch immer dieses Mal die Papiere überprüfte, schien keine Einwände gegen eine Aufnahme zu haben. Sie fuhren zum Hintereingang für Notfallsaufnahmen der Patienten. Der Wagen hielt an. Naveen hörte das Ächzen und Scheppern eines Metalltores, bevor es geöffnet wurde. Ein Sanitäter schwang die Hintertür des Wagens auf. Naveen bemerkte, dass es bereits spät sein musste, denn es wurde trotz der sommerlichen Jahreszeit finster.

Nachdem er auf wackeligen Beinen ausgestiegen war, folgte er den Männern und seiner Frau auf der Trage in Richtung des Eingangs. Er sah eine kräftige Krankenschwester mittleren Alters mit den Papieren in der Hand an der Schwelle stehen. Als sie sich ihr näherten, sah er ein mitfühlendes Gesicht, das sich ein ganzes Leben lang um Kranke und Hilflose gekümmert hatte. Als Renate an ihr vorbei getragen wurde, blickte die Krankenschwester hinunter auf die Trage, um die blasse und abgezehrte Patientin zu betrachten und rief aus:

„Oh wie schrecklich, so ein liebes Mädel. Verdacht auf Tuberkulose!"

Naveens Herz sank, als er diese Bemerkung hörte, die wie ein endgültiges Urteil klang.

***

Renates Zustand und die Aussicht, dass sie eine lange Zeit im Krankenhaus bleiben musste, brachten Naveens Pläne durcheinander. Verwirrt und nicht in der Lage, sich auf die letzte akademische Hürde zu konzentrieren, entschloss er sich für eine Stelle irgendwo in Deutschland zu bewerben und Geld zu verdienen, um zu überleben und seine Frau zu unterstützen. Er beriet sich mit seinem Professor und erklärte ihm seine Situation.

Der Professor war eine angesehene Persönlichkeit mit vielen Jahren Erfahrung in der chemischen Industrie, die bis zu den Tagen vor dem Krieg zurückreichte. Er war persönlich bei der Erfindung beteiligt gewesen, die zur Herstellung von Öl aus Kohle für die landesweite Seeblockade während des Kriegs geführt hatte. Jetzt war er Leiter des universitären Institutes. Er bemühte sich hauptsächlich darum, dass seine Studenten eine Karriere in der Industrie und nicht an der Universität anstrebten, daher war er auch darauf bedacht, sie von ihren bequemen Studentengewohnheiten abzubringen. Aufmachung und Benehmen mussten sich mit den Erwartungen an seriöse industrielle Wissenschaftler decken.

Als Naveen durch die Doppeltür zum Büro des Professors schritt, fühlte er sich an seine mündliche Abschlussprüfung erinnert, die er hier absolviert hatte. Das Öffnen der Tür war für ihn so gewesen, als ob sich ein Vorhang heben würde und ihm gesagt wurde „jetzt hängt es von dir ab." Der Professor stand gedankenverloren am Fenster. Als sich die Tür öffnete, drehte er sich auf den Fersen herum und war in ein paar Schritten durch den Raum bei Naveen an der Tür. Beide setzten sich. Der Professor ragte hinter seinem Tisch empor, eine Figur, die niemand in einem Kino vor sich sitzen haben möchte. Nachdem Naveen einen schnellen Überblick über seine Forschung gegeben hatte, erzählte er von seiner privaten Zwickmühle. Der Professor zündete sich eine Zigarette seiner Lieblingsmarke, die filterlosen Player's Please, an. Die ganze Zeit starrte er Naveen zornig an.

„Junger Mann, was meinen Sie damit, Sie wollen Ihre Abschlussprüfung verschieben?" Sein finsterer Blick und seine Tonlage machten klar, was er davon hielt. Er musste nicht wirklich eine Erklärung abgeben, tat es aber sicherheitshalber dennoch.
„Ich habe einige Forscher gekannt, die ihre Abschlussarbeiten eingereicht und dann eine Stelle gefunden haben. Sie sind nie zurückgekommen, um zu beenden, was sie begonnen hatten. Wenn man einmal ein Einkommen und eine Familie hat, verschwindet der akademische Ehrgeiz. Ich kann Ihren Weg definitiv nicht gut heißen. Ich bestehe darauf, dass Sie Ihr Doktorat beenden und dann tun, was immer Sie möchten." Nach einer Pause, um seine Gedanken einsinken zu lassen, fügte tadelnd hinzu: „Wie auch immer, im Moment werde ich Sie an keinen zukünftigen Arbeitgeber empfehlen. Zählen Sie dabei nicht auf mich."

Renate war der einzige Mensch, der Naveens Zwickmühle verstand. Bei einem seiner Besuche im Krankenhaus sagte sie:
„Ich bestehe darauf, dass du deine Abschlussprüfung auf irgendwann im nächsten Semester verschiebst."
„Damit ziehe ich den Unwillen des Professors auf mich. Es ist wirklich schwer, ohne anständige Empfehlung eine Arbeit zu bekommen."
„Mach dir nichts draus. Vertrau mir. Es ist wichtiger für dich, deine akademische Karriere mit Auszeichnung abzuschließen, das wird dir dein ganzes Leben lang helfen. Das wird dir auf lange Sicht hin helfen. Such eine Arbeit und vertrau auf dein Glück."

Er begann, sich für Stellen nur mithilfe seines Diploms zu bewerben. Damals war es für gewöhnlich so, dass Arbeitgeber, vor allem in der Regierung und der Industrie, davor zurückschreckten, einen Ausländer anzustellen. Normalerweise bekamen in seinem Fachgebiet nur Personen mit einem Doktortitel eine Anstellung, das galt besonders für die Industrie. Außerdem war eine Person ohne Empfehlung suspekt. Glücklicherweise hatte er einige Vorstellungsgespräche in Westdeutschland. Naveen entschied sich für eine Firma der chemischen Industrie mit dem Namen Chemische Werke Hüls (CWH) in Marl, einem Ort nahe von Düsseldorf in Westdeutschland. Es war ein führendes deutsches Unternehmen auf dem Gebiet von Plastik und anderen Chemikalien. Dort waren bereits einige ehemalige Studenten seines Professors aus Berlin angestellt. Naveen begann sein Arbeitsleben am 1. August, an seinem ersten Hochzeitstag.

Renate war noch immer in der Klinik und Naveen fuhr in Richtung der Kleinstadt Marl in Nordrhein-Westfalen, um dort in der Firma zu arbeiten. Das Unternehmen konnte darauf zählen, dass er in näherer Zukunft seinen Doktortitel sichern würde. CWH bot ihm auch an, für den monatlichen Flug nach Berlin zu zahlen, um seine Frau zu sehen. Da er kein Fahrzeug hatte, mit dem er zur Arbeit pendeln konnte, bezog Naveen ein Zimmer in einem kleinen Hotel, das 20 Gehminuten vom Arbeitsplatz entfernt war. Nach der Arbeit verbrachte er die Abende damit, dass er sich für die Prüfung im November vorbereitete. Seine einzige Ablenkung bestand aus einer kleinen Kneipe im Erdgeschoss. Aus seiner Zeit als Student war er es gewöhnt, innerhalb kurzer Zeit viele Leute kennenzulernen, daher war er neugierig, den Haufen aus Marl, die Westfalen, zu treffen. Aber die Typen, mit denen er zusammenkam, waren meistens Mechaniker und Bauarbeiter aus verschiedenen anderen Orten, die im Hotel untergebracht waren, während der Woche hier arbeiteten und darauf warteten, an den Wochenenden nach Hause zurückzukehren. Naveen teilte deren Schicksal, trank die eine oder andere Cola mit ihnen und bildete sich ein, dass er sich nicht von ihnen unterschied, nur eine weitere heimatlose Seele war, die hier rumhing. Nach einer Gesprächspause lief er wieder die Stiegen hoch zu seinen Büchern.

***

Die Stadt Marl liegt im Ruhrgebiet. Diese Region, die von der Kohle-, Stahl- und Chemieindustrie und einer Bevölkerung von sieben Millionen Menschen geprägt wird, ist das größte industrielle und städtische Gebiet in Nordrhein-Westfalen. Der Rhein fließt im Süden, seine Zuflüsse Lippe im Norden und die Ruhr im Süden. Die größten Städte der Region sind Düsseldorf, Dortmund, Essen und Duisburg. Da die Städte eng aneinander liegen, kann man das gesamte Gebiet als eine einzige Riesenstadt bezeichnen.

Während der Weltkriege wurde die Region mit Herstellern wie Thyssen in Duisburg, Krupp in Essen und Hoesch in Dortmund unverzichtbar für die Kriegsmaschinerie. Nach dem Ersten Weltkrieg besetzten die Franzosen das Gebiet. Während des Zweiten Weltkriegs wurden 30% der Industrie zerstört.

Viele Städte in Deutschland sind, gemessen an jeglichem Standard, antik. Sie sind, von den Römern gegründet, über zweitausend Jahre alt: Städte wie Aachen, Augsburg, Köln, Koblenz, Trier und sogar die Kleinstadt Haltern am See, eine Nachbarstadt von Marl, die den Römern als Außenposten gedient hatte, da sie an der Grenze („*limes*" auf Latein) zwischen *Gallia* im Römischen Reich und *Magna Germania* (dem Land der Germanen) lag.

Im Gegensatz dazu wurde Marl erst 1936 aus einer Ansammlung an benachbarten Siedlungen als Stadt gegründet. Die chemische Industrie machte die Stadt optimistisch und sie platzte fast vor Selbstvertrauen. Das war im Einklang mit dem allgemeinen Trend in ganz Nordrhein-Westfalen, das zu dieser Zeit mit dem Ruhrgebiet in seiner Mitte als am meisten industrialisierte Region führend in Westdeutschland war.

Naveen traf in Marl eine Gesellschaft, die ganz anders war als die in Berlin, in der es viele soziale Schichten und verschiedenste Ausländer, von Diplomaten und Geschäftsleuten bis hin zu Studenten, gab. Tatsächlich lud der Regierende Bürgermeister von Berlin jedes Jahr ausländische Personen zu sich zum Tee ein. Willy Brandt hatte diese Tradition begründet, die von seinen Nachfolgern bis zu Klaus Schütz fortgeführt wurde. Naveen hatte die Ehre, als Repräsentant des Indischen Kulturvereins eingeladen worden zu sein.

Die Gesellschaft in Marl bestand aus zwei Parteien, einerseits die Akademiker, alles Leute von außerhalb, von weit entfernten Universitätsstädten, und andererseits die lokale Bevölkerung, die Bauern, Ladenbesitzer, Minenarbeiter und Arbeiter anderer Bergbauunternehmen und der Chemiewirtschaft waren. Der Ausländeranteil bestand aus einigen wenigen Hilfsarbeitern.

All dies kümmerte Naveen kaum, denn er war stolz darauf, in dieser fortschrittlichen Region Arbeit gefunden zu haben und noch dazu in einer schönen neuen Chemiefabrik, die erst 1938 gegründet worden und bei verschiedensten Produkten, darunter Plastik wie PVC, marktführend war. Tagsüber war er in seine Arbeit vertieft und die Abende waren mit Lernen für seine Prüfung ausgefüllt. Nun, da aus dem eingemauerten und eingekerkerten Berlin heraus war, konnte er die Freiheit, die ihm dieser Ort bot, nutzen, eine Freiheit, die überall anders als selbstverständlich wahrgenommen wurde, von der man in Berlin aber nur träumen konnte. Er hätte überall hin in Deutschland fahren können, in jede Richtung Kilometer um Kilometer reisen und das zu jeder Geschwindigkeit auf der staatlichen Autobahn, ohne von Grenzbeamten aufgehalten zu werden. Wenn er doch nur ein Auto hätte!

***

Im November durfte Renate das Krankenhaus verlassen. Zum Glück lautete die Diagnose nicht auf Tuberkulose, sondern auf doppelseitige Lungenentzündung. Trotzdem hatte die Behandlung Spuren an ihrer Leber hinterlassen und Renate war immer noch blass und dürr und musste sich erst vollständig erholen.

Zu dieser Zeit stand Naveen auch vor der Prüfungskommission. Ein erwartungsvolles Begrüßungskomitee bestehend aus seinen Kollegen hatte sich außerhalb der Räumlichkeiten versammelt und wartete auf die Verkündung des Ergebnisses.

Sie hatten einen Festzug geplant, bei dem der Kandidat von seinen Freunden auf den öffentlichen Straßen getragen wird. Um ihn zu tragen, hatten sie eine fensterlose, einem Sarg ähnliche schwarze Kiste auf einen Schubkarren gebaut. Als er nach ungefähr drei Stunden zermürbender Befragung, froh über das ausgezeichnete Ergebnis, aber immer noch benommen, die Stufen hinunterstieg, wurde er unter Jubel begrüßt, bekam den eigens angefertigten Doktorhut auf den Kopf geknallt und wurde dann sofort in die Kiste gestoßen. Und los ging es, alle jubelnden Feiernden sangen mit krächzenden und kratzenden Stimmen traditionelle Studentenlieder und trugen ihren siegreichen neuen Herrn Doktor.

Verloren in der Menge hatte Renate nicht die leiseste Chance, ihm zu gratulieren. Sie folgte auf immer noch wackeligen Knien dem Mob den ganzen Weg über die Straße und dem Campus und die Stiegen zum Festsaal hinauf. Als sie ankamen und Naveen aus seiner dunklen Einsamkeit entließen, schaute er sich um und wartete, dass sich seine Augen an den hellen Saal gewöhnten. Er sprang vom Schubkarren, ohne seinen neuen Hut zu verlieren, denn er musste das Fass Bier mit einem riesigen Holzhammer feierlich anstechen und den Professoren und Kameraden, die ihm eifrig ihre Becher entgegenhielten, Bier servieren. Da das Bier nun in Strömen floss und ihm die Schau stahl, hatte Renate endlich die Chance, Naveen zu gratulieren.

***

Wieder in Marl kaufte er sich, trunken vom Erfolg und der Wende zum Guten, ein Auto. Es war ein roter, zweitüriger Ford vom Modell 12M aus zweiter Hand, aber es war sein allererstes Auto überhaupt. Nachdem er über 10 Jahre lang auf den Straßen von Berlin gegangen war, freute er sich darauf, seine neue Bewegungsfreiheit in Marl zu genießen. Obwohl seine Papiere in Ordnung waren, auch sein fünf Jahre alter international gültiger Führerschein, brauchte er ein weiteres Dokument, nämlich die Fahrerlaubnis, ein Auto auf Straßen in Deutschland zu lenken.

Für diese Formalität brauchten die örtlichen Beamten seine Anmeldung als Einwohner von Marl. Sie verlangten, dass er seinen Wohnsitz von Berlin nach Marl verlegte; nur dann würde er die Erlaubnis erhalten. Auf Anfrage hin warnten die Berliner Behörden ihn, dass das unmöglich war, denn ein Ausländer konnte ein Hotel, in dem er lebte, nicht als Wohnsitz anmelden. Die Rangelei zwischen diesen beiden Instanzen zog sich über mehrere Wochen hin bis Marl nachgab - oder aufgab. Offensichtlich war es für die betreffenden Beamten neu, sich um die Belange eines Ausländers zu kümmern. Zu guter Letzt konnte Naveen endlich seine erste Fahrt in seinem eigenen Auto genießen.

Dieses erste Geplänkel mit den örtlichen Behörden öffnete ihm die Augen zur Realität. Er hatte seinen Fuß auf neues Land gesetzt, auf *Terra Incognita*.

Renate war nun endlich wieder soweit auf den Beinen, dass sie Reisen unternehmen durfte. Sie war neugierig, wo Naveen nun wohnte, und flog von Berlin nach Düsseldorf. Naveen holte sie stolz mit ihrem allererstem Auto ab. Tapfer lenkte er für eine Stunde das Fahrzeug auf der Autobahn, ohne ihr zu verraten, dass es rostete und ein großes Loch unter seinen Füßen war. Das war ein Moment des Triumphes für ihn und nicht einer, in dem er auf die Fehler des neuen Familienmitglieds hinwies.

Er hatte Arbeit, seinen Doktortitel und Renate ging es immer besser, also meinte Naveen, dass es nun an der Zeit war, seine Zukunft zu planen. Es war Zeit, ein Zuhause einzurichten. Endlich konnte das Paar auf eine stabile finanzielle Situation zählen und daran denken, nicht nur davon träumen, ein eigenes Heim zu finden und eine Familie zu gründen.

Aber es gab gemischte Gefühle, wenn es darum ging, Erika allein in Berlin zurückzulassen.

Renate fühlte sich schlecht.
„Für mich beginnt ein neues Kapitel in meinem Leben", dachte sie laut.
„Aber wie steht es um Mutti?"

Naveens Trost, dass sie ihre Mutter nicht im Stich ließ, war keine Hilfe.
„Als ich jung war, floh ich aus Apolda und ließ Mutti alleine. Aber ich begann mein Leben ohne die Einschränkungen des Staates. Trotzdem, ich habe keine Freundschaften oder Beziehungen abgeschnitten. Ich dachte, ich kann immer zurückkommen und sie besuchen."

„Das ist jetzt auch der Fall", meinte Naveen. „Es sind nur sechs bis acht Stunden Fahrzeit nach Berlin durch die DDR und die trauen sich nicht mehr, Westberlin abzuriegeln."
Renate dachte darüber nach und biss auf ihrer Lippe herum.
„Aber trotzdem", setzte sie wieder an.
„Jetzt bin ich älter und kann mir vorstellen, wie sich Mutti fühlt. Ihre Tochter gehen zu lassen, dieses Mal für immer. Ich habe wirklich einen Kloß im Hals."

Renate konnte nur erraten, wie es Erika ging. Sie hatte die Kinder großgezogen und nun verließ sie eines nach dem anderen, um für sich selbst zu sorgen. Das war tatsächlich ihr hauptsächliches Anliegen bei all der Mühe; aber schaffte es ihre emotionale Welt, sich der Realität anzupassen?

„Sie es mal so, Renate", sagte Erika. „Ihr habt nach eurer Hochzeit nicht zusammengelebt, jetzt ist es Zeit, dass ihr in euer erstes Zuhause zieht. Da Naveen nun eine gute Stelle hat und du wieder gesund wirst, warten goldene Zeiten auf euch. Ihr findet sicher einen herrlichen Platz zum Leben."

„Vielleicht war das ein erster Test, den wir haben überstehen müssen", fügte Naveen hinzu und meinte damit die Tortur, die Renate über sich ergehen lassen musste.

„So oder so, wir sollten nach vorne schauen."
„Nur, dass ich dich hier zurücklassen muss, Mutti", sagte Renate.
„Mach dir darum keine Gedanken", sagte Erika. Da war ein fast unhörbarer Seufzer in diesen Worten. „Dein Leben hat gerade begonnen. Naveen und du könnt euch überall auf der Welt niederlassen. Schließlich seid ihr doch *Weltenbummler*."

Renate bemerkte, wie Erika ihren Kopf abwandte, die Augen senkte, ein Reflex, um die wahren Gefühle zu verbergen. Sie konnte fühlen, wie traurig Erika war, nun auch ihrer Tochter Lebewohl sagen zu müssen, nachdem sie schon Jahre zuvor ihren Sohn nach Bayern verabschiedet hatte. Zum ersten Mal in ihrem Leben würde Erika nun alleine leben.

Wie um das Gespräch zu beenden, ging Erika in den Flur, um andere Schuhe anzuziehen. Dann sagte sie, dass sie ihrer Nachbarin Frau Korth versprochen hatte, die Blumen am Grab im nahe gelegenen Friedhof zu gießen. Sie zog Mantel und Hut an und ging.

***

Von der großstädtischen Atmosphäre Berlins in eine Kleinstadt wie Marl zu ziehen, wäre zu viel für Renate gewesen. Naveen fügte sich ihrem Widerwillen und wählte die nächste größere Stadt, die etwa 12 Kilometer entfernt war, nämlich Recklinghausen. Mit über 100 000 Einwohnern und einem Gründungsdatum im 11. Jahrhundert (erstmals 1017 unter dem Namen *Ricoldinchuson* genannt) war die antike Stadt mit all den romantischen schmalen Gassen und Durchgängen gesegnet, die für europäische Städte so typisch sind. Naveen konnte ein neu gebautes Appartement in der Wohngegend Quellberg, die sich immer noch in Bau befand, mieten.

Der Umzug von Berlin nach Recklinghausen bedeutete, dass sie durch Ostdeutschland mussten. Naveen und Renate besaßen weder Möbel noch Fernseh-, Küchen- oder Elektrogeräte, nur ihre Hochzeitsgeschenke, Kleidung, Schuhe und Bücher. Aber die DDR winkte die beiden nicht einfach über die Grenze, nur weil sie 2 Personen waren, wenig besaßen. Renate musste eine Liste aller Bücher machen, die an der Grenze beim Verlassen von Westberlin vorgelegt wurde. Anstößige, also aus politischen oder anderen Gründen in Ostdeutschland verbotene Literatur wäre konfisziert worden. Obwohl alle Sachen auf einem Umzugswagen, der versiegelt war und erst bei Verlassen ostdeutschen Territoriums und Betreten der Bundesrepublik geöffnet werden durfte, geladen waren, musste Renate die Scherereien der Prüfung und Genehmigung der Liste über sich ergehen lassen. Aus dem guten alten Berlin hinauszukommen schien nun wie eine Entlassung aus einem Gefängnis.

Außenseiter
An einem ihrer ersten gemeinsamen Sonntage in Marl schlug Naveen vor, auszugehen und in einem chinesischen Restaurant, das erst kürzlich in Marl eröffnet worden war, zu Abend zu essen. Es war in gewisser Weise eine Feier ihres neuen gemeinsamen Lebens. Ein Sonntagabend war kein gemächlicher Tag, an dem die Straßen vor fröhlichen Familien und Fußgängern überquollen. Alle Läden waren, wie es das Gesetz verlangte, geschlossen und die Stimmung der Bewohner an diesem Tag im Spätwinter richtete sich eher danach, zu Hause zu bleiben. Die Straßen waren bis auf einen einsamen Radfahrer oder jemanden, der seinen Hund ausführte, völlig leer. (Es dauerte noch Jahre, bis Jogging zu einer Massenbewegung wurde.) Da sie sich in der noch fremden Stadt nicht auskannten, fuhr das Pärchen einige Zeit lang herum und blieb schließlich vor einer Kirche stehen, um jemanden zu finden, der ihnen den Weg sagen könnte. Es wurde langsam dunkel.

Naveen öffnete die Tür des Wagens und schrie erschrocken auf. Er wäre beinahe auf eine Frau getreten, die in der bitteren Kälte am Boden lag und um Hilfe rief. Renate stieg aus und lief um das Auto herum. Sie sah eine Frau um die sechzig, gut gekleidet im üblichen schwarzen Mantel mit einem Hut und einem hellen Schal. Renate war schockiert, sie dachte, Naveen hätte sie angefahren. Das war nicht der Fall. Die Dame rang um Atem und konnte nur in Renates Ohr flüstern, sie hätte auf dem Rückweg von der Kirche einen Herzanfall gehabt. Sie schafften es, die Frau auf den Rücksitz zu hieven. Naveen fuhr sie zum nächsten Krankenhaus. Er fand den Weg, indem er den spärlichen Anweisungen der Frau folgte. Renate schrieb sich ihren Namen und ihre Adresse auf und bot an, ihre Angehörigen zu verständigen.

Die Frau wurde im Krankenhaus aufgenommen. Naveen hinterließ seine Visitenkarte an der Aufnahme und die beiden gingen wieder. Nun, da sie den Weg wussten, erreichten sie ohne Verzögerung die Verwandten. Das Haus lag ganz in der Nähe des Restaurants, das sie gesucht hatten.

Sie läuteten an der Tür. Eine junge Frau kam zum Vorschein. Sie war die Tochter der Frau und hörte sich die schlechten Neuigkeiten ruhig an. Ein kleiner Mann um die fünfzig trat in schlampiger Kleidung an die Tür. Es war der Vater der jungen Frau, dem Naveen eigentlich die Nachricht hatte überbringen wollen. Die Tochter stellte ihren Vater vor. Er sagte nichts. Er musste hinter der Tür gelauscht haben, denn er brauchte keine weiteren Erklärungen. Er ignorierte die Fremden an der Tür und rannte dann an allen Dreien vorbei. Ein merkwürdiges Benehmen, dachte Renate.

Renate schlug vor, die Tochter oder einen anderen Verwandten ins Krankenhaus zu bringen, aber die junge Frau lehnte ab und sagte, dass sie mit ihrem Mann, der jede Minute da sein müsste, fahren würde. Sie hatten ihre Mission erfüllt, also fuhren Naveen und Renate weiter, aber vorbei am Restaurant, denn sie waren nicht mehr in der Stimmung auszugehen.

Übers Wochenende war die ganze Angelegenheit vergessen. Am Montagmorgen, als Naveen von seinem frühen Besuch im Labor zurückkam und in sein Büro ging, kam ihm sein dickbäuchiger und glatzköpfiger Kollege aus Göttingen entgegen und rief ihm zu:

„He, warten Sie. Hören Sie mal, jemand hat Sie vor ungefähr einer Stunde wiederholt angerufen", sagte er mit einem Kichern. „Die Sekretärin wurde nervös und hat ihn zu mir weitergeleitet. Jemand namens Siefert. Aber der Typ wollte nur mit Ihnen reden. Sagte, es habe mit dem Wochenende zu tun."

Dann machte er eine Pause und klopfte auf Naveens Schulter.
„He, was haben Sie denn gemacht? Sind Sie in irgendwelchen Schwierigkeiten?"
Als er an diesem Abend nach Hause kam, fing Renate ihn an der Tür ab und sagte:
„Wir haben Besuch."
Es war der Schwiegersohn der Frau im Krankenhaus. Er war derjenige, der Naveen am Vormittag angerufen hatte.

Siefert war ein angenehmer Mann um die dreißig. Sein kahl werdender Kopf und die randlosen Brillen ließen ihn im Gegensatz zu seinem glatt rasierten engelsgleichen Gesicht älter erscheinen. Als sie sich die Hand gaben, bemerkte Naveen, dass er Renate gerade einen Strauß roter und weißer Rosen überreicht hatte. Sein Kaffee stand auf dem Tisch. Nachdem er sich selbst Naveen vorgestellt hatte, knöpfte er seine Jacke auf, fummelte am Krawattenknoten, knöpfte die Jacke wieder zu und verbeugte sich. Nachdem er sich wieder gesetzt hatte, atmete er tief ein und dankte seinen Gastgebern höflich für ihre schnelle Hilfe bei der Rettung seiner Schwiegermutter. Dann, nach einer weiteren Pause und einem tiefen Atemzug, erklärte er lang und breit, was sich an diesem Wochenende zugetragen hatte.

Die schlichte Wahrheit war, dass niemand aus der Familie geglaubt hatte, dass die liebe Mutter schwer krank war und im Krankenhaus lag. Vor allem der ältere Typ. Der Ehemann der Frau war davon überzeugt, dass es eine Falle war, die ein „schick gekleideter Ausländer in Begleitung einer blonden Puppe" gestellt hatte. Er war überzeugt, dass seine Frau, die nur wie immer am Gottesdienst teilnahm, heil und gesund war. Was könnte ihr schon passieren? Er war überzeugt, dass dies ein Trick war und das Paar jemanden aus der Familie entführen und Lösegeld verlangen wollte.

Er behielt die Nerven, ging nach draußen, warnte seine andere Tochter, die in der Wohnung darunter lebte, dann ging er nach unten, um das Nummernschild des roten Ford aufzuschreiben. Dann wollte er die Polizei anrufen und sie informieren.

Nachdem Siefert nach Hause gekommen war und nach weiteren Diskussionen, entschieden sie sich anders und riefen erst im Krankenhaus an, bevor sie sich an die Polizei wenden wollten. Zu ihrem Bestürzen wurde die Nachricht bestätigt. Erst dann fuhren sie los, um die arme Frau zu besuchen. Als sie zurückkamen und den Ernst der Situation erkannt hatten, beschuldigten die Töchter den ängstlichen Vater den ganzen Abend, den Fremden gegenüber, die das Leben der lieben Mutter gerettet hatten, undankbar und argwöhnisch zu sein. Herr Siefert fügte noch dazu, dass der Schwiegervater seiner Meinung nach ein Dummkopf sei, der glaubte, dass alle Fremden Kriminelle wären und man am besten jeden Kontakt vermeiden sollte; das Peinliche daran war, dass er diesbezüglich auch seine Töchter beeinflusste.

Aber das war eine Zeit, in der „internationaler Terrorismus" noch kein Alltagswort war, nicht im Westen, nicht in Deutschland - noch nicht. [28]

War das nur ein Vorbote, ein Hinweis auf die allgemein herrschende Auffassung?
Puh!

Rodeo
Da Naveen Ausländer war, musste sein Arbeitgeber bei den staatlichen Behörden um eine Arbeitserlaubnis ansuchen. Das war eine Voraussetzung für seine Aufenthaltserlaubnis und ein Arbeitsvisum.

Seine Firma erhielt einen Schlag ins Gesicht, als die Behörden der Bezirksverwaltung Münster eine solche Genehmigung verweigerten: Deutschland wäre kein Einwanderungsland und es gäbe als Arbeitgeber keinen Grund, einen Ausländer anzustellen. Das Argument, dass seine Frau deutsche Staatsbürgerin und dass ihr Recht, in Deutschland zu leben, nicht mit der Ausweisung ihres Mannes vereinbar war, stieß auf taube Ohren. Die Aussage, dass sie nicht gesund genug war, um in ein tropisches Land zu ziehen, wie es von Ärzten in Berlin bescheinigt wurde, reichte nicht aus. Eine solche Stellungnahme bezüglich ihrer Gesundheit würde nur Beachtung geschenkt, wenn sie ein Zertifikat vom eigenen Regierungsarzt, einem Dr. Pfeifer in Marl, erhielte.

Die Firma bat Naveen, Renate von Berlin nach Marl einfliegen zu lassen, um eine medizinische Untersuchung zu machen. Naveen bekam für Renate einen Termin beim gewünschten Arzt. Sie fuhren zum Gesundheitsamt.

Das Amt war in einem bescheidenen Gebäude an einer ruhigen Kreuzung untergebracht; dieser Ort war den meisten Bürgern gut bekannt, da ihre Kinder hier die jährliche Impfung gegen Kinderlähmung erhielten. Renate und Naveen kamen pünktlich zum vereinbarten Zeitpunkt hin und ein Hauswart wies ihnen den Weg. Renate klopfte an die Tür. Sie hörten nicht den üblichen Ausruf „Herein!" eines Beamten, der gnädig genug war, eine Audienz zu geben. Innerhalb einer Sekunde öffnete sich die Tür und sie sahen einen kahlköpfigen Mann, der hochgewachsen und stattlich an der Tür stand, wobei der Kopf fast an den Türrahmen stieß. Er trug den traditionell weißen Mantel eines Mediziners und das Stethoskop baumelte von seinem Nacken. In der linken Hand hielt er eine golden umrahmte Brille. Sein Aussehen ließ vermuten, dass er schon beinahe im pensionsfähigen Alter war, was wiederum für seine reiche Erfahrung auf seinem Gebiet sprach. Mit einem breiten einladenden Lächeln begrüßte er händeschüttelnd die Besucher, erst natürlich die Dame, dann den Herren. Er führte sie zu seinem Schreibtisch und bot ihnen eine Sitzgelegenheit an. Hinter seinem Sessel war die Wand mit Postern übersät, die die Öffentlichkeit an Schutzimpfungen sämtlicher Arten, gegen Krankheiten wie Masern bis Cholera und natürlich auch Kinderlähmung, erinnerten. Da das Reisezeitalter und die Reiselust zu weit entfernten Orten immer populärer wurden, musste immer mehr Vorsicht vor exotischen Erkrankungen geboten werden. Renate bemerkte eine Fotografie seiner Familie auf dem Tisch, die ordentlich in einen dekorativen Holzrahmen eingefasst war und in so einem Winkel stand, dass sie nicht nur von ihm gesehen werden konnte. Auf dem Bild, das etwa vor zehn Jahren aufgenommen worden war, trug er bequeme Kleidung und stand hoch aufragend hinter seiner zierlichen Frau und 4 Kindern. „Wow! Vier!", sagte sie beinahe laut. Sie bemerkte auch schnell den Ordner mit ihrem Namen in großen schwarzen Buchstaben auf dem Tisch.

„Nun, es ist wirklich gut, dass Sie sich nach der langen Tortur, die Sie durchmachen mussten, so schnell erholen", sagte er nach der Untersuchung zu Renate.

Dann wandte er sich an Naveen:
„Es sieht so aus: Sie hat sich von der doppelseitigen Lungenentzündung erholt, aber die Ärzte in Berlin mussten sie sehr lange mit den verschiedensten Medikamenten behandeln. Als Ergebnis davon scheint ihre Leber ernsthaft betroffen zu sein. Sie ist höchst anämisch. Um die Diagnose zu vervollständigen und eine solide Basis für meinen Bericht zu bekommen, schlage ich vor, Sie lassen sie in Ihrer Firma CWH weiter untersuchen. Ihre medizinische Abteilung ist schließlich besser eingerichtet, als ich es bin."
Als er Naveens hochgezogene Augenbrauen bemerkte, gluckste er:
„Ja, das ist der Unterschied zwischen einem Privatunternehmen und einer Regierungseinrichtung." Er rief die Firma an und arrangierte weitere Tests mit besseren Instrumenten und Methoden.

Am nächsten Tag begleitete Naveen Renate zur medizinischen Abteilung seiner Firma. Eigentlich war die Abteilung hauptsächlich für die Versorgung von verunfalltem Personal zuständig; sie führte aber auch Routineuntersuchungen durch, wie bei Neueinstellungen. Die Abteilung verfügte über eine hochentwickelte Einrichtung, die auf dem neuesten Stand der Technik war, und ein gut ausgebildetes Team.

Der Leiter der medizinischen Abteilung kümmerte sich persönlich um den Fall, da es im Interesse des Unternehmens war, keine Fragen unbeantwortet zu lassen. Nach einer gründlichen medizinischen Untersuchung wurden die Ergebnisse an Dr. Pfeifer geschickt. Naveen und Renate wurde versichert, dass alle Fragen, die Dr. Pfeifer aufgeworfen hatte, beantwortet wären, aber es läge in seinem Ermessen, den Bericht zu interpretieren und ihn zu den Behörden in Münster weiterzuleiten.

Nach dieser zusätzlichen Untersuchung schickte Dr. Pfeifer alle Ergebnisse mit seinem Bericht und Vermerken ab.

***

Nach einigen Tagen erhielt Naveen einen Anruf der städtischen Praxis. Die Sekretärin des Doktors war am Apparat. „Schön, dass ich Sie erreiche", sagte sie, nachdem sie sichergestellt hatte, dass sie mit dem Ehemann der Patientin sprach.
„Dr. Pfeifer möchte mit Ihnen beiden persönlich sprechen." Sie gab keine weiteren Erklärungen dazu ab.
„Können wir einen Termin vereinbaren? Wann würde es Ihnen passen?"

Anders als bei ihrer ersten Begegnung war Dr. Pfeifer in höchster Aufregung und versuchte, ruhig zu bleiben. Renate dachte, es musste mit einem problematischen Patienten, der gerade vor ihnen da gewesen war, zu tun haben. Außerdem waren die Tageszeitungen voll mit dem Ausbruch von Gelbsucht in den Kindergärten und die Journalisten suchten die Schuld bei den Behörden.

Dr. Pfeifer atmete tief ein, kämmte sein Haar mit beiden Händen zurück und setzte sich. Dann verschränkte er Arme und Beine, als

ob er jegliche dramatische Gesten vermeiden wollte, und begann mit ausgesuchten Worten:
„Ich sag's Ihnen, diese Kerle in Münster sind verrückt. Schon fast absurd. Es ist entsetzlich, dass sie so etwas behaupten oder andeuten. Pah! Diese Schreibtischhengste..."
In völliger Missachtung warf er den Ordner mit den großen schwarzen Buchstaben auf den Tisch. Er atmete schwer.

Die Behörden in Münster hatten sich geweigert, dem Ratschlag von Dr. Pfeifer zu folgen, hatten sich geweigert, ihrem eignen Regierungsarzt zu glauben. Seine Meinung - bestätigt, gestützt und vervollständigt durch weitere medizinische Untersuchungen - dass Renate nicht in einem Zustand war, der es ihr erlaubte, in ein tropisches Land wie Indien zu reisen, war nicht akzeptiert worden. Die Zurückweisung der nicht-medizinischen Behörden in Münster war provozierend. Die Entscheidung hatte seine medizinische Empfehlung und folglich auch seine Integrität in Zweifel gezogen.

Wie zuvor beharrten sie auf dem offiziellen Standpunkt, dass Deutschland kein Einwanderungsland sei. Sie waren nicht dazu bereit, den Wünschen eines Privatunternehmens nachzukommen. Der Staat stünde über den Begehren einzelner Firmen. Das Unternehmen wäre nicht ihr Problem.

Sie kümmerten sich nicht um einen Ausländer, der in Deutschland Arbeit suchte, denn es war nicht ihre Angelegenheit, das Bedürfnis eines Fremden nach Arbeit in ihrem Heimatland abzusegnen oder auch nicht. Das Schicksal des Ausländers war nicht ihr Problem.

Die Tatsache, dass er mit einer deutschen Staatsbürgerin verheiratet war, machte keinen Unterschied. Die fragliche Bürgerin hatte sich freiwillig dazu entschlossen, einen Ausländer zu heiraten. Der Staat mischte sich nicht in Privatsachen ein. Die Angelegenheit könnte eine Zweckgemeinschaft sein mit dem Ziel, ein Visum für den Ausländer zu bekommen. Nun konnte sie sich aussuchen, ihrem Ehemann zu folgen und das Land zu verlassen, oder sich scheiden zu lassen und hier zu bleiben. Bleiben oder gehen, das war ihr Problem.

Ihr Gesundheitszustand war auch nicht von Bedeutung. Offenbar hatte Naveens Arbeitgeber seine Finger im Spiel gehabt, denn der Firmenstempel fand sich auf einigen Dokumenten: Der Arzt stand nicht über dem Verdacht, Hand in Hand mit dem Unternehmen zu arbeiten.

Natürlich hatte ihn dieser letzte Punkt hart getroffen.
„Stellen Sie sich vor!" Er lehnte sich vor und sprach zum ersten Mal mit lauter Stimme, sein Gesicht rot vor Zorn.
„Sie unterstellen mir und verdächtigen mich, dass ich vom Privatsektor gekauft worden bin. Nach meinen jahrzehntelangen Diensten in der Regierung wird mir Befangenheit und vieles mehr vorgeworfen. Das werde ich so nicht stehen lassen."
Naveen und Renate waren die Einzigen, denen gegenüber er seinen Ärger und seine Empörung zeigen konnte.
Nach einer Weile beruhigte er sich ein wenig und stand auf:
„Egal. Überlassen Sie das mir. Ich werde diesen Fall mit den Typen in Münster aufnehmen. Das ist nun eine Angelegenheit zwischen denen und mir. Jetzt ist es eine Frage der Ehre."
Als sie ihn verließen, klopfte Dr. Pfeifer auf Naveens Schulter und sagte mit einem Zwinkern: „Bleiben Sie dran. Sie werden wieder von mir hören. Das Spiel ist noch nicht vorbei."

***

Für Renate war diese Zurückweisung aus Münster natürlich ein Schock. Sie erlebte die feindliche Einstellung des westdeutschen Staates gegen eine Bürgerin, die es geschafft hatte, aus dem Osten zu fliehen.

Tatsächlich beginnt die Ungerechtigkeit mit der Behandlung, die allen deutschen Frauen von der eigenen freien und unabhängigen Bundesrepublik zuteilwurde.

Die Verfassung der Bundesrepublik, das *Grundgesetz*, wurde am 23. Mai 1945 festgeschrieben. Die Gleichheit aller Bürger wurde im Artikel §3 gesichert, die Gleichheit der Geschlechter ausdrücklich in den Paragrafen 2 und 3 verankert. Aber das Patriarchat erlaubte den Frauen nicht jene Freiheit, die einer modernen Nation gerecht wurde. Es gab einige Gesetze, die in völligem Gegensatz zu den Paragrafen der Verfassung standen und primitiv, wenn nicht sogar geradezu frauenfeindlich waren. Dennoch wurden sie sorgfältig von den Wächtern des Staates durchgesetzt. Eine solch arrogante Behandlung einer deutschen Bürgerin, nur weil sie eine Frau war, war tatsächlich rechtmäßig.

Bis 1961 war es zum Beispiel einer Frau nicht erlaubt, ohne die Erlaubnis ihres Mannes ein eigenes Bankkonto zu haben. Erst ab 1969 hatte eine verheiratete Frau das Recht, ein Geschäft zu führen. Schnellvorlauf zum Jahr 1976: Bis dahin verbat ein anderes Gesetz einer Frau ohne die Zustimmung ihres Mannes Arbeit aufzunehmen; in Bayern musste eine Lehrerin im Zölibat leben und im Falle der Eheschließung ihre Stelle aufgeben.

So wurde es allen Frauen, den *Trümmerfrauen*, die alleine die Bürde einer zerstörten Nation getragen und auf die Heimkehr ihrer Männer gewartet hatten, gedankt? Wer hatte sich mit spärlichen Mitteln um den Haushalt gekümmert und die Kinder großgezogen, da die Männer entweder an der Front oder im Gefängnis gewesen waren?

Westfälischer Frieden[29]

Für Renate und ihre Familie waren Besuche bei ihrer Mutter in Berlin eine Plage. Je nach politischer Situation, oder anders gesagt, je nach Temperatur im Kalten Krieg, wurden Besucher aus Westdeutschland in Westberlin auf andere Weise schikaniert. Diesbezüglich war die DDR sehr kreativ. Das Ganze diente angeblich dem Zweck zu verhindern, dass die eigenen Bürger auf dem Weg mitgenommen wurden und so in den Westen fliehen konnten - die DDR nannte es „Entführung". An jeder Grenze, wenn man ihr Gebiet verließ, konnte die Polizei der DDR von allen Passagieren verlangen, das Fahrzeug zu verlassen. Das Fahrzeug wurde dann nicht auf versteckte Schmuggelware, sondern auf verborgene Bürger ihres Regimes inspiziert. Da sie keine komplexen Geräte dafür hatten, benutzten sie einen Spiegel an einem langen Stiel, der unter das Auto geschoben wurde. An manchen Tagen gab es grundlos immense Verzögerungen bei der Identitätskontrolle. Oster- und Weihnachtsferien wurden speziell dazu genutzt, um klar zu machen, wer hier das Sagen hatte. An der Grenze in langen Schlangen stundenlang festzustecken war keine Seltenheit.

Die Autobahn innerhalb der DDR war seit Ende des Krieges vernachlässigt worden. Es war kein Wunder, dass das Geschwindigkeitslimit hier bei 100 km/h lag. Anhalten war strikt verboten, damit der Fahrer mit keinem DDR-Bürger Kontakt aufnehmen konnte. Auf der Durchfahrt von Westdeutschland nach Westberlin schrieb die Grenzpolizei manchmal auf, wann man ihre Republik betreten hatte und diesen Zettel musste man vorweisen, wenn man wieder ausreiste. An der anderen Grenze wurde die Zeit, wann man die Republik wieder verließ, mit dieser verglichen. Wenn das Auto zu früh wieder auftauchte, war es offensichtlich, dass der Fahrer die Geschwindigkeitsbegrenzung überschritten hatte. Wenn er zu spät kam, dann war es offensichtlich, dass er auf dem Weg mit Absicht angehalten hatte (außer er konnte beweisen, dass er im Stau gestanden oder einen Unfall gehabt hatte). So oder so, er wurde erwischt.

***

In der Zwischenzeit beschäftigten sich Renate und Naveen mit ihrer Zukunft. Naveen hörte nichts mehr von Dr. Pfeifer. Sein Anruf wurde von der Sekretärin entgegengenommen, die zögerte, ihn zum Arzt durchzustellen. Naveen konnte nur hoffen, dass es dem Doktor gelingen würde, Münster von diesem Unsinn abzubringen. Endlich, eines Tages bei der Arbeit erhielt er von seinem Arbeitgeber die Nachricht, dass alles geklärt war. Münster hatte aufgegeben. Dies führte zum endgültigen Pax Westphalica oder „Westfälischen Frieden" zwischen Naveens Firma und den Behörden. Die Genehmigungen wurden erteilt und Naveen erhielt einen unbefristeten Arbeitsvertrag vom Unternehmen. Von nun an konnte Naveen seine Zukunft in Deutschland planen.

***

Renate war nicht damit zufrieden, sich nur um ihr neues Zuhause zu kümmern. Sie wollte wieder arbeiten. Ihre Qualifikation als Bürokraft war nicht an ein spezielles Gebiet gebunden. Sie wandte sich an das örtliche Arbeitsamt und meldete sich dort als arbeitssuchend.

Es war an der Zeit, dass das Paar den Müttern einen Einblick in ihre Schatzinsel gewährte. 1971 kam Naveens Mama für ein paar Monate; sie flog von Bangalore über Bombay und landete in Düsseldorf. Während ihres Besuches kam auch Erika vorbei. Die beiden Damen, die ungefähr im gleichen Alter waren, teilten keine gemeinsame Sprache, kamen aber gut mit Zeichensprache aus. Naveen nahm sich ein paar Tage frei und alle vier besuchten zusammen Belgien, die Niederlande und Luxemburg. Sie gingen es langsam an, denn sein altes und müdes Auto konnte nicht mehr bergauf fahren. Sie mussten sogar eine Pause einlegen, denn Rauch und Dampf stiegen vom überhitzten Motor auf. Das Auto musste sich erst abkühlen, bevor es weiterfahren konnte.

Naveen nahm seine Mutter auch mit nach Paris. Als London auf dem Plan stand, war Renate an der Reihe. Sie liebte die Stadt und wollte die Chance, diesen Ort wiederzusehen, nicht ungenutzt vorbeiziehen lassen. Naveens Mutter Jaya konnte mehr mit London anfangen als mit Paris, denn sie hatte von den Besuchern und Bewohnern der Stadt unter ihren Verwandten und Freunden schon viel darüber gehört.

Jaya hatte auch eine schöne Zeit, als sie in Bayern die Stadt Nürnberg besuchte. Dieter wollte heiraten. Die Mütter, Renate und Naveen waren alle eingeladen und kamen auch gerne. Für Jaya war es aus mehr als nur einem Grund ein spezieller Anlass. Sie ging auf Dieters Hochzeit und zusätzlich hatte sie daheim einem Magazin versprochen, ein Reisetagebuch zu schreiben.

Es war Sonntag. Die Sonne schien den ganzen Tag und Naveen war froh, dass er bequem und mit wenig Verkehr die Autobahn entlangfahren konnte. Es gab keine Staus, um die man sich sorgen musste, aber seine Mutter war nicht glücklich, ganz und gar nicht glücklich. Sie fragte sich, wann in Gottes Namen sie endlich etwas von der Landschaft sehen würde und einige Details zum Leben in diesem Teil des Landes niederschreiben konnte. Um sie zufriedenzustellen, fuhr Naveen in Bayern von der Autobahn ab und verringerte die Geschwindigkeit, während sie durch ein verschlafenes Dorf nach dem anderen kamen. Seine Mama war aber immer noch nicht glücklich. Nirgends sah man Familien in prächtiger Sonntagskleidung, keine Kinder spielten draußen, keine Rinder und keine Schafe. Jaya hatte den Eindruck, dass diese Dörfer sonntags alle geschlossen hatten. Das war ein ziemlicher Unterschied zum indischen Landleben, das sie kannte. Dort waren die Dorfstraßen immer voller Leben und Leute. Wie würde sie ihr Reisetagebuch nun mit Details ausschmücken?

Sie hatte eine Idee. Auf dem Rückflug nach Indien gab es einen Zwischenstopp in Rom und sie konnte einer großen Versammlung beiwohnen, wo Papst Paul VI vor den Gläubigen sprechen würde. Daheim in Indien wollten die Christen ihrer Nachbarschaft, die ihren Bericht gelesen hatten, die „Dame, die den Segen hatte, den Papst zu sehen", kennenlernen.

***

Nach all dem Auf und Ab der letzten Jahre war das Jahr 1972 das erste friedliche Jahr für Renate. Die Achterbahn ihres Lebens verlief nun eben. Daher war der nächste „Schritt", trotz ihres Ehrgeizes, „sich anzuschließen" und ins Arbeitsleben einzutreten, eine Familie zu gründen. So kam es, dass Renate ihr erstes Kind im Oktober erwartete.

Zu dieser Zeit besuchte Renate auch die Fahrschule; in Berlin hatte sie weder die Notwendigkeit noch die Mittel gehabt, den Führerschein zu machen. Der Fahrlehrer und Besitzer der Schule, Herr Zimmer, war ein hagerer Mann mit dünnem Haar, hohlen Wangen und einem schlanken Hals, der aus seinem Rollkragenpullover ragte. Er war eine freundliche Seele und hatte den väterlichen Wunsch, dass alle seine Fahrschüler, die meisten waren unter 18 Jahren, so fuhren, dass sie niemanden gefährdeten. Renate war die Älteste in ihrer Klasse. Herr Zimmer beschloss, Renate persönlich zu unterrichten. Vielleicht war es für ihn eine Herausforderung, als er entdeckte, dass er diese Frau aus einer schnellen Stadt mit dem Hang von Ziel zu Ziel zu rasen dazu bringen musste, langsamer zu werden und mit dem Auto auf den kurvigen Straßen seiner Stadt dahinzuschleichen, um nicht die einfachen, gemächlichen Seelen zu erschrecken.

Einmal fragte er sie, während sie immer noch unter Fahrstress stand:
„Ich frage mich, warum Sie erst jetzt fahren lernen, hier, in diesem kleinen Ort. Hatten Sie Angst vor dem Verkehr in Berlin?"
„Ganz und gar nicht", schnauzte sie zurück.
„Im Gegenteil, in Berlin wäre es einfach gewesen. Das ist eine Stadt mit breiten, mehrspurigen Straßen und Alleen. Man kann meterweise geradeaus fahren, ohne dass man links oder rechts abbiegen oder auf Radfahrer und Ampeln aufpassen müsste. Außerdem ist der Verkehr nicht so schlimm wie in anderen großen Städten wie Paris oder London. Schließlich ist Berlin eine Insel und außerdem hat es ein wunderbares öffentliches Verkehrssystem. Aber hier sind die Straßen kaum mehr als einen Kilometer lang, sind kurvig und führen im Kreis, alle paar Meter ist eine Ampel und überall sind Radfahrer."

Zu seinem Erstaunen setzte die schwangere Dame Monat um Monat ihren Unterricht fort. Er hatte sich gefragt, ob sie, wenn es Zeit war für die Fahrprüfung, noch hinters Steuer passen würde, aber das war ganz gleich; sie schaffte es. Renate hatte ihr Ziel fest im Blick, bestand die Prüfung und erhielt noch am gleichen Tag ihren Führerschein, am 21. September 1972. Sie war im achten Monat schwanger.

Da viele von Naveens Arbeitskollegen in Marl wohnten, kam es, dass das Paar in Marl mehr unter Leuten war, als in ihrer neuen Heimatstadt. Die Überraschung bestand darin, dass viele Familien aus unterschiedlichsten Teilen Deutschlands kamen und so hatten die Einwohner von Marl im Allgemeinen eine recht breit gefächerte Auffassung und kümmerten sich nicht viel darum, wer woher stammte. Falls Xenophobe darunter waren, fielen sie nicht auf, da sie sich sowieso auf Distanz hielten.

Als die Geburt des Babys unmittelbar bevorstand, traf Renate schnell eine Entscheidung. Sie wählte ein Krankenhaus in Marl für die Entbindung. Ihre Gründe waren einfach. Das arme Kind würde viele Formulare mit vielen Fragen, auch nach dem Geburtsort ausfüllen müssen. Die Leerstelle würde zu klein und der Name zu lang sein, wenn das Kind „Recklinghausen" schreiben müsste. Ein Wort mit vier Buchstaben, Marl, war kürzer und schneller, und das Kind würde seiner Mutter das ganze Leben lang für den „besseren" Geburtsort danken. Ein weiterer Grund war:
„Denk an den Namen Marl. Es gibt so viele berühmte Namen, die Marl enthalten, wie Marlene Dietrich, Marlon Brando und Marlboro, außerdem das berühmte Lied aus Kriegszeiten ‚Lily Marlene'. Wer hat in einem solchen Zusammenhang schon von Recklinghausen gehört?"

***

Den Berechnungen des Doktors zufolge sollte das Baby am Montag, dem 16. Oktober 1972 kommen. Und wirklich musste Renate am Sonntagabend ins Krankenhaus gefahren werden. Mit der Dämmerung war dichter Nebel aufgezogen. Naveen klemmte sich hinters Steuer, um die folgenschwere Reise anzutreten und erwartete dabei keine Probleme. Der gute alte Ford hatte anderes im Sinn. Wiederholt weigerte er sich, zu starten, beschwerte sich in seiner eigenen entnervenden Art bei jeder erfolglosen Umdrehung des Schlüssels. Nach vielen Flüchen und Hämmern auf das Lenkrad beschloss der Motor endlich, dem sehr aufgeregten Paar gegenüber Gnade walten zu lassen und sprang an. Das Auto fuhr durch die nebelige Dunkelheit. Renate erreichte sicher das Krankenhaus und Naveen war erleichtert, dass er seinen Teil zur Ankunft des Kindes beigetragen hatte.

Zu dieser Zeit war es nicht möglich, das Geschlecht des Kindes im Voraus zu bestimmen. Naveen und Renate hatten sich auf zwei Namen für einen Jungen und zwei Namen für ein Mädchen geeinigt. Naveen hatte die Namen für einen Jungen, Kishor und Helmar, auf ein Stück Papier geschrieben und auf der Rückseite die Namen Suneetha und Desirée, wenn es ein Mädchen wurde. Die zuerst stehenden Namen waren indisch, der Zweitname ein deutscher. Sie hatten sich für Doppelnamen entschieden, denn sie wussten nicht, wo sie in Zukunft leben würden, in Indien oder in Deutschland. Wo auch immer sie landen würden, die ansässigen Leute hatten dann einen einheimischen Namen, mit dem sie das Kind ansprechen konnten.

Naveen musste diesen Montagnachmittag zu einer Besprechung; seine Kollegen hatten Verständnis für seine Situation und neben den

Witzen waren sie froh über jegliche Aufmerksamkeit, die Naveen der Diskussion widmete. Dann platze die Sekretärin mit der Neuigkeit herein. Es war ein Junge, Mutter und Kind waren beide wohlauf.

Renate hatte auf dem Zettel die Seite mit den Namen für den Jungen gezeigt und ihn dann weitergegeben, damit Kishor Helmar in die Geburtsurkunde eingetragen werden konnte. Die eigentliche Überraschung war, dass die Niederkunft so umsichtig geschah: Er kam an genau dem Tag, den der Arzt erwartet hatte, es gab keine Komplikationen, er machte seiner Mutter keine Schwierigkeiten. Er war ein Baby mit einem großen Kopf und einer Unmenge schwarzer Haare darauf. Als er vor dem Fenster gezeigt wurde, hinter dem die Väter mit offenen Mündern standen, stach dieses Kind unter all den anderen hervor. Der stolze Vater Naveen sagte immer gerne: „Mein Sohn kam mit preußischer Pünktlichkeit und indischem Individualismus an."

Es war auch eine Zeit, in der es weder erwünscht noch erlaubt war, dass Väter während der Entbindung herumstanden. Vielleicht wurden sie als lästiges Ärgernis, hilflose und verzichtbare Zeugen ohne Wert angesehen. Sie wurden von diesem Ereignis mit folgendem Argument ausgeschlossen:
„Sie müssen nicht hier sein. Wir passen schon auf Ihre Frau und das Kind auf. Wir wissen, wie man das macht."
Das war ein Tabu-Raum und ein frischgebackener Vater wurde als zu dumm, um irgendeine Hilfe zu sein, erachtet. Naveen schluckte schwer und fügte sich, er wusste, dass er sich nicht dagegen wehren oder dieses stereotype Abstempeln verhindern konnte.

Naveen verbrachte diese Woche allein zu Hause. Es war ein seltsames Gefühl, dass seine Frau nicht hier war. Er war immer mit ihr und dem Kind in ihrem Bauch zusammen gewesen und in den letzten neun Monaten war er sich tatsächlich wie der Große Beschützer vorgekommen. Aber nun, da seine Frau und sein neugeborener Sohn an einem sicheren Ort waren, wo es ausgebildete medizinische Fachkräfte gab, die sich um sie kümmerten, hätte er sich erleichtert fühlen müssen. Stattdessen sehnte er sich wieder danach, die Verantwortung zu tragen. Naveen verbrachte die Abende damit, handgeschriebene Geburtsanzeigen für seine nahen und fernen Verwandten zu schreiben. So konnte er sich für die Familie nützlich machen, dachte er. Seine Vaterrolle würde erst in ein paar Tagen beginnen.

Das Krisenjahr
Das Jahr 1973, es neigte sich dem Ende zu, war, abgesehen vom klirrend Kalten Krieg, von internationalen Krisen geschüttelt.

Am 6. Oktober begannen die arabischen Nationen unter der Leitung von Ägypten und Syrien den Jom Kippur Angriff auf Israel und überraschten diese Nation während ihrer Neujahrsfeierlichkeiten. Am 12. Oktober bestätigte die USA ihre Unterstützung Israels mit Ersatzwaffenlieferungen und Vorräten für den Krieg, der sich daraus ergab. Als Vergeltungsmaßnahme beschlossen die Minister der OECD-Nationen, Öl als Waffe in diesem Krieg zu nutzen, und um die USA und andere Länder, die Israel unterstützen, unter Druck zu setzen, verkündeten sie einen Preisanstieg und verringerte Produktion dieser für sie so wertvollen Ressource. Der Krieg endete am 26. Oktober und Israel stimmte im Januar 1974 zu, sich aus der Halbinsel Sinai zurückzuziehen.

Für die gewöhnlichen Bürger im Westen ergab sich daraus eine wesentliche Folge. In diesem Jahr stieg in den USA der Benzinpreis um 40%. Paritätsrationen wurden eingeführt. Das bedeutete, dass

Fahrzeuge mit ungeradem Kennzeichen nur an ungeraden Tagen im Monat betankt werden konnten; die Einschränkung galt ebenso für gerade Zahlen. Diese Regelung blieb bis 1976 in Kraft. In den Niederlanden wurde der Stromverbrauch rationiert. Das Vereinigte Königreich, Deutschland, Italien, die Schweiz und Norwegen verboten Privatflüge. In Deutschland wurde ab dem 25. November ein Fahrverbot an vier aufeinanderfolgenden Sonntagen verhängt.

Auch die langfristigen Auswirkungen dieser Krise waren erheblich und förderten vor allem das Bewusstsein für den Energieverbrauch. Der US-Staatssekretär Henry Kissinger verkündete, dass die USA in Sachen Energie unabhängig werden wollten, und zwar über das Projekt Independence. Bemühungen, Energie über alternative Methoden und Quellen zu produzieren, erneuerbare Energien wie Sonnen- und Windenergie, erlebten einen Aufschwung. In Brasilien wurde der Versuch, Alkohol mit Benzin zu mischen, um Treibstoff zu erzeugen, von der Regierung umgesetzt. Energie war auch bei der Produktion und Verarbeitung in der chemischen Industrie ein Aspekt, um den man sich kümmern musste. Forscher suchten nach alternativen Methoden, um den Wärmeverbrauch zu senken.

***

Es war eines dieser Wochenenden gegen Ende des Jahres, an denen am Sonntag das Fahren verboten war. Naveen hatte einen alten Studienfreund aus Berlin, der ganz in der Nähe, in Bochum, wohnte, getroffen. Er war Ingenieur in der Bergbaubranche. Naveen hatte ihn und seine Frau am Freitagabend eingeladen, so konnten die Gäste bequem nach Bochum zurückfahren, auch wenn es bis nach Mitternacht dauern würde.

Es läutete so gegen neun Uhr am Abend. Naveen öffnete die Tür. Er war entgeistert! Vor ihm stand sein Cousin Mohan, der ein Jahr älter war als er. Naveen und Mohan verwickelten sich in ein ausgelassenes und aufgeregtes Gespräch, das Renate, die auch an die Tür kam, nicht verstand. Eine kurze Vorstellung genügte Renate vollkommen, denn sie hatte Mohans jüngeren Bruder, Chandrasekhar, den jungen fröhlichen Cousin, der in England lebte, damals im Jahr 1966 kennengelernt, als sie Naveens Onkel besuchten. Natürlich konnte Mohan gerne bleiben, aber musste bei der Gesellschaft anwesend sein, denn hatten ja an diesem Abend noch Besuch.

In den 1960er Jahren hatte Mohan als Elektroingenieur in England gearbeitet. Kurz nach Mohans Hochzeit hatte Naveen ihn und seine Frau Nirmala in Birmingham besucht. Nun hatte sich das Paar in Bombay niedergelassen. Mohan war gerade wieder in England und an diesem Wochenende hatte er spontan beschlossen, seinen Cousin in Deutschland ohne Vorwarnung zu besuchen, denn er hatte zwar die Adresse, aber keine Telefonnummer (Telefonie war unter dem Monopol des Staates, und so musste Naveen jahrelang warten, bis er eine Telefonleitung bekam; Renate ging einmal die Woche zu einer Telefonzelle, um ihre Mutter anzurufen). Mohan war per Fähre und Zug gereist, und als er in Marl angekommen war, ging er in der Nachbarschaft herum. Mit seinen unzureichenden Deutschkenntnissen hatte er einen Mann angesprochen, der gerade im Garten das herbstliche Laub zusammenrechte. Mohan zeigte auf sein eigenes Gesicht und fragte, gebrochen aber ausgesucht höflich, ob der Mann schon jemanden wie ihn gesehen hätte. Der Mann lächelte, nickte und zeigte ihm den Weg. So einfach war das.

In den 1940er Jahren, wann immer Naveens Eltern in den Schulferien bei seinen Tanten vorbeischauten, hatten er, Mohan und ihre

Brüder, nur wenige Jahre trennten alle voneinander, eine tolle Zeit. Die Jungs, jeder mit einzigartigem Charakter und individuellen Neigungen, verstanden sich prächtig und die Vier steckten immer zusammen. Herumrennen und im Garten auf Bäume klettern war nur eine Art der Beschäftigung. Auch im Haus hatten sie allerhand Ideen und erfanden Spiele, malten Geburtstagskarten oder vertrieben sich die Zeit mit Fingerbillard, das beliebte indische „Carrom".

Tante und Onkel lebten in der Stadt Kolar Gold Fields, oder KGF. Der Onkel war der Geschäftsführer eines Bergbauunternehmens und war für alle Minen verantwortlich. KGF war außerdem Naveens Geburtsort. Marl erinnerte Naveen von seiner Planung und Sozialstruktur her an KGF. Geboren war er in einer Gegend mit Goldminen und jetzt war er in einer Gegend mit Kohleminen gelandet.

Nun, beinahe drei Jahrzehnte später, saß Mohan in Deutschland, in Naveens Zuhause, sie schwelgten in Erinnerungen und redeten bis spät in die Nacht über die guten alten Tage.

Am nächsten Tag fühlte Renate sich nicht wohl, es lag wahrscheinlich an der langen Nacht voller Gäste und Aufregung. Naveen beschloss, sie mit ihrem Sohn Kishor zu Hause zu lassen und lud Mohan in ein jugoslawisches Restaurant, in dem Spezialitäten vom Balkan serviert wurden, ganz in der Nähe ein; das war etwas Neues für Mohan und eine Abwechslung noch dazu.

Das Restaurant war früher ein Lokal gewesen, nichts Unübliches, denn so ging es allen Restaurants in einer Bergbaustadt mit einer pulsierenden Kneipenkultur. Kaum ein Restaurant war nur zum Zweck des Essens allein gebaut worden. Die gut erhaltene Einrichtung zeugte von der ursprünglichen Funktion als Kneipe und auch von der Rolle als Ersatzwohnzimmer für die Kunden. Die kleinen Fenster mit dem bunten Glas und den niederen Dächern waren die Kennzeichen für Gemütlichkeit und Wärme. Bier vom Fass wurde an einem Ende der Bar serviert. Ein paar einsame Seelen hatten sich auf Barhockern hingesetzt, trugen immer noch ihre langen Mäntel, kümmerten sich nur um ihre Gläser, rauchten Zigaretten und redeten von den alten Tagen oder noch besser, über Fußball. Manche waren reine Zuhörer, gaben nur gelegentlich ein Grunzen oder Nicken von sich, andere waren laute Langweiler, die mit jedem Glas noch lauter wurden. Der Duft von gebratenem Fleisch, Bier, Wein und Zigaretten trugen wortwörtlich zum Aroma der Umgebung bei, all das war mit den Gästen in dieser Oase mitten in der finsteren und feuchten Arbeitswelt eingeschlossen, der Besitzer kümmerte sich erst nach Sperrstunde um ausreichend Frischluft.

Mit der richtigen Dekoration allerdings wollte man eine neue Atmosphäre schaffen, um den eigentlichen Grund der Räumlichkeiten hervorzuheben: Es war keine Kneipe, sondern ein Restaurant. Die Merkmale für ein Balkanlokal waren Paprika, Chilis und Knoblauch, die kunstfertig um Gemälde und Fotografien der Adriaküste an den Wänden hingen. Im Vergleich zu Berlin war das Essen hier billig und die Portion großzügig.

Naveen schlug vor, ein Gericht namens „vegetarische Platte" zu versuchen. Es war eine großartige Platte voller verschiedener Gemüsesorten und beeindruckender Garnierung. Zwei Personen konnten leicht davon satt werden. Naveen hatte sie schon vorher mehrmals für sich bestellt und war immer bei dem Versuch gescheitert, die Platte alleine zu bewältigen. Er kannte auch niemanden, der das von sich behaupten konnte. Also wettete er mit Mohan, dass er es nicht schaffen würde. Mohan nahm den Fehdehandschuh auf. Nach einem ehrlichen und langen Kampf musste auch er aufgeben.

Nach dem Essen drehte sich das Gespräch natürlich um die Ölkrise und die Krise im Mittleren Osten. Sie waren zu jung, um über die Midlife-Crisis zu sprechen und sich Sorgen zu machen.

***

Naveen und Renate waren nun nicht mehr einfach nur ein „Paar", sondern sie hatten „Familie", und als stolze Eltern wollten sie den Nachwuchs auch Naveens Familie präsentieren. Sein letzter Besuch in Indien war acht Jahre her, ein Jahr vor dem Tod seines Vaters.

Da der Affentanz des Staates zum Lied „Arbeit? Abgelehnt. Aufenthalt? Ausweisung!" endlich vorbei war, konnte Naveen über eine solche Reise nachdenken. Das Paar plante den Urlaub für Jahresende, denn das war die beste Jahreszeit und wäre für den Knirps gut verträglich. Sie buchten früh, um sich billige Tickets zu sichern.

In den nächsten Tagen fühlte Renate sich ganz und gar nicht gut und ging zum Arzt. Dr. Voigt war sowohl praktizierender Mediziner als auch Chef-Gynäkologe in dem Krankenhaus, in dem Kishor zur Welt gekommen war. Er hatte die Geburt beaufsichtigt. Nach einer regulären Untersuchung vermutete er, dass es eine Infektion war, die problemlos heilen sollte.

Renate konsultierte ihn aus einem weiteren Grund. Sie hatten den Flug nach Indien Monate im Voraus geplant und gebucht. Da das Abflugdatum näher kam, wollte sie sichergehen, dass sie nicht schwanger war. In diesem Fall wollten sie den Flug stornieren. Dr.

Voigt versicherte, dass eine Schwangerschaft außer Frage stand und sie bedenkenlos nach Indien fliegen konnte.

Erleichtert besuchten Renate und Naveen einen guten Freund, der auch Gynäkologe im selben Krankenhaus war. Sie veranstalteten eine kleine Feier. Da er aus Palästina stammte, konnte er verstehen, was es für Naveen bedeutete, nach Hause zu seinen Verwandten zu fliegen.

***

Die Möglichkeit, für immer nach Indien zurückzukehren, war immer einer ihrer Herzenswünsche gewesen. Naveen hatte ausgeharrt und sich nun bei diversen Unternehmen in Indien beworben, und war auch zu einigen Vorstellungsgesprächen in Bangalore eingeladen worden. Er hoffte, dass die Aussichten auf eine gute Anstellung nun besser als in den Jahren zuvor waren. Außerdem zählte seine Arbeitserfahrung.

Renate hatte nichts dagegen, sich in Indien niederzulassen. Sie wusste vieles über das Land aus erster Hand, auch wenn sie nicht lange dort gelebt hatte. Sie wusste, das war ein großer Unterschied. Sie war vernünftig genug zu erkennen, dass es, egal wo, immer Für und Wider geben würde: Einerseits konnte ein Auto in Indien nur zu exorbitanten Kosten erstanden werden, wohingegen das in Deutschland eine normale Sache war. Andererseits besaßen in Deutschland nur Leute ein Haus mit Garten in einer angenehmen Nachbarschaft, wenn sie es geerbt hatten oder reich waren, in Indien konnte man sich das einfacher leisten. Sie hatte keine Angst, dass sie sich nicht an ein neues Leben anpassen konnte. Tatsächlich hatte sie beim Gedanken an die Möglichkeit, nach Indien auszuwandern, darauf bestanden, dass ihr Sohn einen deutschen und einen indischen Namen bekam.

Naveen hatte schon ein Vorstellungsgespräch bei einem Stand eines indischen Unternehmens im Zuge der Industriemesse ACHEMA in Frankfurt hinter sich. Es war allerdings nicht ermutigend. Der Verantwortliche sagte ihm: „Mit Ihren Qualifikationen und Ihrer Arbeitserfahrung würden Sie mich übertreffen; wenn Sie wirklich meine Meinung hören wollen, dann bleiben Sie, wo Sie sind. Unsere chemische Industrie steht erst in den Startlöchern."

Das erinnerte ihn an ein ähnliches Gespräch vor ein paar Jahren in Delhi. Er war zum Rat für Wissenschaftliche und Industrielle Forschungen gegangen, einer staatlichen Organisation zur Rückführung von im Ausland lebenden Indern, die Möglichkeiten in Indien suchten. In einem geräumigen Büro saß ein sehr höflicher Herr hinter einem Schreibtisch. So klein und dürr, wie er war, verschwand er beinahe hinter den zwei Stapeln mit Akten, die auf dem Tisch lagen. Er bat Naveen, sich zu setzen, und fragte höflich, während er auf die Decke zeigte:
„Soll ich den Ventilator einschalten?"

Naveen dankte ihm, lehnte aber ab. Dann öffnete der Beamte Naveens Akte. Wie alle anderen war die Akte aus Karton. Die vielen losen Papiere wurden mithilfe eines roten Bandes gebändigt, das an dem Rändern des Kartons festgemacht war. Das ist der eigentliche Ursprung des Begriffs „Papierkrieg", dachte er. Jede Akte hatte ihre eigene Geschichte, Persönlichkeit und Seele, jede Akte war ein ungeduldiger Karatekämpfer mit rotem Gürtel, bereit zu handeln. Jede Akte stand stellvertretend für einen Wissenschaftler, Arzt oder Ingenieur im Ausland, manche hatten Heimweh, andere waren arbeitslos, einigen war das Visum entzogen worden, ein paar waren erfolgreich, einzelne hatten Rückschläge hinter sich, alles rastlose freiwillige Exilanten, die bereit waren, heimzukehren - wie Odysseus.

Nach intensiver Betrachtung stand der Beamte auf, ging zur Tür und schloss sie. Als er zurückkam, fing er an:
„Ich möchte Ihnen etwas sagen …". Er sprach von seinen Verwandten im Ausland, einem Cousin in Kanada, ein paar anderen in den USA, alle hatten Berufe, die mit Naveens vergleichbar waren, alle waren gut situiert und zufrieden. Naveen hörte diesem orientalischen Auftakt, den ein Westlicher normalerweise ignorieren würde, aufmerksam zu. Nein, er redete nicht um den heißen Brei herum, es waren keine Abschweifungen. Das waren tatsächlich einleitende Worte. Dann kam er auf den Punkt:
„Wenn Sie mich fragen, dann behalten Sie Ihre Stelle in Deutschland. Das ist meine persönliche Meinung. Im Moment sind wir nicht in der Position, Ihnen etwas von Wert anzubieten. Kommen Sie nach Indien zurück, aber nur, wenn Sie persönliche und dringende Gründe dafür haben." Dann öffnete er die Tür und begann pflichtbewusst das offizielle Gespräch.

Tochter eines Soldaten
Das Baby gewöhnte sich wunderbar an die fremde Umgebung, das Wetter und Essen. Da die Familie bei Mukund wohnte, hatte Kishor viel Spaß mit seinem zwei Jahre älteren Cousin Priyankar, und seiner Cousine Sangeetha, die ihm vier Jahre voraus war.

Auch als sie in Indien ankamen, fühlte sich Renate immer noch unwohl. Auf Anraten von Naveens Mutter ging sie zur Nachbarin, Dr. Jaya, die Gynäkologin war. Nach einer inoffiziellen, aber gründlichen Untersuchung meinte die Ärztin, dass Renate empfangen haben musste, bevor sie nach Indien aufgebrochen war.

„Ich habe keine Ahnung", sagte sie, „wie mein Kollege in Deutschland sich so irren konnte, aber die Diagnose steht fest. Sie sind schwanger."
Wäre das schon vorher herausgekommen, dann hätte Renate die Reise natürlich abgesagt. Immerhin hatte sie sich, ihrem Instinkt gehorchend, nicht die für die Reise notwenigen Impfungen geben lassen. Aber so waren es nun wirklich gute Nachrichten, sie musste sich nur bald um eine sichere Heimkehr kümmern.

In der Zwischenzeit ergaben Naveens Vorstellungsgespräche nur, dass es hier keine Hoffnung auf eine anständige Stelle gab, nur als untergeordneter Assistent in einem Labor in einer weit entfernten Ecke Indiens. Die Dinge hatten sich noch nicht weit genug entwickelt, die chemische Industrie stand immer noch am Anfang, in der Planungsphase, einer zentralen Planung, selbstverständlich.

Ein paar Tage vor ihrer Abreise wurde Naveen krank. Die hohe Temperatur war ziemlich besorgniserregend. Er erinnert sich, dass er für Renate nach jeder Messung den Wert, der in Fahrenheit angegeben wurde, im Kopf in Celsius umrechnete. Keine leichte Aufgabe, wenn man Fieber hat. Aber das war noch vor der Ära der Taschenrechner und ähnlichen Geräten. Der Arzt war sich sicher, dass es keine der tropischen Infektionen, wie Typhus, war.

Tja, Renate wusste, dass sie nun alle beide einen Arzt brauchten, und das für recht lange. Sie fällte eine Entscheidung. Sie würde bei ihrem Reiseplan bleiben und Indien wie geplant über Bombay verlassen und über Amsterdam nach Düsseldorf nach Hause fliegen. In Marl würde sie sich dann allen nötigen medizinischen Betreuungen überlassen. Naveens Mutter war ganz und gar nicht glücklich darüber, dass ihr Sohn in diesem Zustand, ohne anständige Diagnose, abreiste, und sagte entsetzt: „Ich hoffe nur, dass Renate es schafft. Sie ist schließlich die Tochter eines Soldaten." Renate nahm es als Kompliment.

In Bombay trafen sie Mohan, der sie seit seinem Besuch in Deutschland erwartete. Zu seinem Bedauern und dem seiner Frau Nirmala gab es kein fröhliches Zusammensein, sondern nur Gespräche am Krankenbett. Wenigstens konnte Kishor mit den zwei Töchtern, die ein wenig älter waren als er, spielen.

Am nächsten Tag wanderte Renate am Flughafen eisern weiter, marschierte den Gang zum Flugzeug entlang, ein Baby in ihrem Bauch, ein Kleinkind am Arm, das Handgepäck über einer Schulter und ihren geschwächten Mann auf der anderen gestützt, als er den Weg entlanghumpelte, und bot so eine Szene, die eigentlich Mitleid erregt hätte, Hilfsangebote hätten auf sie einprasseln sollen und Betreuung über den üblichen Kundenservice hinaus. Am Ende der Stufen stand eine Flugbegleiterin am Eingang, schaute Renate zu, faltete nur ihre Hände und lächelte strahlend. „Willkommen."

Endlich wieder zu Hause in Marl rief Renate den Hausarzt. Nach einer schnellen Untersuchung zeigte er Renate Naveens Füße. Die Sohlen waren grässlich gelb: Hepatitis.

Dem Arzt zufolge hatte sich Naveen die Krankheit bereits in Deutschland, noch vor der Abreise zugezogen. Einige Kindergärten waren bei Ausbruch geschlossen worden. Die verspätete Entwicklung in Naveens Fall lag vermutlich an der Inkubationszeit. Vielleicht war das auch der Grund, warum die ärztlichen Kollegen in Indien nicht auf Hepatitis gekommen waren, da sie sich hauptsächlich auf tropische Krankheiten konzentriert hatten.

Die Ärzte konnten nicht feststellen, ob Renate und das ungeborene Baby von der ansteckenden Krankheit betroffen waren. Alles, was sie tun konnten, war, ihr Gammaglobulin-Spritzen zu geben, um sie resistenter zu machen. Es gab keine Möglichkeit herauszufinden, ob ein Schaden entstanden war.

Naveen wurde in eine spezielle Abteilung des Krankenhauses gebracht, die nur für ansteckende Krankheiten reserviert war, und musste in seinem Krankenbett wochenlang ohne Bewegung oder Anstrengung liegen bleiben, keine Besucher waren erlaubt. Renate musste außerhalb des Zimmers im Freien sitzen, das Fenster in der Nähe war nur einen Spalt geöffnet. Die beiden setzten ihre Diskussion über das ungeborene Kind fort, über die Risiken, die sie dabei auf sich nahmen. Letztendlich fanden sie keinen anderen Ausweg, als auf Gott zu vertrauen.

In der letzten Runde seines langen Krankenhausaufenthaltes durfte Naveen Besucher empfangen, sogar seinen Erstgeborenen. Er freute sich riesig zu sehen, wie der kleine Kerl bewies, dass er schon laufen konnte, denn er machte ein paar Schritte von seiner Mutter zu Naveens Bett in der Ecke, stolperte und fiel auf die Nase, gerade bevor sein Vater ihn auffangen konnte. Trotzdem war er im Moment sicherer auf den Beinen als sein Vater. Der war so verkümmert, dass er erst wieder gehen lernen musste.

***

Renates Mutter kam aus Berlin, um ihr während der Schwangerschaft zu helfen. Allerdings wurde Erika krank und musste ins Krankenhaus eingeliefert werden, es bestand Verdacht auf Krebs. Renate besuchte ihren Ehemann und ihre Mutter nacheinander, sie lagen auf unterschiedlichen Abteilungen desselben Krankenhauses. Trotzdem gab es auch gute Nachrichten. Nach zwei Wochen wurde Erika entlassen, der Verdacht hatte sich nicht bestätigt.

Nach monatelangem Krankenhausaufenthalt kam Naveen gerade rechtzeitig vor der Entbindung des Kindes nach Hause. Das Baby kam früher als erwartet auf die Welt, zur Erleichterung der Eltern war der Sohn, er bekam die Namen Suresh und Holger (wieder ein indischer und ein deutscher Name), vollkommen gesund, er hatte keinen Schaden von Naveens Krankheit davongetragen. Er hatte dichtes schwarzes Haar, das ihm wie ein Irokesenschnitt vom Kopf abstand. Innerhalb von ein paar Tagen hatte er unter den Krankenschwestern den Spitznamen Struppi.

Dieses Mal musste Renate nach der Geburt des Kindes ohne Naveens Hilfe auskommen. Er wurde im darauffolgenden Monat nach Bad Homburg, in der Nähe von Frankfurt, zu einer Rehabilitationstherapie beordert, die sechs Wochen dauerte. Erika blieb, um zu helfen.

Die Entscheidung, zu bleiben
1976 entschieden sich Renate und Naveen in Deutschland zu bleiben, da ihre Existenz nun nicht mehr bedroht war. Sie mussten sich der Realität anpassen, Indien war keine Option: Nach all den Bewerbungen, Vorstellungsgesprächen und Ratschlägen von den Beamten war es offensichtlich, dass es in Indien keine passenden Möglichkeiten gab oder in näherer Zukunft geben würde. Eine nennenswerte chemische Industrie musste erst geboren werden. (Es dauerte tatsächlich zwei weitere Jahrzehnte bis dahin, vielleicht ein kurzer Zeitraum für ein Entwicklungsland, aber ein gewaltiges Stück im Leben eines Menschen).

Die Alternative bestand darin, Deutschland zu verlassen und in ein reguläres „Einwanderungsland" zu ziehen, das qualifizierten Ausländern gegenüber nicht abgeneigt war. Die Abwanderung von hochqualifizierten Arbeitskräften aus Indien in Länder wie die USA oder Kanada war in vollem Gange. Die chemische Industrie war fortgeschritten und es gab genug Möglichkeiten. Aber sie wollten ihre Leben nicht in einem dritten Land riskieren, in dem sie beide Fremde wären. In Deutschland war wenigstens Renate einheimisch, konnte kommen, was wollte. Da Naveen nun einen unbefristeten Arbeitsvertrag hatte und Sozialhilfe und -leistungen nun durchaus üblich waren, konnten sie ihre Zukunft planen und sich auf Arbeit und Familie konzentrieren.

Nach Renates langem Kampf, in Deutschland bleiben zu dürfen, sogar als Bürgerin des Landes, stand ihr nun die nächste Herausforderung bevor, ihren Ehemann eingebürgert zu bekommen. In dieser zweiten Schlacht musste sich der Staat verpflichten, ihnen beiden einen ständigen Wohnsitz im Land zu erlauben.

„Irgendwie ist es seltsam", sagte sie einmal zu Naveen. „Erst wollten sie mich hinauswerfen. Jetzt will ich, dass du für immer hier bleiben darfst."
„Ich sehe da noch eine Ironie", antwortete Naveen mit einem Lächeln.
„Im Osten wollten sie dich gefangen halten und du bist davongekommen, egal, was sich dir in den Weg gestellt hat. Jetzt, im Westen, willst du bleiben, was dein volles Recht ist, und sie wollten, dass du gehst." Dann fasste er zusammen:
„Du weißt ganz genau, wann die Zeit zum Fliehen und wann zum Kämpfen ist."

Nach dieser Entscheidung planten sie, um den Kopf ein wenig frei zu bekommen, Naveens Verwandte in den USA zu besuchen. Es war ihr erster Besuch in den Staaten. Das war im Jahr 1976, die Kinder waren vier und zwei Jahre alt. Oma Erika kam nach Marl und passte auf die Kinder auf. Renate konnte, gemäß dem Abkommen mit der Bundesrepublik Deutschland, ohne ein Visum ins Land einreisen. Aber als Inder musste Naveen viele Dokumente vorlegen, vor allem von seinem Arbeitgeber brauchte er den Nachweis, dass er dauerhaft angestellt war und eine Urlaubsgenehmigung hatte. Außerdem musste er sein Rückflugticket vorweisen, um der Botschaft zu versichern, dass er nach Deutschland zurückkehren würde. Erst nachdem diese Bedingungen erfüllt und viele neugierige Fragen, ob er drogenabhängig oder ein Kommunist wäre, beantwortet waren, erhielt er das Visum. Er bekam den Eindruck, dass die US-Behörden Angst vor Fremden hatten. So oder so, sein Besuch war wirklich nur touristischer Natur, er suchte keine Arbeit.

Scheinbar war es eine Regel, dass der Eindruck, den die Einwanderungsbehörden eines Landes machten, im krassen Gegensatz du dem der Einwohner stand. Wie in wahrscheinlich jedem anderen Land trafen sie auch hier nur auf Leute, die Fremde absolut herzlich willkommen hießen. Naveen fragte weder nach, was er hier wert wäre, noch wollte er etwas über die Arbeitsbedingungen, Verdienste, Vergünstigungen und Ähnliches wissen, denn es war nicht seine Absicht, hier eine Anstellung zu finden. Renate und Naveen trafen ihre vielen Verwandten, die sich glücklich in den USA eingerichtet hatten, wie seinen Cousin Gopal, seinen Onkel Anand, Tante Kalyani und Cousine Neena, die gerade einmal acht Jahre alt war. Nach einem herrlichen Urlaub, während dem sie an viele Orte gereist waren, kehrten sie nach Hause zurück.

Rückblickend hatte Renate Glück, dass die Angelegenheit in diesem Jahr erledigt worden war, denn es gab in Zukunft noch mehr Probleme für Ausländer und deren Frauen. Jede Ablehnung, die Naveen und Renate erfahren hatten, ließ nur erahnen, was in Zukunft noch auf sie wartete.

Das nächste Jahr, 1972, war das verfluchte Jahr der Olympischen Spiele, des Angriffs der Terroristengruppe „Schwarzer September". Früh am Morgen des 5. September kletterten fünf palästinensische Terroristen mit AKM Sturmgewehren und Tokarev-Pistolen bewaffnet über den hohen Zaun, der das olympische Dorf umgab, und trafen dort drei andere, die sich bereist eingeschlichen hatten. Der israelische Ringer Yossef Gutfreund war drinnen beunruhigt, blockierte die Eingangstür mit seinem gesamten Gewicht von 135 kg und rief seinen schlafenden Kollegen zu: „Hebrei, tetsaklu!", hebräisch für „Freunde, passt auf!" Der Gewichtheber Tuvia Sokolovsky fühlte die Gefahr, durchschlug ein Fenster und sprang in Sicherheit. Die maskierten Männer drängten sich ohnehin hinein. Moshe Weinberg, der Trainer der Ringermannschaft, schlug einen der Angreifer sogar KO und erstach einen weiteren mit einem Küchenmesser, bevor er niedergeschossen wurde. Der Gewichtheber Yossef Romano, ein Veteran des Sechstage-Krieges von 1967, erlitt das gleiche Schicksal, nachdem er einen der Eindringlinge verwundet hatte. Die Terroristen hielten die verbliebenen neun Athleten als Geißeln und verlangten die Freilassung von über zweihundert ihrer Kameraden und freies Geleit nach Kairo. Im Zuge des Austausches auf dem NATO-Flugplatz Fürstenfeldbruck kam es zum Kampf zwischen deutschen Scharfschützen und den Entführern, und bis es Nacht wurde, hatten elf israelische Geißeln (sechs Trainer und fünf Athleten) ihre Leben verloren.[30]

Nach dieser Gräueltat und der offensichtlichen Tatsache, dass deutsche Kräfte den Rettungsversuch vermasselt hatten, verfielen die glücklosen Behörden in Panik. Da der Staat keine Informationen über ein Terroristen-Netzwerk hatte, konnte jeder Palästinenser ein Verdächtiger sein. Als Reaktion darauf wurden Personen palästinensischer Herkunft willkürlich zusammengetrieben und ohne Erklärung, offizieller Anschuldigung, Prozess oder anderem Verfahren über Nacht aus dem Land geworfen.

Mit der Massenvertreibung voll im Gange bildete sich eine Widerstandsbewegung. Frau Wolf-Almanasreh war die Frau eines solchen Opfers ungerechtfertigten Verdachtes. Diese Mutter zweier Kinder übernahm die Initiative und gruppierte mit großem Einsatz und großer Entschlossenheit andere um sich, die ihr Schicksal teilten. Zur Verteidigung von Frauen, auf die es der Staat wahllos abgesehen hatte, gründete sie 1972 die „Interessensgemeinschaft der mit Ausländern verheirateten Frauen", die IAF. Neben zahlreichen anderen Aktivitäten organisierte die Gemeinschaft 1972 eine Demonstration in Bonn und forderte gleiche Rechte für Frauen.

Als diese Nachrichten auch Renate erreichten, war sie überrascht, dass sie in ihrem Kampf mit dem Staat nicht alleine war. Tatsächlich hatten viele Frauen ähnliche Auseinandersetzungen die ganzen Jahre hindurch mitmachen müssen. Es war nur ein schwacher Trost, dass nicht nur sie vom Staat misshandelt worden war. Aber zu Renates Erleichterung hatte sie ein Jahr zuvor diese Tortur überstanden, bevor die allgemeine Situation noch schlimmer geworden war.

In diesem Kontext zeigt ein Fall von 1984 bewegend das Schicksal von Einzelpersonen im Westen wie auch dem Osten, in beiden Seiten Deutschlands. Der nachfolgende Brief wurde von einer Frau über die Frankfurter Rundschau an die IAF geschrieben:

17.03.1984:

Meinen Verlobten, einen Algerier, lernte ich in Ost-Berlin kennen. Wir beide lebten in der Ostdeutschen Republik. Nach einer gewissen Zeit wurde mir seitens der Behörden nahegelegt, diese Verbindung zu lösen, da sie nicht in das ideologische Konzept des Staates passe. Ich lehnte dieses ab. Danach kündigte man meinem Verlobten den Arbeitsvertrag mit der Auflage, die DDR innerhalb von 14 Tagen zu verlassen. Erklärungen dazu gab man ihm nicht. Er reiste daraufhin nach Berlin (West).

Da uns eine Eheschließung in der DDR nicht gestattet wurde, und ich das Land auch nicht legal verlassen durfte, verhalf mir mein Verlobter zur Flucht aus der DDR. Der Versuch mißlang, und ich musste zwei Jahre und elf Monate in politischer Haft verbringen. Am 1.12.83 bin ich im Rahmen der Bemühungen der Bundesregierung um politische Häftlinge in der DDR aus dem Strafvollzug in die Bundesrepublik entlassen worden. Am selben Tag noch teilte mir der Rechtsanwalt, mit, daß mein Verlobter am 22.11.83 in sein Heimatland abgeschoben wurde. Er erklärte mir, daß er sich seit meiner Inhaftierung im Januar 1981 für meinen Verlobten intensiv verwendete, um eine Aufenthaltsgenehmigung für ihn zu erwerben. Seine zahllosen Anträge diesbezüglich hatten leider keinen Erfolg. Am 19.12.83 ging ein erneutes Schreiben zur Erteilung eines Einreisevisums zwecks Eheschließung ein. Bis zum heutigen Tage ist jedoch noch keine Antwort eingegangen. Für uns ist diese Situation doppelt bitter, da wir fast vor einer ähnlichen Situation stehen wie 1980."

Ein positiver Nebeneffekt des Kampfes der deutschen Frauen ausländischer Männer war, dass ihren Kindern die deutsche Staatsbürgerschaft angeboten wurde, die bis dahin nur jenen mit deutschen Vätern zustand. Daher erhielt Renate im Jahr 1977 einen Brief, in dem ihr die deutsche Staatsbürgerschaft für ihre beiden Kinder unterbreitet wurde. Bis zu diesem Zeitpunkt waren sie nur Inder gewesen und es war ihnen nicht gestattet, eine Doppelstaatsbürgerschaft zu haben. Sie nahm das Angebot gerne an. Die Kinder konnten nun beide Staatsbürgerschaften haben und sich mit dem 18. Geburtstag für eine davon entscheiden.

***

Naveens Einbürgerungsantrag wartete immer noch auf Beachtung der Behörden. Erika war ungeduldig, wie es nun mit der Zukunft ihrer Tochter weitergehen sollte, und kontaktierte Inge Jahn, eine alte Schulfreundin. Inge war eine erfahrene Journalistin für die beliebte Tageszeitung Frankfurter Rundschau in Bonn. Nach ein paar Wochen investigativen Journalismus konnte sie einige Informationen bezüglich des Status der Anträge herausfinden: Der Antrag war ordnungsgemäß im Innenministerium eingetroffen. Die Bewerber wurden dort auf eine weiße und eine schwarze Liste gesetzt, die auf der Ersten erhielten eine Zu-, die anderen eine Absage. Sie konnte nicht herausfinden, welche Liste Naveens Name zierte.

Die Zeit verging. Endlich wurde Naveen von einem Herrn Adalbert Rothschild in das Rathaus von Recklinghausen zitiert. Renate roch

Ärger und eine weitere Szene mit einem Beamten und wollte das ein für alle Mal aus der Welt haben, egal, wer es wagte, sich ihnen in den Weg zu stellen. Sie bestand darauf, Naveen zu begleiten, um Zeugin zu sein und von ihrem Mitspracherecht Gebrauch zu machen.

Das Betreten des alten Gebäudes mit seinen quietschenden Böden und das Klopfen an dicke Holztüren waren für Renate Routine. Es blieb keine Zeit, die Atmosphäre des Büros, die Szenerie, Gerüche und Geräusche von Staatsangelegenheiten, die in Zeitlupe abliefen, zu absorbieren. Ihre Aufmerksamkeit wandte sich sofort dem Mann zu, der in der Nähe des Schreibtisches stand. Der kleine Mann mittleren Alters trat mit offiziellem Lächeln auf sie zu. Er trug eine Brille und einen altmodischen dreiteiligen Anzug, wie aus einem Schwarz-Weiß Film der 30er Jahre. Sie erwartete beinahe, dass eine goldene Taschenuhr von seiner Weste baumelte. Sein Auftreten war zuvorkommend, sogar ein ganz kleines bisschen pedantisch für Renates Empfinden. Sie bereitete sich auf die Auseinandersetzung vor, komme, was wolle.

Als er ihre Hand schüttelte, sagte er mit theatralischer Verbeugung: „Frau Sridhar, nehme ich an." Er bedeutete ihr, sich zu setzen. Er ging dazu über, den Ausländer im Raum zu begrüßen.

Als Rothschild sich hingesetzt hatte, seine Jacke war immer noch bis oben hin zugeknöpft, strahlte er und machte eine Pause. Dann, nachdem er seine Brille ab- und schwungvoll wieder aufgesetzt und sich mit einem „Ähem" geräuspert hatte, begann er zu sprechen. Seine Rede war fehlerlos und er sprach ohne Akzent, aber beunruhigend höflich mit langen Sätzen, die mit bewussten Pausen durchsetzt waren.

Renate hatte das dumme Gefühl, dass das nur Umschweife war, eine Falle, die mit einem lauten Knall zuschnappen würde.

„Es gab eine absichtliche Verzögerung bei der Bearbeitung Ihres Antrages", sagte er, seine Augen fest auf Naveen gerichtet. „Normalerweise warten wir zwei Jahre. Der Grund dafür ist, dass Sie noch nicht lange genug verheiratet sind und es zu einer Scheidung hätte kommen können. Daher bearbeiten wir den Antrag nicht sofort. Zusätzlich könnte ich Ihnen genug Beispiele geben, in denen der Antragsteller nach einer Weile seine Meinung geändert und seinen Antrag zurückgezogen hat, zum Beispiel ein Argentinier mit deutschem Hintergrund ... nun ja, das tut nichts zur Sache."

Dann setzte er mit einer Erklärung fort, dass Deutschland kein Einwanderungsland wäre. Einbürgerung nach deutschem Gesetz funktionierte nur auf Basis von Blutverwandtschaft, *jus sanguinis*; jeder, der seinen Ursprung auf einen deutschen Vorfahren zurückverfolgen konnte, hatte das Recht, ein deutscher Bürger zu werden, sonst niemand. Es gab nicht wie in anderen Ländern das Geburtsrecht, das sich daraus ergab, auf deutschem Boden geboren worden zu sein. Erhielt man aus anderen Gründen die Staatsbürgerschaft, so war das nur eine Ausnahme.

„Nun, in Ihrem Fall", er sprach Naveen an, „mussten wir auf viele Details achten, da sie keine deutschen Vorfahren haben." Wieder machte er des Effektes wegen eine Pause. Dann kam der Knall: „Also, in Ihrem Fall muss ich sagen, dass ihr Antrag genehmigt wurde und ich Ihnen zur deutschen Staatsbürgerschaft gratulieren darf."

Rothschild erhob sich von seinem Sessel und lehnte sich über den Tisch, reichte seine Hand und murmelte „Herzlichen Glückwunsch". Renate sah, wie Naveens Kinnlade nach unten klappte und er ansonsten völlig regungslos blieb.

Renate war nicht weniger überrascht von dieser Neuigkeit und musste diese Wende zum Guten erst verdauen. Aber sie konnte nach und nach das aufrichtige Gefühl der Freude bei Rothschilds Verhalten verstehen. Es war sehr wahrscheinlich, dass das der erste Fall dieser Art war, den er bearbeitet hatte, und er freute sich wirklich, die guten Nachrichten zu übermitteln. Sie bekam ein schlechtes Gewissen, da sie ihn falsch eingeschätzt hatte.

Um das Bild zu vervollständigen, gab Rothschild noch genaue Erklärungen, wie es zu dieser Entscheidung gekommen war. Naveen erfüllte andere Anforderungen für die Staatsbürgerschaft. Erstens war er aufgrund seiner beruflichen Qualifikationen, die in Deutschland gefragt waren, angestellt, wie durch die Dokumente seines Arbeitgebers bewiesen worden war. Er war mit einer deutschen Staatsbürgerin verheiratet und hatte sich wahrscheinlich schon in die deutsche Gesellschaft eingegliedert. Außerdem war er jung und gesund und hatte seine Potenz oder Manneskraft bewiesen: Er war Vater zweier Kinder, die Vaterschaft unumstritten. Die Frage der Nachkommenschaft war wichtig, denn so würde er keine Last für das Pensionssystem sein und soziale Vergünstigungen und Pensionsrechte genießen, ohne eigene Kinder zu haben; der Staat konnte nur hoffen, dass diese wiederum selbst zum Pensionssystem beitragen würden.[31]

Naveen konnte die Empfangsbestätigung sofort unterschreiben und das vorläufige Einwanderungsdokument mitnehmen. Allerdings musste er einen Betrag proportional zu seinem Einkommen, nämlich um die fünftausend Mark, an das Finanzministerium bezahlen.

Danach konnte er seine Ausweispapiere abholen und um einen Pass ansuchen.

Rothschild stand von seinem Sessel auf und signalisierte das Ende des Gesprächs.
„Das ist alles?", fragte Renate erstaunt. „Ich meine, wird nicht erwartet, dass Sie überprüfen, was mein Ehemann über die deutsche Geschichte, Flagge, Nationalhymne und Ähnliches weiß?
„Oder über die *freiheitliche demokratische Grundordnung?*" bohrte Naveen weiter. „Muss ich nichts schwören oder einen Eid ablegen oder etwas in dieser Richtung?"
Rothschild lächelte und zuckte mit den Schultern. „Nein, wir haben keine solchen Vorkehrungen oder Forderungen. So oder so, Sie sind ein aufmerksamer Mann. Wir setzen voraus, dass Sie, dank der Medien wie Zeitung, Fernsehen und Radio, über diese Dinge Bescheid wissen."

Nach all den Jahren der Sorgen und Verdächtigungen hatte diese gute Nachricht, die bewilligte Staatsbürgerschaft, Naveen wie ein Blitz aus heiterem Himmel getroffen. Nun ging er ohne weitere Formalitäten oder Zeremoniell mit dem Dokument in seiner Hand weg, als ob er nur eine Zugfahrkarte geholt hätte.
Renate folgte ihm benommen.

Nicht in meinem Hinterhof
In einer Kleinstadt wird jede Bewegung eines Bürgers von anderen wie bei einem Schachspiel genauestens beobachtet, auch wenn es in guter Absicht geschieht. Naveen erfuhr diese einfache Wahrheit auf die harte Tour.

Wenn er von der Arbeit zurückkam, hatte er die Angewohnheit, sich für körperliche und geistige Übungen, die er beim Yoga gelernt hatte, in einen Raum zurückzuziehen. Renate war von diesen Übungen nicht angetan, denn es widersprach ihrer extrovertierten Natur und deprimierte sie sogar, ruhig und alleine in einem Raum zu sitzen. Aber sie wusste, dass sie und Naveen in allen religiösen, geistigen oder sogar musikalischen Angelegenheiten himmelweit verschieden waren.

Nun dachte sich Naveen, dass er seine Methoden auch andere beibringen sollte. Zwar fühlte er sich definitiv nicht dazu berufen, aber er hatte bemerkt, dass Yoga in dieser Region beinahe unbekannt war, während es in anderen Teilen Deutschlands schon länger sehr beliebt war. Und tatsächlich wurde er von der fortschrittlichen Volkshochschule der Stadt, der „Insel", sowie dem Gegenstück, der protestantischen Kirche, freundlich willkommen geheißen. Er hatte die Befürchtung, dass gerade einmal zehn Jahre nach der Hippie-Welle nur verklärte Träumer auftauchen würden, die auf einen Schnellkurs in Sachen Erleuchtung hofften. Sein Kurs war aber im Prinzip darauf ausgerichtet, Gesundheit und eine Balance zwischen geistigen und körperlichen Aktivitäten zu bewahren oder wiederzuerlangen.

Um es den zukünftigen Teilnehmern leichter zu machen, schlug Renate vor, Experten auf dem Gebiet der Yogaübungen einzuladen. Drei kostenfreie Vorträge wurden abgehalten, einer pro Woche, und zwar von Personen, die wussten, um was es bei Yoga ging: Der Erste war ein Orthopäde aus Köln, der zweite ein örtlicher Gynäkologe, denn Renate wusste, dass großes Interesse unter den Frauen herrschte. Für die dritte Einheit dachte Renate an eine Trainerin für Körperkultur und Aerobic, die auch Kenntnisse über orientalische Disziplinen hatte, und aus dem ungefähr eine Stunde entfernten Hagen kam. Jede Unterrichtseinheit war mit ca. fünfzig Personen gut besucht und endete mit einer Diskussion und ausreichend Informationen für Anfänger.

Die Teilnehmer kamen aus allen Altersgruppen und Schichten; es waren hauptsächlich aufgeschlossene Bürger mittleren Alters, keine Tagträumer. Es fanden sich sogar einige ernsthaft interessierte junge Menschen darunter.

Nach ungefähr einem Jahr änderte sich die Situation plötzlich. Ein Neuankömmling in Marl, Dr. Schley, war auf der Suche nach einer beratenden Tätigkeit an seinem neuen Wohnort und zu diesem Zweck hatte er sich in den Beirat der Volkshochschule Insel geschlichen. Als religiöser Aktivist hatte er auch den Weg in den Rat der protestantischen Kirche gefunden. Er hatte durch seine frühere Gemeinde einen sehr konservativen Hintergrund und war offensichtlich abgestoßen von der liberalen Einstellung in der neuen Stadt Marl, in der sogar Kurse in einer nicht-christlichen Disziplin angeboten wurden. Eines Morgens erhielt Naveen einen Anruf. Nachdem er sich vorgestellt hatte, äußerte Dr. Schley seine Bedenken auf zwar höfliche, dennoch strenge Art.
„Ich frage mich, warum Sie mit dem Yogakurs angefangen haben. Zu allererst möchte ich Folgendes wissen: Aus welchem theologischen Grund wollen Sie den Menschen hier dieses exotische Gebiet, das nicht in der Christenheit verwurzelt ist, näher bringen?"
Um seine grundlegende Abneigung gegen jede abwegige Lehre zu unterstreichen, gab er ein Beispiel:

„Mir wurde gesagt, Yoga lehrt, dass ‚Gott dir innewohnt'. Jesus jedoch sagte: ‚Denn wo zwei oder drei versammelt sind in meinem Namen, da bin ich mitten unter ihnen'.[32] Yoga steht im Gegensatz zum Christentum und kann von uns nicht befürwortet werden."

Naveen war verblüfft. Für ihn gehörte eine solche primitive Frage ins Mittelalter. Auch die Anspielung auf Jesus, auf den sich Yoga in keinster Weise bezieht, war nur verwirrend, nicht gegensätzlich. Für einen Moment fragte er sich, ob Dr. Schley sich einen Scherz erlaubte. So oder so, er musste vorerst nachgeben, denn er war ein Ungläubiger und konnte ohne Bedenkzeit keine maßgebliche Antwort geben, aber er versicherte dem Beanstandenden, dass er bald von Naveen hören würde. Da er sein Argument vorgetragen und den Gegner überrascht hatte, gab sich Dr. Schley bis auf Weiteres mit der Antwort zufrieden.

Renate wurde bewusst, wie hilflos Naveen in dieser Situation war, und nahm den Fehdehandschuh auf.
„Ich kann ja verstehen, dass du kaum etwas über Theologie und deren Unterschiede zum orientalischen Gedankengut weißt", sagte sie.
„Ja, aber wenn er sagt, dass es in der Bibel steht …", widersprach Naveen.
„Welche Bibel?"
„Was meinst du?" Naveen war jetzt erst recht verwirrt.
„Ich denke, es gibt nur eine Bibel, und was darin steht, ist alles, was zählt."
„Sicher, aber es hängt immer noch von der Übersetzung ab. Es gibt mehr als nur eine."
„Das wusste ich nicht."
„Mal sehen, was ich als Laie tun kann."
Sie holte die Bibel, die ihnen der Pfarrer bei ihrer Hochzeit geschenkt hatte. Dann machte sie sich fein und ging.
Nach ungefähr einer Stunde kam sie mit fünf weiteren Ausgaben der Bibel zurück. Sie legte die Bibeln triumphierend auf den Tisch und setzte sich, während sie Naveens Verwunderung genoss.

„Weißt du was?", fing sie kichernd an. „Ich bin von Nachbar zu Nachbar gegangen und habe gefragt, ob ich mir ihre Bibel ausleihen darf. Und glaub mir, Folgendes habe ich mehr als einmal gehört: Wer auch immer mir die Tür aufmachte, sagte:
Die Bibel? Ja klar, wir haben irgendwo eine. Aber Sie wissen ja, wie es ist. Nach der Ehe kamen wir nie dazu, sie zu lesen, nicht ein Mal. Mal schauen, wo habe ich sie denn. Liebling! Weißt du vielleicht, wo die Bibel ist? ..."

So viel zum Glauben der Bürger, die Dr. Schley so erbittert verteidigt."

Sie verbrachte einige Tage damit, eine lange Antwort auf Schleys Fragen zu formulieren und Argumente für Yoga vor dem Hintergrund der Christenheit zu präsentieren, um so zu beweisen, dass es keinen Widerspruch zwischen den beiden Ansätzen gab.

Sie ging zum Telefon und rief Dr. Schley an, um ihm ihre Sicht anstelle ihres Ehemanns vorzutragen. Es ist sehr wahrscheinlich, dass dieser Wächter des Glaubens sprachlos war, als er sich in der Verteidigerposition sah. Es folgten viele weitere telefonische, erhitze Diskussionen zwischen den beiden Protestanten. Man muss nicht extra sagen, dass sich die beiden schlussendlich darauf einigten, sich nicht zu einigen.

Mehr als nur einmal lud Naveen Dr. Schley und seine Befürworter ein, einen seiner Kurse zu besuchen, um zu sehen, was da vor sich ging, und sogar, um mit den Teilnehmern zu sprechen. Tatsächlich hielt der Kirchenrat eine Konferenz genau wegen dieser Sache in ein einemm Raum statt, der nur wenige Meter von dem Saal entfernt war, in dem Naveen zur gleichen Zeit seinen Kurs hielt. Die Ratsmitglieder lehnten es ab, dorthin zu gehen: entweder sie wollten oder sollten nicht.

Während der ständigen Spannungen, die auch die lokale Presse mehr und mehr interessierten, ging auch etwas Unheilvolles vor sich. Als Naveen den bekanntesten Buchladen der Stadt aufsuchte, gratulierte der Besitzer ihm zum Beginn des Kurses.
„Normalerweise hatte ich immer nur ein paar Bücher zu diesem Thema. Aber jetzt verkaufe ich sie so schnell, dass ich wöchentlich welche nachbestellen muss. Ich bin am Überlegen, ob ich nicht mein Angebot erweitern und alle Aspekte von Yoga abdecken sollte. Könnten Sie mir dabei bitte helfen?"

Ein paar Wochen später präsentierte er diese Erklärung für den plötzlichen Anstieg in der Nachfrage für Yoga-Bücher:

„Vor ein paar Tagen kam eine Dame in den Laden und kaufte alle verfügbaren Bücher über Yoga. Ich wurde neugierig, warum sie das so interessierte. Sie stellte sich als Frau Schley vor. Sie sagte, dass sie die ganzen Bücher kaufe, um ihre Brüder und Schwestern im Glauben davor zu bewahren, Teufelszeug in die Hände zu bekommen. Stellen Sie sich das vor! Sie sagte, sie kaufe die Bücher und verbrenne sie dann zu Hause, und das regelmäßig!"

Ihr Ehemann war in seinen Bestrebungen natürlich gleichermaßen unermüdlich. Er sorgte dafür, dass die Räumlichkeiten in einer Kirche nach der anderen nicht mehr zur Verfügung standen und die verzweifelten Stadtväter im Yoga-Kurs auf ihrer Suche nach einem anderen Unterschlupf jedes Semester woanders hin mussten. Ein lokaler Politiker unter den Teilnehmern meinte sogar:

„Das ist wie die Christenverfolgung im alten Rom. Wir müssen vielleicht eine ultimative Katakombe finden, um in Ruhe gelassen zu werden."
Ständig auf der Suche zogen sie vorübergehen in ein Klassenzimmer.

Inzwischen reichte es den Kursteilnehmern. Sie hatten die Nase voll von dieser Art der Bevormundung und Manipulation ihrer Freizeitaktivität. Einige von ihnen, die aus der Stadt stammten und einen bedeutenderen Beitrag zu Gesellschaft lieferten als Dr. Schley, waren nicht nur empört, sondern regelrecht wütend.
Die Zeitungen erlebten einen Höhepunkt, indem sie täglich von den Pros und Kontras berichteten.

Aber als die Zeit verstrich, kam die Lösung dieser Zwickmühle von alleine. Da Yoga immer populärer wurde, sogar in der Kirche, der protestantischen und katholischen, räumte Dr. Schley eines Tages in einem Leserbrief einer der lokalen Tageszeitungen ein, dass er die Gefahr überschätzt hätte. Ihm wäre bewusst geworden, dass Yoga ohne nachteilige Auswirkungen auf die Christenheit und die Gläubigen gelehrt und praktiziert werden könne. Ein Jahr später verließ er seine freiwilligen Posten in der Kirche, um sich nach anderen Problemen, denen er gewachsen war, umzusehen.

Naveen unterrichtete weitere 20 Jahre ohne jegliche Unterbrechung. Einige der Teilnehmer wurden selbst Yoga-Lehrer; gegen Ende hielt er auch Kurse für Yoga-Lehrer im Allgemeinen und zog sich nach und nach von dieser Tätigkeit zurück, nachdem diese Disziplin sich in seiner Umgebung gut etabliert hatte.

Die Klauen

Es gibt Vorfälle im Leben eines jeden, die man am liebsten am nächsten Tag vergessen haben möchte, die aber verweilen und einen Menschen jahrzehntelang verfolgen.

1978 war Erika von Berlin weggezogen. Das war in ihrem Alter nicht einfach. Aber sie wusste, dass sie früher oder später den Schutz eines ihrer Kinder brauchen würde. Die Wahl fiel nicht schwer. Außer ihrem Sohn Dieter lebte auch ihre Schwester Lilo mit ihrer Familie in Bayern. Außerdem hatte sie viele Freunde aus Jugendtagen, die im Süden lebten und mit denen sie immer Kontakt gehalten und umhergereist war. Die Alternative, das Ruhrgebiet, bot nur ihre Tochter, sie kannte dort niemanden sonst. Allerdings wollte sie eine eigene Wohnung haben. Dieter fand ein nettes Appartement in einem Wohnblock, der nur wenige Fahrminuten von seinem Haus entfernt war. Erika lebte sich schnell in der neuen Umgebung ein und freundete sich mit den Nachbarn an.

Sie reiste oft und weit mit Rosemarie, ihrer Jugendfreundin, an Orte wie Spanien und Schottland. Renate begleitete sie nach Mallorca und auf einer Schiffsreise auf der Donau von Bayern nach Budapest. Erika hatte die Familie nach Almeria in Spanien, auf die Kanaren und zu früherer Gelegenheit nach Indien, als die Enkel gerade erst fünf und drei Jahre alt waren, begleitet. Renate und Naveen hatten die Kinder bei ihrer Großmutter in Bangalore gelassen und waren mit Erika nach Delhi geflogen. Nach Ausflügen nach Agra (Taj Mahal) und Jaipur - „Indien für Anfänger", wie Naveen diese Tour nannte - flog die alte Dame alleine zurück nach Deutschland und die Eltern wieder nach Bangalore.

Von all ihren Reisen war Indien wirklich die Reise, die am exotischsten und beeindruckendsten für sie war. Erika erzählte oft davon, wie es war, auf einen Elefanten einen Berg in Jaipur hinaufzureiten und wie sie einmal von einer Sänfte getragen worden war, da der Marsch zu anstrengend war. Ihre Augen leuchteten, als ob sie von einem Traum erzählte, und sie sagte immer und immer wieder: „Ich habe nie gedacht, dass ich lange genug leben würde, um etwas so Fantastisches zu erleben."

***

Am Beginn des Jahres 1979 beschlossen Renate und Naveen, Erika in Erlangen zu besuchen. Natürlich waren die Kinder, sie waren nun acht und sechs Jahre alt, sehr aufgeregt, da sie ihre Großmutter, die liebe Omi, sehen würden. In einem Zeitalter, in dem Telefonieren ein Luxus war, kamen tägliche Gespräche nicht infrage und Skype gab es erst eine Generation später, und so hatte ein Besuch bei der Großmutter eine besondere Bedeutung für ein Kind.

Das war Naveens erste Reise mit dem Auto mitten im Winter in den verschneiten Süden. Erst im Alter von 19 Jahren hatte er seine erste eisglatte Begegnung und fühlte sich seitdem nie wohl in der Außenwelt, wenn der Schnee fiel und die Jahreszeit beherrschte. Er hatte kein Verlangen nach Holiday on Ice. Er hätte Schnee lieber auf Weihnachtskarten verbannt.

Sein Opel Rekord war eine viertürige Limousine, ein Familienauto der Farbe „Kardinalrot" und war von einem deutschen Hersteller gebaut worden, der seit 1929 zu General Motors gehörte. Einer seiner Kollegen bot ihm Winterreifen an und wechselte sie ihm sogar. In Sicherheit und mit dem Gefühl, alles getan zu haben, was ein verantwortungsbewusster Familienvater tun würde, konnte Naveen nur hoffen, dass sie in hin den Süden und wieder zurückkamen, bevor die weiße Invasion einfiel. Und tatsächlich hinderte das Wetter ihre Reise nach Erlangen in keinster Weise. Die Kinder hatten eine großartige Zeit, sie spielten mit ihrer Großmutter und mit Dieters Töchtern Ulrike und Katja, die im gleichen Alter waren.

Dann kam der Tag ihrer Abreise. Es war der 13. Januar. Die Familie stieg ins Auto, Naveen fuhr und Renate saß neben ihm. Kishor saß hinter ihm auf der Rückbank, aber Suresh war hinter Renate in einem Kindersitz, der ihm auf Augenhöhe eines Erwachsenen brachte und ihm so eine bessere Aussicht verschaffte, als sein großer Bruder hatte.

Der Abschied fiel nicht leicht. Die beiden Kinder hingen sehr an ihrer lieben Omi, begannen zu weinen und wollten wieder aussteigen. Offensichtlich ließen sich die herzlosen Eltern nicht erweichen. Die Vier fuhren davon, Omi sparte sich ihre Tränen für später und winkte ihnen mit einem Lächeln tapfer nach, bis sie nicht mehr zu sehen waren.

Sie waren seit einer Stunde Richtung Westen auf der Autobahn A3 unterwegs und kamen zum Dreieck Biebelried vor Würzburg. Noch vier Stunden, bis sie wieder zu Hause wären. Die Kinder hatten das Unabänderliche akzeptiert, nämlich von ihrer Omi wegzufahren, und sangen nun ihr Lieblingslied „Tanze Samba mit mir" (die 1977er deutsche Version des Liedes „A far l'amore comincia tu"), und jeder versuchte, den anderen in der Lautstärke zu übertreffen.

Naveen achtete aufmerksam auf den Wind und den pulvrigen Schnee, der von links in seine Spur wehte, und hatte die Geschwindigkeit auf 30 Kilometer die Stunde verringert. Wachsam, wie er war, wurde er Zeuge einer bizarren Szene. Das Auto vor ihm, das ungefähr zweihundert Meter entfernt war, und ein weiteres davor fuhren Schlittschuh. Beide drehten sich wie Eiskunstläufer auf allen vier Rädern um die eigene Achse. Einer Eingebung folgend warf er einen Blick in den Rückspiegel. Das Auto hinter ihm drehte sich auch. Zuerst erheiterte ihn das Bild der Autos, die Walzer tanzten. Dann wurde ihm der Ernst der Situation bewusst, er befand sich auf Glatteis. Er verlangsamte seinen Wagen auf die Geschwindigkeit eines Joggers. Er näherte sich den rutschenden Autos vor ihm und suchte nach einer Möglichkeit, an ihnen vorbei zu kommen. Noch 100 Meter.

Plötzlich gab es einen lauten Knall. Sein Wagen blieb stehen und alles wurde schwarz. Er hörte die Kinder schreien, weinen und dann war da nur noch ein leises Wimmern. Kein Lebenszeichen von Renate. Jeder Moment stand glasklar vor seinen Augen, Naveen wusste, dass er zwischen dem eingedrückten Dach des Wagens und der Nackenstütze eingeklemmt war. Er musste sofort, ohne jede Verzögerung, handeln.

Er befreite sich vom Gurt; dann drehte er seinen Kopf nach rechts und quetschte sich aus dem Würgegriff. Er wusste, er hatte einen Zahn verloren, und nun auch seine Brille. Er musste schnell sein. Seine Tür klemmte. Er kämpfte, um sie zu öffnen. Beim dritten Versuch gab sie nach. Auf wackeligen Beinen stieg er aus, nur um sich auf unsicherem, glatten Boden wiederzufinden. Er fand keinen sicheren Stand, als er versuchte, die blockierte hintere Tür zu öffnen. Kishor boxte von innen dagegen. Die Tür gab nach und der Junge sprang mit blutverschmiertem Gesicht heraus. Ein bedrohlich großer LKW lag umgekippt über dem Auto und zerdrückte es langsam.

Der Verkehr war auf beiden Seiten zum Erliegen gekommen. Nachdem er zusammen mit Kishor um das Auto gekrochen war, um den zweiten Jungen herauszuholen, bemerkte er in der Dämmerung einige weitere Personen, die festgefroren und versteinert um ihn standen. Verzweifelt schrie er:

„Helft mir, wir müssen das Kind retten!"

„Was?", hörte er die Stimme eines Mannes aus der Menge.
„Noch ein Kind?"

Die andere Hintertür steckte unwiderruflich fest. In seinem erhöhten Sitz war Suresh unter dem Dach, das langsam unter dem Gewicht des LKW einsank, gefangen, wie die Beute eines Dinosauriers. In diesem Moment kamen vielleicht zehn kräftige Soldaten von der anderen Seite der Autobahn herangelaufen und sprangen über die Leitplanke zwischen den Spuren. Sie stemmten mit ihren Armen und Rücken den LKW hoch und einer von ihnen riss die Tür auf und zog den blutverschmierten Jungen in Sicherheit.

Renate stand neben dem Auto und klammerte sich an die zerstörte Karosserie. Das Dach war so weit nach links gedrückt worden, dass ihr das Fenster auf dem Kopf zerschlagen war und sie sich im Freien, unter dem Sternenhimmel sitzend wiederfand. Sie hatte sofort reagiert und war aus dem Blechchaos gesprungen. Erst jetzt konnte sie langsam die Situation, den bedrohlichen LKW und den rutschigen Boden erfassen.

Da Suresh nun irgendwo in Sicherheit war, rannten alle Drei in Richtung der Zuschauermenge. Dann rief Renate:
„Aber Naveen, du hast deine Brille verloren!"

„Ja, ich weiß", antwortete er. „Ich habe sie im Auto verloren, als ich herausgeklettert bin."
„Ich werde sie holen." Sie drehte sich um. Eine Frau aus der Menge packte sie am Arm und schrie:
„Nein, gehen Sie nicht, das Auto kann jeden Moment in Flammen aufgehen!"
Renate befreite sich und eilte zurück zum Wrack, sie dachte nicht an den heimtückischen Untergrund. Nach einer Weile humpelte sie tatsächlich mit der Brille in der Hand zurück.

Danach wurden sie voneinander getrennt. Naveen stand regungslos da und hoffte, dass dieser Film bald vorüber war. Es wurde dunkel, sehr schnell, wie er dachte. Dann wurde er zusammen mit Kishor zu den Vordersitzen einer Ambulanz eskortiert. Ihnen wurde gesagt, dass Renate in einem anderen Rettungswagen war. Nachdem sie sich gesetzt hatten, hielt Kishor Naveens Brieftasche unter seine Nase. Sie musste beim Zusammenstoß aus seiner Jackentasche direkt auf Kishors Schoß gefallen sein. Der Junge wusste, wie wichtig diese schwarze Geldbörse war, und hatte sie geistesgegenwärtig fest umklammert gehalten. Jetzt, nachdem er diese Bürde abgegeben hatte, fragte er seinen Vater: „Wie viele sind wohl verletzt worden, Papa?"
„Ich weiß nicht."
„Wie viele Autos sind zusammengestoßen?"
„Ich weiß nicht."
Die hintere Tür öffnete sich und sie brachten jemanden auf einer Trage herein. Kishor schaute nach hinten und sah einen Jungen, der stark blutete. „Es ist ein Kind, Papa." Naveen suchte nach Worten. Das stöhnende Kind begann zu weinen.
„Oh Gott! Hast du das gehört, Papa? Das ist Suresh' Stimme."
Naveen konnte nur stammeln.
„Ich weiß."

***

Die Familie wurde in ein Krankenhaus in Würzburg gebracht. Nur Suresh, der Kopfverletzungen hatte, wurde in eine Spezialklinik gefahren. Die Ärzte untersuchten sie und sagten, dass Kishor mehrfache Gesichtsverletzungen und Renate ein verletztes Bein hatte, und dass Naveen in Ordnung war. Sie wurden entlassen und zu einem Hotel auf der Straße gegenüber geschickt, in dem ein Zimmer im vierten Stock für die Drei reserviert worden war. Der Lift war kaputt. Renate schaffte humpelnd den Aufstieg. Wenigstens hatten sie absolut gar kein Gepäck.

Naveen dachte an das Spiel Schlangen und Leitern: ein uraltes Brettspiel aus Indien (dort als Moksha Patam bekannt, betont die Rolle des Schicksals), das jetzt auch im Westen ein Klassiker ist. Das Ziel ist, die eigene Figur vor denen der anderen ins Ziel zu bringen. Wenn eine Figur auf ein Quadrat mit dem Fuß einer Leiter kommt, darf man bis ans Ende der Leiter ziehen und dabei mehrere Felder überspringen. Wenn es andererseits ein Feld mit dem Maul einer Schlange ist, schlittert man bis zur Schwanzspitze hinunter auf ein Feld weit hinten. Das hier war das plötzliche Hinunterrutschen auf einer Schlange.
Das war das Leben.

Kishor wurde gut damit fertig. Aber Naveen tat das Kind leid, es war in einem fremden Raum und hatte nichts zu spielen, nichts, um sich abzulenken. Also rannte er hinunter zur Bar und kaufte einen Satz Spielkarten. Die fröhlichen Kunden wurden still. Einer von ihnen traute sich zu fragen: „Sind sie einer von denen, vom Unfall auf der Autobahn?"

Sie sollten die Nachrichten im Radio gehört haben. Im verschmierten Spiegel hinter der Bar konnte Naveen einen Blick auf seine Reflexion werfen, ein zahnloser Typ in mit trockenem Blut besudeltem Gewand, ein ziemliches Schreckgespenst. Er nickte und eilte zurück auf das Zimmer. Kishor machte es sich auf seinem Bett bequem und spielte Karten. Renate aber erlitt einen verspäteten Schock und wurde hysterisch, da sie nicht wusste, wie es um Suresh stand. Es war eine schlaflose Nacht.

***

Am Morgen frühstückten sie im Hotel. Die durchwachte Nacht hatte ihnen jegliche Energie für ein Gespräch geraubt. Die Frage um Suresh kreiste in ihren Köpfen. Wie auf Verabredung kamen zwei Autobahnpolizisten zum Tisch. Beide waren groß und kräftig, der Ältere war um die fünfzig, der andere ungefähr zwanzig Jahre jünger. Aber ihre Bewegungen und Sprache waren so gleich wie die Uniformen, die sie trugen. Sie waren gekommen, um einen Augenzeugenbericht aufzunehmen. Sie waren höflich und ernst, und man fragte sich, ob sie sich nur Respekt verschaffen wollten oder ob sie irgendwelche Anklagepunkte vorzubringen hatten. In kurzen Sätzen sagte einer von ihnen, dass sie nur ein paar Fragen bezüglich der Begleitumstände des Unfalls hätten. Aber die sachliche Befragung taute auf und wurde zu einer längeren Konversation, in der sie Informationen zum Unfall beisteuern konnten. Sie hörten auf, ihr Mitleid für die Familie zu verstecken. Die grimmigen Masken verschwanden und enthüllten zwei mitfühlende Seelen.

„Der LKW, der Sie von hinten gerammt hat", erklärte einer von ihnen, „fuhr über der für LKWs erlaubten Geschwindigkeit von 80 Kilometern die Stunde. Unter den gegebenen Wetterumständen wären sogar 80 km/h zu viel gewesen. Kein Wunder, dass der LKW ins Schleudern kam, und der Fahrer verlor die Kontrolle über sein Fahrzeug. Er kippte nach rechts direkt auf Ihr Auto." „Aber wir sind nur im Schneckentempo gefahren", sagte Renate vorsichtig zur Verteidigung.

„Stimmt. Wir haben das überprüft, gnädige Frau. Ihr Fahrzeug war vollkommen in Ordnung, war mit den richtigen Reifen versehen und die Geschwindigkeit stimmte. Wir haben das bestätigt." Er wandte sich an Naveen. „Nichts davon war Ihre Schuld." Naveen seufzte und lehnte sich zurück.

„Tatsächlich", sprach der Polizist weiter, „waren insgesamt sieben Fahrzeuge beteiligt. Alle Fahrer, außer Ihnen, fuhren zu schnell. Sie sind der einzige Beteiligte, der nicht angeklagt wird. Trotzdem werden Sie innerhalb eines Jahres vom Gericht in Würzburg hören. Keine Sorge. Sie beide werden für den Prozess nur als Zeugen gegen die anderen Schuldigen geladen." „Außerdem", fügte der andere Polizist hinzu, „waren insgesamt 11 Personen involviert. Nur Sie vier sind verletzt worden. Pech." Niemand sprach. Naveen und Renate mussten diese Nachrichten erst verdauen.

„Was ging schief?", fragte Renate, die sich als Erstes erholte. Sie wollte aus den Fehlern lernen. „Wie sollten wir uns in ähnlichen Situationen verhalten?"
„Das ist eine gute Frage", meinte der erste Polizist und zuckte nachdenklich mit den Schultern. „Wir können nur sagen, dass es keine vorbeugenden Maßnahmen für solche Unglücke gibt. Wir können da keinen Rat geben. Sie waren eindeutig zur falschen Zeit am falschen Ort mit den Rasern vor und hinter und einer rutschigen Oberfläche unter Ihnen."

Im Zuge des Unfalls war die Autobahn für vier Stunden in beide Richtungen gesperrt gewesen. Er meinte auch, dass die Familie Glück gehabt hatte, dass die Soldaten scheinbar aus dem Nichts aufgetaucht waren und rechtzeitig geholfen hatten. Die Schutzengel waren Belgier, die wahrscheinlich wegen eines Manövers in Richtung Süden unterwegs waren.

Nachdem die Beamten sie verlassen hatten, kamen Dieter und seine Frau Bärbel den ganzen Weg von Erlangen her und hatten Bärbels Bruder Alfred und seinen Sohn Fredi aus Nürnberg im Schlepptau. Da Renate immer noch schreckliche Schmerzen im Knie hatte, brachten sie sie wieder zum Krankenhaus. Sie wurde für eine stationäre Behandlung ins Krankenhaus von Erlangen eingewiesen. Naveen und Kishor sprangen in Dieters Wagen, um von Würzburg zurück nach Erlangen zu fahren, um bei ihm zu übernachten.

Naveen hatte am Morgen danach Probleme, sein Hemd zuzuknöpfen, hatte aber kaum einen Gedanken daran verschwendet. Nach und nach wurde die rechte Hand taub, wahrscheinlich das Ergebnis einer Stauung der Halswirbelsäule. Aber er beschloss, sich erst um die Angelegenheit zu kümmern, wenn er wieder in Marl war. Viel später reiste er mit dem sechs Jahre alten Kishor per Zug nach Hause, Renate und Suresh blieben in ihren jeweiligen Krankenhäusern zurück. Daheim ging der Junge einkaufen und erledigte kleinere Haushaltsaufgaben, lernte sogar, Reis, Omelett und andere einfache Gerichte zu kochen.

Nachdem er Renate im Krankenhaus in Würzburg besucht hatte, führten Dieter und Bärbel Naveen zur Universitätsklinik, in der Suresh behandelt wurde. Es war ein gewaltiges Gebäude mit vielen Fakultäten, und sie brauchten lange, um die Gehirnchirurgie zu finden und dann mussten sie noch nach dem behandelnden Chirurgen des Kindes fragen. Erst wurden sie zur Stationsärztin gescheucht. Eine Frau in ihren Vierzigern mit kurz geschnittenem Haar und einer dichten dunklen Locke, die um ihre Stirn hüpfte, die trotz ihrer fordernden Aufgabe, sich um alle Kinder hier zu kümmern, die Aura einer fröhlichen Tante ausstrahlte. Sie bewegte sich schnell auf die Besucher zu und bedeutete ihnen, ihr zu ihrem Schreibtisch zu folgen. Als sie saß, ging sie auf die Einzelheiten des Zustandes von Suresh ein.

„Das Kind ist in Ordnung. Machen Sie sich keine Sorgen. Erstens war er laut den Sanitätern immer bei Bewusstsein seit er getroffen wurde. Das ist ein gutes Zeichen. Sein Schädel ist intakt. Kein Hirnschaden." Sie wartete, dass Naveen etwas sagte. Aber Naveen verdaute immer noch die Informationen. „Bisherige Untersuchungen haben keine ernsthaften Verletzungen gezeigt. Allerdings möchten wir ihn nur zur Sicherheit noch ein paar Wochen hierbehalten. Auch damit die Wunden heilen." Höchst erleichtert blieben alle drei Besucher immer noch still und nahmen die gute Nachricht auf. „Wenn Sie irgendwelche Fragen haben, können Sie mich jederzeit anrufen. Schwester Martha wird Sie jetzt zum Patienten bringen." Sie erhob sich.

Die Krankenschwester, eine mollige, blonde Matrone mittleren Alters kam aus der Ecke des Raumes strahlend auf sie zu und führte sie zu einem geräumigen Zimmer, in dem Betten für die kleinen Patienten aller Altersgruppen standen. Einige Kinder lagen absolut regungslos da, manche spielten mit Spielsachen auf ihrem Bett, andere krabbelten sogar in ihren Gitterbetten herum. Aber der Lärmpegel war minimal, nicht die übliche Schreierei, die man bei so vielen Kindern auf einem Haufen erwarten würde. Bei dem Anblick so vieler behinderter Kinder, die Hilfe brauchten und doch das Beste aus ihrer Situation machten, drehte sich einem wirklich der Magen um.

Vom hinteren Teil des Raumes, nahe einem Fenster, hörte er Suresh nach ihm rufen:
„Papa, hier bin ich, ich bin hier!"

Da stand der kleine Kerl in seinem Gitterbett, das von schützenden Holzbarrieren umgeben war, eine größere Version eines Laufstalls. Aufrecht klammerte er sich an die Gitter und lächelte. Als Naveen näher kam, bemerkte er, dass sein Sohn kaum wiederzuerkennen war: Sein Kopf und Teile der Stirn waren stark bandagiert, die linke Hälfte seines Gesichtes deutlich geschwollen und das linke Auge kaum sichtbar. Die blauen und roten Färbungen und das getrocknete Blut auf seinem Gesicht verstärkten das erschreckende Bild. Dem Kind aber war nicht bewusst, wie es aussah. Fröhlich sprang er herum wie immer und war froh, seinen Papa und Onkel und Tante zu sehen. Naveen versuchte, sich über die Absperrung zu beugen, aber er zögerte, den Jungen so zu umarmen, wie er es sonst getan hätte. Er konnte ihm nicht einmal über den Kopf streicheln. Er traute sich nur, seinem Sohn einen sanften Kuss auf die Wange zu drücken. Suresh bemerkte anscheinend weder den Seufzer noch die Agonie auf dem Gesicht seines Vaters und wandte sich ab, um die Spielsachen, die überall um ihn herum auf dem Bett verstreut lagen, hochzuheben. Er zeigte eines nach dem anderen her. Er sorgte für etwas Komik bei all dem Ernst und präsentierte auch seine Urinflasche, die er benutzen durfte, für ihn eine Neuheit und ein Privileg gleichermaßen.

Suresh hatte den Optimismus der Doktorin bestätigt. Bei seiner Rückkehr wurde der Schmerz, Suresh für einen weiteren Monat im

Krankenhaus zu wissen, teilweise von den guten Neuigkeiten, die er an Renate weitergab, gelindert. Er bereute nicht, dass Renate ihr Kind nicht besuchen konnte. Es wäre ein gewaltiger Schock für sie gewesen, Suresh in diesem Zustand zu sehen.

Der nächste Halt war Renates Krankenhaus. Sie wurde immer noch wegen ihres Knies behandelt. Auch sie würde noch einige Zeit dort verbringen. In einer Woche oder mehr könnte sie wieder auf den Beinen sein. Wenigstens hatte Naveen die Möglichkeit zu genießen, wie sich ihr Gesicht erhellte, als sie hörte, dass es Suresh gut ging.

***

Als Nächstes musste er die Kennzeichenschilder seines Autos in Würzburg abholen und in Marl am örtlichen Verkehrsamt abgeben. Bei seiner Rückfahrt würde er die Schilder festhalten, das Vordere und das Hintere, nichts wäre mehr dazwischen. Allein der Gedanke daran war deprimierend.

Er erreichte Würzburg an einem trostlosen Morgen und fuhr weiter zum Schrottplatz, ein düsterer Friedhof der Straßenkrieger. Am Eingang stand angrenzend zum Bürogebäude eine kleine Kabine. Der Mann, der darin mit verschmutzten Kleidern und struppigen Bart saß, runzelte sein wettergegerbtes Gesicht und überflog die Papiere, die Naveen vorlegte. Er ließ sein belegtes Brot auf den Tisch fallen, erhob sich immer noch kauend von seinem Sessel und führte den Besucher durch einen ungefähr 300 Meter langen gewundenen Gang. Dann blieb er stehen, zeigte auf einen Schuppen weiter hinten und drehte sich wortlos um und schlenderte zurück zu seinem Sandwich.

Naveen ging weiter. Ein Mann, maskiert und mit einer Kapuze verhüllt, ging mit einem Schweißbrenner um ein Wrack in der Nähe, eine gesichtslose Figur - der Sensenmann. Naveen ging an einem Schrotthaufen nach dem anderen vorbei, als ob sie für ihn eine Ehrengrade waren, diese Veteranen der Straße, die nun nur mehr Haufen aus Metall, Glas und Plastik waren, Haufen, die einst der Menschheit gedient hatten, und nun weggeworfen worden waren, unbewegliche und leblose Haufen, die man verrotten und verrosten ließ. Jeder davon hatte seine eigene traurige Geschichte zu erzählen, konnte nun aber nur noch zur Totenstille, der Stille des Todes, beitragen. Die Zeit war stehen geblieben.

Der Marsch des Trauernden kam zu einem Ende. Da lagen sie, die Überreste des einst majestätischen Opel Rekord. Nun, im hellen Tageslicht und sich von hinten annähernd konnte Naveen das zerdrückte Fahrzeug betrachten, das größtenteils nur noch bis zur Hüfte reichte. Er konnte nicht glauben, dass sie alle vier lebend aus diesem Chaos entkommen konnten.

Vor den Trümmern stand ein Mann mittleren Alters, der einen Wintermantel trug, ein Klemmbrett in der einen Hand und in der anderen einen einfachen Kugelschreiber hielt. Er sah von den Papieren auf, schaute über den Rand seiner Brille Naveen an und fragte:
„Ist das Ihr Auto?"
„Ja", antwortete Naveen. Das war es immer noch.
„Ich bin Börner, Horst Börner, der Unfallexperte, der einen Schadensbericht für die Versicherungsunternehmen machen soll." Er machte eine Pause. Dann sagte er langsam den Kopf schüttelnd:
„Totalschaden, würde ich sagen. Das Auto ist nur noch Schrott."
Nachdem er ihm Zeit gelassen hatte, dieses Urteil zu verdauen, fügte er hinzu:

„Die Kennzeichenschilder wurden entfernt. Sie können sie im Büro abholen."

Naveen bemerkte, dass tatsächlich das Hintere fehlte.

Dann schaute der Mann zurück auf das Auto und fragte:

„Sind Sie gefahren, als das passierte?"

„Ja, ich war der Fahrer."

„Meine Güte! Und Sie sind da lebend herausgekommen! War noch jemand im Auto?"

„Ja. Meine Frau und hinten zwei Kinder."

„Alle sind am Leben?"

„Ja, glücklicherweise. Wir alle."

„Wirklich? Guter Gott!" Er schwieg, nahm die Lesebrille ab, warf einen Blick auf das Auto, dann auf Naveen und wieder auf das Auto. „So etwas habe ich noch nie gesehen. Ihr Vier seid wirklich den Klauen des Todes entronnen."

Naveen war eine ganze Minute lang in Gedanken verloren, betrauerte den Verlust seines rot blutenden gefallenen Kameraden. Dieser Freund der Familie hatte den Angriff eines LKW widerstanden, hatte den Aufprall abgefangen und sein Leben für die Familie geopfert. Adieu.

Kapitel VII

Im Rampenlicht

Beifahrer?
Nun, da sie etwas Ruhe hatte vor der Achterbahn der Vergangenheit, hätte sich Renate in ein zufriedenes Leben als Hausfrau einfinden können. Sie hätte die Jahre damit verbringen können, auf die Kinder aufzupassen, auf ihren Ehemann zu warten, bis er von der Arbeit nach Hause käme und Aufregung in Magazinen, Serien und Seifenopern zu finden.
Allerdings konnte sie die ständig wachsende Leere in ihrem Leben nicht übersehen. Sie wurde immer unruhiger. Die immer wieder gleichen Fragen tauchten in ihren Gedanken auf: Was kommt als Nächstes? War das alles in meinem Leben? War das Spiel vorbei? War es „der Winter ihrer Unzufriedenheit, der zu einem glorreichen Sommer werden sollte" durch einen glücklichen Zufall?

Es war ein sonniger Abend, die Kinder waren immer noch draußen und spielten mit Freunden aus der Nachbarschaft. Renate war gerade wieder ins Haus gekommen, nachdem sie die beiden Jungs daran erinnert hatte, ihre Spielsachen einzusammeln und für den Abend Schluss zu machen.

Naveen kam von der Arbeit, er war zu müde zum Plaudern. Er legte seine Tasche auf einen Stuhl im Wohnzimmer, warf seine

Jacke darüber und setzte sich mit mürrischem Gesicht hin, trank seinen Tee und starrte Löcher in die Luft. Dann, als ob er sich von den Sorgen der Arbeit ablenken wollte, begann er erneut mit der Außenwelt zu kommunizieren, dieses Mal überprüfte er die Post und brütete über Rechnungen und Mahnungen. Die Stille, die er bewahrte, wurde nur durch seine eigenen gelegentlichen Kraftausdrücke, die er sich mit den Kindern außer Hörweite erlauben konnte, unterbrochen.

Er war blind gegenüber Renates Verlangen nach einer normalen Konversation nach den ganzen anspruchslosen „Gesprächen", die sie gehabt hatte, und die den lieben langen Tag aus Befehlen, Schmeicheleien, Warnungen, Anstößen und Lobeshymnen für die Kinder bestanden. Sie stand vor ihm, still und reglos wie eine Statue. Mit dieser Haltung, die sehr untypisch für sie war, sandte sie ein Signal an Naveen, dass sie etwas Wichtiges beschäftigte. Er sah zu ihr auf, nur um die tägliche beiläufige Frage zu stellen: „Nun, was gab es heute alles, Schatz? Etwas Neues?"
Anstatt den üblichen „Heimbericht" herunterzuspulen, blieb sie dieses Mal still. Sie fühlte, wie ihre Lippen zitterten, und schürzte sie. Diese Routinefrage hatte sie provoziert. Sie ging zum Sofa vor Naveen und setzte sich.
„Nichts, rein gar nichts!" antwortete sie nach einer langen Pause und zuckte mit den Schultern. „Was hast du erwartet? Ich habe auf einer Bank zwischen dem Sandkasten und dem Spielplatz gesessen und mit den anderen Müttern über interessante Themen wie Masern und pürierte Bananen gesprochen. Jeden Tag und überall das gleiche aufregende Zeug. ‚Mein Kind kann dies, kann das, meins kann schwimmen, meins Rad fahren, deine Rezepte, meine Ratschläge' und so weiter. Nichts anderes, über das man reden könnte ..."
Naveen sah vollkommen verblüfft auf.

„Aber Liebling, du hast allen Grund, mit den Jungs zufrieden zu sein. Sie sind so lieb; sie brauchen dich ..."
„Darum geht es nicht", gab Renate bissig zurück.
Entweder wollten Männer alles erklärt bekommen, weil sie gleichgültig, wenn nicht sogar dumm waren, oder sie ignorierten einfach, was bevorstand, in der Hoffnung, der ganze Sturm würde abklingen und sich verziehen.

Sie ging auf die Einzelheiten ein. All die Haushaltspflichten als Mutter und Hausfrau konnten sie nicht zufriedenstellen. Was sie nun brauchte, war die Gesellschaft von Erwachsenen, die sich mit anderen Dingen als den täglichen Haushalt und Fragen der Kindererziehung beschäftigten. Außerdem brauchte sie auch Herausforderungen, um sich weiterzuentwickeln. In ihrer gegenwärtigen verpflichtenden Rolle fühlte sie sich eingeengt, gestrandet sogar abgeschnitten. Es war eine Sackgasse.

Sicher, sie könnte sich nach Arbeit umsehen, Teilzeit oder Vollzeit. Aber nachdem sie in Berlin eine verantwortungsvolle Position in einem großen Unternehmen gehabt hatte, wusste sie, dass es sehr schwer werden würde, hier in der Umgebung eine vergleichbare Stelle zu finden. Sie hatte es schon erfolglos versucht, sofort nachdem sie hierher gezogen war. Außerdem waren die Kinder noch nicht alt genug, um sie alleine zu lassen.

Hobbys hatte sie im Moment keine. Sie dachte an die guten alten Tage, als sie Naveen kennengelernt hatte: In Berlin hatten sie aktiv bei einer Laientheatergruppe mitgewirkt und ausländische Stücke, die ins Deutsche übersetzt worden waren, inszeniert. Die Stücke waren in der berühmten „Kongresshalle" aufgeführt worden. Das Gebäude mit seinem futuristischen Aussehen, das von den Berlinern mit dem Spitznamen „schwangere Auster" versehen worden war, war Drehort für viele Filme, wie zum Beispiel den Science-Fiction Film Aeon Flux, gewesen. (Gegenwärtig beherbergt es das Haus der Kulturen der Welt.) Die Aufführungen zogen sogar professionelle Theaterkritiker an. In einem der Stücke spielten Renate und Naveen die Eltern eines erwachsenen Sohnes, der ermordet wird. In ihren Rollen waren sie ungefähr fünfzig Jahre alt. Renate spielte ihren Part, als sie vom Schicksal ihres Sohnes erfuhr, so überzeugend, dass manche annahmen, dass die Gruppe eine professionelle Schauspielerin für diese spezielle Rolle engagiert hatte. Nachdem sie aus Berlin weggegangen war, hätte sie mit der Schauspielerei weitermachen können, aber in dieser Gegend gab es keine nennenswerte Laienspielgruppe.

Naveen hatte es besser: Er hatte seine alte Grille, magische Zaubertricks, ernsthaft wieder aufgenommen und trat da und dort vor Kindern und, je nach Situation, auch Erwachsenen auf.
„Ich habe immer vorgeschlagen, dass du bei mir mitmachst." Naveen stachelte sie zum wiederholten Mal dazu an. „Wir können ein gemeinsames Kunststück für die Bühne ausarbeiten, bei dem du meine Assistentin und meine Partnerin bist." Sie hatte sich die ganze Zeit gegen diesen Vorschlag, als „Beifahrer" mitzumachen, gewehrt, nannte es vermessen und keine richtige Alternative zu einer ernst zu nehmenden Rolle in ihrem Leben. Dieses Mal überraschte sie Naveen:
„Keine schlechte Idee. Ich denke darüber nach."

Bis jetzt hatte die ihm bei seinen magischen Vorführungen nur mit Tipps und Hinweisen bei der Musik und Kleidung geholfen und sich neue Wege und Arten der Präsentation ausgedacht. Sie hatte gesehen, wie sich Naveen abmühte, einen schweren Tisch für seine

Bühnenvorführung zu schleppen, und dabei entstand eine großartige Idee. Sie erstellte eine einfache Konstruktion: zwei Holzbretter, die mit einer Gewindestange, die wiederum mit zwei hölzernen Prismen ummantelt waren, verbunden wurden. Am Fuß waren Rollen angebracht, so konnte man ihn leicht auf die Bühne schieben. Der Tisch war dann schnell zerlegt. Der Transport war überhaupt kein Problem. Hinter der Bühne konnte er innerhalb einer Minute wieder aufgebaut werden. Herr Hummel, der Besitzer eines Ladens für Zauberartikel, schätzte das einfache Design außerordentlich, er hatte den Tisch gebaut und mit ausreichend Dekoration kam er in Massenproduktion.

***

Wenn Renate einmal eine Entscheidung getroffen hatte, gab es kein Wenn oder Aber mehr. Von Natur aus brauchte sie Platz, um sich zu bewegen, und viel Luft um sich, daher war sie nicht bereit, einen Trick einzuüben, der „Kisten und Kasten", wie sie es nannte, beinhaltete, in die sie hinein- und wieder hinauskriechen sollte, wie es bei magischen Vorführungen dieser Tage üblich war. Zusammen mit Naveen arbeitete sie eine gemeinsame orientalische Darbietung zu indischer Musik aus, deren Höhepunkt eine Levitation war, und bei der sie immer auf der Bühne zu sehen war, kein kriechen, kein ducken.

Das letzte Mal, als Naveen in Indien war, hatte er sich ein maßgeschneidertes Kostüm für die Bühne gekauft. Es bestand aus einem langen Mantel mit sieben Knöpfen, der zur weißen Satinhose passte, dazu einen silbernen Turban und orientalische Schuhe. Als gelernte Schneiderin machte sich Renate ein dazu passendes orientalisches schwarz-silbernes Kostüm.

Die damaligen Zeiten halfen enorm: Die Nachfrage nach solchen Vorführungen war hoch. Die späten siebziger und achtziger Jahre waren Zeiten des Friedens und des Wohlstands in Westdeutschland. Nicht nur der Staat und die Institutionen, sondern auch Geschäftsleute waren reich und bereit, große Summen für Feiern auszugeben. Bei Firmen, Klubs oder politischen Parteien jeder Farbe waren riesige Festlichkeiten ein absolutes Muss. Zusätzlich gesellten sich wohlhabende Einzelpersonen aus anderen Berufssparten hinzu. Es war die Absicht, privat mit Freunden und Kollegen zu feiern und um Ruhm und Ruf zu wetteifern. Bühnenshow und Livemusik gehörten zum Standardprogramm solcher Festlichkeiten.

Zuerst wurde das Paar gebeten, auf Berufsbällen wie solche der Chemiker und Ingenieure in nahe gelegenen Schlössern und Ballräumen bei den Galas aufzutreten. Daraufhin wurden sie von anderen Klubs und Vereinen an Orten wie Essen, München, Berlin, Frankfurt, Freiburg und in den Niederlanden angeheuert. Sie hatten auch einen Auftritt im bayrischen Lokalfernsehen. Ein Auftrag führte zum nächsten und ihre Vorführung war für solche Gelegenheiten und die Öffentlichkeit gedacht. Da sie für ihre Auftritte bezahlt wurden, hatten sie nun die professionelle Welt mit all ihrem Glanz und ihren Herausforderungen betreten. Wenn man schon im Rampenlicht stand, dann musste man auch die Hitze vertragen können, das wurde ihnen bewusst.

Bei einer dieser Gelegenheiten, sie waren zum 25. Jubiläum einer Firma gebucht worden, hatte der Agent mehrere Vorführungen und diverse Künstler eingeladen. Sogar bei Festsälen ist es hinter der Bühne normalerweise nicht so glamourös, wie ein Laie es sich vielleicht vorstellt. Die Künstler hatten selten genug Raum und Platz. Schlechte Beleuchtung, Belüftung, Heizung und Möblierung verstärken die Ungemütlichkeit und Mühen in dieser Unterwelt ganz im Gegensatz zur geräumigen prächtigen Oberwelt namens „Bühne". In der grauen "Garderobe" drängen sich die Künstler dicht an dicht, um sich in jeder Nische und Ecke umzuziehen, und wechseln sich ab, um sich in dem einzigen Spiegel zu betrachten.

Ein erfahrener Komiker war als Conférencier oder Ankerpunkt angestellt worden. Nach dem Probedurchgang für Beleuchtung, Musik und Mikrofon, der ca. eine Stunde vor dem Einlass der Gäste durchgeführt wurde, stellte er sich selbst als „Goldene Nase" vor, denn er trat immer mit einer Nase, die golden bemalen war, auf. Mitten im üblichen Chaos aus Requisiten, Kostümen und Kosmetikartikeln, die überall verstreut lagen, bemerkte Renate, dass der Conférencier in keiner Weise fröhlich war. Sie fühlte, dass etwas nicht in Ordnung war. Seine grazilen Bewegungen trotz seiner korpulenten Figur erinnerten sie an einen Oberkellner in einem Nobelrestaurant; er konnte sich ungehindert durch all die Hindernisse schlängeln. Aber er war nervös und stand mit gehetztem Blick herum, bewegte ruckartig den Kopf; ab und an setzte er sich hin und trommelte mit den Fingern auf den Tisch. Für einen abgebrühten Komiker, der es gewohnt war, viel zu reden, erschienen seine Sätze abgehackt und er konnte sich nicht konzentrieren. Renate näherte sich ihm vorsichtig, teilweise aus Neugier und teilweise, weil ihr diese unglückliche Seele leidtat. Er gab seine Anspannung und Betroffenheit zu und gestand, dass seine Frau ihn nicht begleiten konnte, da sie tags davor ins Krankenhaus gebracht worden war. Außer den Sorgen und der Unsicherheit war er noch dazu hilflos, denn wenn sie nicht um ihn war, dann war er verloren. Renate bot ihre Hilfe an und assistierte ihm neben ihrer eigenen Vorstellung auf der Bühne.

Nachdem er ihren Auftritt gesehen hatte, kam er zu ihr, dankte Renate für ihre Hilfe und fragte:
„Seid ihr beiden professionelle Künstler?"
„Nicht wirklich", antwortete Renate und erklärte, dass sie nur an Wochenenden auftraten und Naveen eine andere Arbeit hatte, um den Lebensunterhalt zu verdienen. Und sie war nur eine Hausfrau, die zwei Kinder großzog.
„Na und? Auf der Bühne seid ihr beide Profis. Habt ihr einen Agenten?"
Renate gab zu, dass sie keinen hatten. Die Veranstalter sprachen sie immer direkt an. Das Geschäft lief nur über Mundpropaganda.

Goldene Nase bot an, mit erfahrenen Agenten zu sprechen, die vielleicht Interesse an ihrer Vorführung hätten. Er hielt Wort. Das stieß die Tür zum Bühnenleben weit auf, da der eine oder andere Agent anrief, um sie für eine Wochenendvorstellung zu buchen.

**

Nach all den geschäftigen Stunden, in denen sie die Requisiten abholen und packten, zu einem unbekannten Ort fuhren und andere Künstler, Musiker und Organisatoren trafen, genoss Renate es, auf der Bühne ihr Bestes zu geben und die Show mit dem Publikum zu teilen. Das war das einzig Wahre: der Nervenkitzel und die Belohnung für die Vorführung. Es war schließlich ein Geben und Nehmen: Die Künstler gaben ihr Bestes, das Publikum zeigte sein Wohlwollen mit Applaus und würde später zufrieden und fröhlich nach Hause gehen, die Künstler ebenso glücklich und beschwingt.

Alle Künstler und das technische Personal arbeiteten immer eng zusammen, auch im körperlichen Sinne, denn die Garderoben waren klein, und die Künstler teilten dann auch den Applaus im Finale. Das gab Renate das Gefühl, dazuzugehören und mit einem Team etwas erreicht zu haben. Wenn noch Zeit und Gelegenheit war, setzten sich die Darsteller noch zu später Stunde nach der Show zu einem gemeinsamen Erfrischungsgetränk zusammen. Da gab es dann genug Raum, um über die Bedingungen der Vorführung, Triumphe und sogar Missgeschicke und andere vergleichbare Situationen zu reden. Ehrliche und unbezahlbare Kritik und Hinweise der Kollegen wurden zu dieser wertvollen Stunde aufgetischt. Dann verstreuten sie sich in alle Windrichtungen. Aber die Kameradschaft, die sich einmal aufgebaut hatte, wurde mit der Zeit oft zu einer lang anhaltenden Freundschaft.

Ihr wurde bewusst, dass wenn man Hilfe anbietet, die Welt einen auch die Hand entgegenstreckt - auch im richtigen Leben. Wenn man einmal dazu bereit ist, die Freude mit der Welt zu teilen, dann gibt es eine entsprechende Antwort und Resonanz. Die Herausforderung, der Spaß und Erfolg förderten ihren natürlichen Optimismus und ihre positive Einstellung dem Leben gegenüber. Für ihr Selbstbewusstsein war es wirklich ein Prozess wie vom Tellerwäscher zum Millionär.

Die Freude war zweifellos hart verdient. Beide mussten große Anstrengungen investieren. Um für eine Vorstellung bezahlt zu werden, mussten sie viel üben, Geduld und Durchhaltevermögen haben. Tagsüber war Renate daheim alleine verantwortlich, nahm Anrufe von Agenten entgegen, buchte alleine die Hotels, kümmerte sich um die Werbung und neue Verträge und musste auch alleine üben. Sie erledigte das alles zusätzlich zu ihren Haushaltspflichten als Mutter und Hausfrau. Alle Mann an Deck.

***

Ein Künstler sollte immer fröhlich sein, immer. Niemand erwartet, dass er oder sie gelangweilt oder müde ist, Kopf- oder Zahnschmerzen oder irgendein anderes Problem hat. Es passt einfach nicht ins Bild.

Renate war in einer solchen Situation, als sie auf dem Weg nach Berlin waren, damals eine sechsstündige Fahrt durch zwei Grenzposten. Sie hatte Fieber, einen grippalen Infekt, wie es oft im Herbst vorkam, und Naveen fuhr mit ihr, ohne zu reden, und hoffte, dass sie auf der langen Fahrt einschlafen und am nächsten Tag wieder in Ordnung sein würde. Mit genug Medizin schaffte sie es, das Fieber zurückzudrängen und die Vorführung in einem Grand Hotel in der Altstadt durchzustehen, um sofort nach Fall des Vorhangs ins Bett zu eilen.

Es gibt recht viele unerzählte Geschichten, die nur unter Kollegen weitergegeben werden und die, obwohl sie kurz waren, meistens gut ausgingen, da die Erzähler Frohnaturen waren. Zu Beginn von Naveens magischer Karriere wurde er während einer Reise nach Indien in den späten siebziger Jahren gebeten, im Rotary Club, genauer in verschiedenen Zweigstellen davon, in Bangalore aufzutreten. Er suchte die leichteren Requisiten für seine Show zusammen, packte fast alle in das Handgepäck, falls die Koffer verloren gehen sollten und er mit bloßen Händen dastehen würde. Der Flug nach Bangalore ging zwingend über Bombay; Einreise- und Zollfreigaben wurden an diesem Zwischenstopp erledigt.

Nachdem die Passagiere das Einwanderungsbüro hinter sich gebracht und das Gepäck abgeholt hatte, eilten sie zur Zollkontrolle.

Müde, ohne auf dem Flug ein Auge zugetan zu haben und vom schwülen, stickigen Wetter in Empfang genommen hatte keiner der Gepäcksschubser, die mit gesenkten Köpfen den Weg entlang schlurften, Lust, diese zusätzliche Hürde zu überwinden. Die Beamten, die in ihrer weißen Kleidung wie Sanitäter aussahen, waren genauso wenig in der Stimmung, jeden potenziellen Einschleicher, Schmuggler und schmuggelnden Tricksern herauszupicken und zu belästigen, sie hatten eine endlose, undankbare Aufgabe, die nur dann Erfolg und Triumph einbrachte, wenn ihnen ein wirklich dicker Fisch ins Netz ging. Da und dort stand ein Grüppchen Wachen plaudernd herum und betrachteten faul den Strom der Ankömmlinge, erlaubten der Parade gnädig, in stiller langsamer Bewegung weiterzugehen, alles in allem eine beruhigte und schläfrige Szene, in der die Zeit beinahe stillzustehen schien. Als sich Renate dem Posten näherte, trat ein Beamter vor.

„Dürfte ich bitte einen Blick in Ihr Handgepäck werfen?", sprach er sie an, nachdem er sich höflich als Herr Kulkarni vorgestellt hatte. Er war ruhig, aber seine Einstellung, die er ausstrahlte, sagte: „Ich meine es ernst!"
So sind sie überall, dachte Renate. Überall auf der Welt müssen Zollbeamten bedrohlich aussehen. Natürlich hatte sie keinen Grund, das abzulehnen. Aber die erwartete langweilige Suche, um dem Boss zu gefallen, der nicht weit dahinter stand, wurde für Herrn Kulkarni ein Unterfangen, bei dem er mysteriöse Dinge zutage förderte. Peinlich berührt stand Naveen daneben, als der Beamte eine magische Requisite nach der anderen herausnahm, sein halb meditatives maskenartiges Gesicht verzog sich zu einem verwunderten Ausdruck. Naveen musste erklären.
„Wie funktioniert das?"

Nun musste Naveen mit jedem Stück seine Tricks vorführen. Müde, ohne ein Auge zugetan zu haben und schwitzend war er nicht in der Stimmung, auf Kommando Leute zu unterhalten. Aber er tat es, um zu verhindern, dass sie hinter die Geheimnisse kamen.
Herr Kulkarni lachte und sagte:
„He, das ist großartig! Warten Sie bitte eine Sekunde."

Dann holte er seinen Kollegen dazu. Danach riefen beide nach ihrem weiter hinten stehenden Chef, ein bebrillter älterer Mann mit buschigen Augenbrauen, der es gewohnt war, nur gerufen zu werden, wenn wirklich Feuer am Dach war. Sogar einige der anderen Passagiere, die ungehindert hätten vorbei gehen können, blieben stehen und wollten sehen, was da los war. Nachdem Naveen alle Tricks vorgeführt hatte, verbeugte er sich, um Applaus zu provozieren. Die Familie hatte nichts zu verzollen. Die Beamten hatten nichts zu konfiszieren. Aber sie konnten eine fröhliche Unterbrechung zelebrieren.

Es gab auch andere Gelegenheiten, bei denen man geistesgegenwärtig sein musste, um im letzten Augenblick etwas zu schaffen oder zu improvisieren. Eines Tages in der Früh bekam ihr Sohn Kishor, damals acht Jahre alt, schreckliche Bauchschmerzen, und gerade an diesem Abend sollten Naveen und Renate auftreten. Die Eltern brachten ihn ins Krankenhaus. Gerade als sie zur Vorführung aufbrechen wollten, rief das Krankenhaus an und teilte ihnen mit, dass es eine Blinddarmentzündung war und sie ihr sofortiges Einverständnis für die Operation brauchten. Nachdem sie das Unabwendbare akzeptiert hatten, waren sie nicht gerade in guter Stimmung für den Auftritt. Da sie die einzigen Künstler an diesem Abend waren, kamen sie trotzdem, wenn auch verspätet, zum verabredeten Ort.

Die erste Reihe war voller Berühmtheiten, darunter auch zwei Botschafter.

Als sie die Requisiten und Kostüme auspackten, entdeckte Renate, dass Naveens indische weiße Satinhose noch zu Hause lag. Er konnte wohl kaum mit seinem dekorativen indischen Mantel und Freizeithose auf die Bühne. Es waren nur noch wenige Minuten, bis man sie ankündigen würde. Renate, die für den Auftritt schon fertig angezogen war, schrie: „Warte eine Minute!", und rannte aus der Garderobe. Sie kam mit einem jungen Mann zurück, der in etwa Naveens Größe hatte. Sie hatte ihn unter den Zuschauern gefunden. Sie stand vor Naveen, der keine Hose mehr anhatte, und schrie den Fremden an:
„Runter mit der Hose - bitte!"

Der junge Mann war fassungslos. Naveen sah seine weiße Hose und verstand. Er bot dem verblüfften Mann sein eigenes Freizeitgewand an und erklärte ihm in wenigen Worten seine Lage. Sie hatten noch sechs Minuten. Der Fremde stimmte zu und Überraschung! Die Hose passte Naveen.

Reflexartig steckte Naveen seine Hände in die Taschen, fand einen 10 Mark Schein und hielt das Geld hin. Renate witzelte: „Danke, das ist für Ihre Hilfe." Der junge Kerl lachte, als er nach dem Schein griff, und zog Naveens Hose an, damit er schnell wieder zu seinem Sitzplatz kam.

Nach der Vorstellung kam er natürlich zurück in die Garderobe, um die Hosen wieder zu tauschen, und die Drei feierten mit ein paar Drinks das Debut der weißen Buxe.

Um der alten Zeiten willen
Die Insel Lanzarote gehört zu der Gruppe der Kanaren in Westafrika vor der Küste Marokkos. Renate war mit ihrer Familie hier gelandet, strikt nur zum Familienurlaub, sie mussten nirgends auftreten.

Das Hotel, in dem sie gebucht hatten, besaß einen großen Unterhaltungssaal mit einer Bar an einem Ende und einer ziemlich großen Bühne gegenüber, dazwischen war ein Tanzboden. Das Hotel bot jeden Abend nach dem Abendessen Unterhaltung für seine Gäste. Nachdem sie den ganzen Tag an der Sonne verbracht hatten und eine deutliche Bräune erarbeiten wollten, zogen sich die Gäste zurück, duschten und zogen sich für den Abend um. Nach dem Essen strömten sie in den Saal, um einen Sitz zu ergattern, und warteten auf die Show, welche auch immer angeboten wurde. Freizeitkleidung war bei der Abendunterhaltung nicht erwünscht. Der Saal füllte sich nicht nur mit den Gästen, sondern auch mit dem allgegenwärtigen spanischen Parfüm Maja, das gerade erst von den neu angekommenen Damen aus dem Norden entdeckt worden war. Unterwürfige Kellner brachten hauptsächlich bunte und extravagante Drinks mit und ohne Alkohol, euphemistisch „Cock-tails" genannt, die meistens von den Damen bestellt wurden. Die Herren versuchten ihre Nationalität mit dem jeweiligen Getränk, Bier, Whiskey oder Wein, zu unterstreichen, um damit dem Rest der Welt zu zeigen: „Das ist das einzige wahre Getränk, das man trinken sollte, Trottel." Nach einem einleitenden Lied und einem Tanz, bei dem die Kinder mitmachten, begann das Programm für die Erwachsenen. Entweder war es etwas so Banales wie Bingo, oder eine reichlich extravagante Bühnenshow.

In einer dieser Nächte planten Renate und ihre Familie, entspannt unter den anderen Touristen zu sitzen und sich anzusehen, was da vom Hotel angeboten wurde. Als der Künstler auf die Bühne gerufen wurde, zogen Renate und Naveen die Augenbrauen hoch und warfen sich Blicke zu. Der Name lautete Cortés, ein berühmter Magier vom Festland Spaniens. Sie hatten einen Magier namens Jaime Cortés vor ein paar Jahren getroffen, als sie in den Ferienzentren von Almeria aufgetreten waren. Sie hatten einige sehr angenehme Stunden in den immer noch warmen Sommernächten nach den Vorführungen mit ihm und seiner Frau Fiona aus Schottland verbracht.

Und tatsächlich, es war Jaime, der auf die Bühne kam, begleitet von seiner Frau Fiona. Ein eleganter älterer Herr mit silbernem Haar, das ordentlich nach hinten gekämmt war, in einem normalen Anzug und nicht in den ausgefallenen Kleidern eines Zauberers. Er bewegte sich locker, Sprache und Gebaren waren nicht affektiert, als ob er hier als Privatmann stehen würde. Seine rabenschwarzen spitz zulaufenden Lackschuhe unterstrichen seine Schritte, die gleitend wie von einem Tänzer waren. Fiona, eine umwerfende und wunderschöne Frau mit langem dunklen Haar und einem schwarzen Kleid hatte immer noch ihre perfekte Figur. Sie bewegte sich mit raubtierartiger Eleganz über die Bühne.

Dann kam der Schock. Plötzlich erspähte Jaime Naveen und Renate im Publikum, seine Augen leuchteten auf und mit einem Zwinkern stellte er das Paar als „die berühmten Magier aus Deutschland" vor. Hätte Naveen nicht so eine dunkle Hautfarbe, hätte Renate sicher gesehen, wie sein Gesicht zu einem reifen Apfel geworden war. Das war Jaimes typische Art, Naveen nach all den Jahren zu begrüßen. Seine Augen glitzerten immer noch, als er sich seiner erheiternden Routine zuwandte und seine Tricks präsentierte.

Nach ungefähr einer Stunde gab es eine Pause von 15 Minuten. Um den Gruß zu erwidern, ging Naveen zur Garderobe hinter der Bühne. Er öffnete die Tür, traute sich aber nicht weiter hinein. Jaime befand sich mitten in einer hitzigen Debatte mit zwei kräftigen finster dreinschauenden Typen, die mit den Armen fuchtelten, die Schultern zuckten und Funken aus ihren Augen sprühen ließen. Jaime war nicht länger der charmante Gentleman voller Selbstvertrauen. Im Gegenteil, er stand halb bekleidet nur in seinem Unterhemd da, fuchtelte verteidigend mit den Händen, war verzweifelt und bat um Hilfe. Er sah in Naveens Richtung und blickte ihm direkt in die Augen. Er fegte die beiden wütenden Typen zu Seite, ging auf Naveen zu und fragte ohne weiteren Kommentar:
„He, kannst du mir bitte helfen?"

Er erklärte seine Situation: Die zwei Kerle waren von einem anderen Hotel, eine Fünf-Sterne-Sache, das die beiden geschickt hatte, um ihn abzuholen. Laut Vertrag musste Jaime dort innerhalb der nächsten Minuten in genau dieser Nacht auftreten. Jaime hatte das vergessen und war erst mit der ersten Hälfte seines Programms in diesem Hotel fertig. Jaime bat Naveen, dass er einsprang und im Fünf-Sterne-Hotel eine Vorführung gab, bis Jaime seine jetzige Show abgeschlossen hatte und hinüberkommen konnte.

Auf seine Empfehlung hin akzeptierten die Typen den Vorschlag. Naveen hatte keine Zeit, das durchzudenken. Als er versuchte, sich daraus zurückzuziehen, auch wörtlich, denn er ging rückwärts auf die Tür zu, bot Jaime ihm seine zweite schwarze Jacke an und meinte, dass Naveen mit seiner Abendgarderobe gut genug für die Show gekleidet war. Fiona trat mit einem warmen Lächeln heran und hielt ihm eine Krawatte entgegen. Naveen kam in die Gänge und packte ein paar von Jaimes Requisiten ein, die er schon in der ersten Hälfte benutzt hatte oder in der zweiten Hälfte auslassen würde, und informierte Kishor und Suresh, die an der Tür standen.

Die Jungs rannten zu ihrer Mutter, die in ein lebhaftes Gespräch mit den anderen Gästen verwickelt war. Um sie ohne weitere Fragen von den anderen loszubekommen, flüsterten sie in ihr Ohr, dass ihr Zimmer von einem aufgedrehten Wasserhahn überflutet wurde. Panisch eilte Renate von der Gruppe weg. Sie war erleichtert, als sie die wahren Neuigkeiten hörte, und ging zu Naveen.

Als sie bei ihm war, gab sie ihm genug Ansporn, Jaime diesen Gefallen zu tun. Sie sagte:
„Stell dir vor, du bist bei einer Party und trittst nur auf, um ohne vertragliche Verpflichtungen die anderen zu unterhalten. Das ist schließlich kein Auftrag, kein Agent kontrolliert dich, und du wirst auch nicht dafür bezahlt."
Das half.

Sie alle wurden von den zwei Typen, die sich nun beruhigt hatten, zum Hotel gefahren. Es war ein riesiges Fünf-Sterne-Hotel mit einer großen Eingangshalle. Auf der anderen Seite wurden sie die Treppe hinunter in einen gemütlicheren kleineren Saal geführt, in dem ungefähr fünfzig Gäste an ihren Drinks nippten und in Erwartung der Show von Cortés miteinander plauderten. In einem Nebenraum band sich Naveen die Krawatte um und zog den Mantel an, während Renate die Requisiten auf dem Tisch arrangierte. In wenigen Minuten verkündete der Ansager, dass als Überraschung ein anderer Magier vor Beginn der Show von Cortés dem Großen auftreten würde, und die Vorführung konnte beginnen.

Nach ungefähr 30 Minuten war Naveen, er beendete gerade seinen vorletzten Trick, sehr erleichtert, als er Jaime die Stufen hinunterlaufen sah. Er ging direkt auf die Bühne, begrüßte Naveen mit einem lockeren Nicken und Naveen konnte mit einer Verbeugung einen schwungvollen Abgang hinlegen.

Als die Show vorbei war, saßen sie alle zusammen an der Bar. Jaime, er hatte wieder zu seiner Gelassenheit gefunden und war nun wieder ganz Gentleman, bestand darauf, den Lohn für diesen Abend mit Naveen zu teilen. Naveen lehnte ab, erlaubte Jaime aber, ihm ein Bier zu zahlen. Sie feierten diese Gelegenheit und ihre längst vergangenen Tage zusammen in Almeria. Naveen wandte sich an Fiona, gab ihr die Krawatte zurück und erinnerte sie an den schottischen Dichter Robert Burns und sein berühmtes Gedicht *Auld Long Syne*, um es mit allen zusammen der alten Zeiten willen zu singen:
„Gib deine Hand, nimm meine hier
und mache dich bereit
für einen letzten Abschiedsschluck
fuf die vergang'ne Zeit!"

Auld Lang Syne
„And there's a hand, my trusty friend!
And give us a hand of yours!
And we'll take a deep draught of good-will
Auld lang syne!"

Es bleibt in der Familie
Die Söhne Kishor und Suresh waren Zeugen des elterlichen Spektakels an bestimmten Wochenenden, Naveen und Renate packten alles zusammen für die Vergnügungsfahrt in ihre Traumwelt. Da die Söh-

ne nun zehn und acht Jahre alt waren, hatten sie ihre eigenen Vorstellungen, wie sie zur Unterhaltung beitragen konnten.

Ein alter Film mit Fred Astaire war der Grund, warum beide so vernarrt in Stepptanz sowie Rhythmus, Bewegung und persönlichen Einsatz des Tänzers waren. Sie begannen, Tanzunterricht zu nehmen und zeigten nachhaltiges Interesse an dieser Kunst als Hobby; Renate fand einen erfahrenen Tänzer namens Fred Faber, der die glorreichen Tage aus Auftritten in Varietés kannte. Trotz seines Alters von sechzig Jahren war er immer noch ein so agiler Tänzer wie damals, voller Energie und Begeisterung, war immer noch aktiv und redete nicht nur über die goldene Vergangenheit. Außer Stepptanz konnte er noch Jonglieren und blitzschnell die Kleidung wechseln, während er hinter einem Wandschirm auf der Bühne vorbeiging. Er half den Jungen, soweit er es vermochte, erst in wöchentlichen Unterrichtseinheiten und dann darin, den beiden Tänzern einen Auftritt im Varieté-Stil zu verschaffen. Später fand Renate einen anderen Tänzer, Andreas, der ihre Talente weiter fördern konnte. Da er aber im Süden, in Leverkusen, also 100 Kilometer entfernt, lebte, fuhr Renate die beiden einmal die Woche dorthin; für sie war das eines der vielen Dinge, die sie für die beiden tat, damit sie sich in Musik und Sportarten wie Judo austoben konnten, Aktivitäten, die darüber hinausgingen, was die Schule bieten konnte. Andreas war ein junger Tänzer um die dreißig und hatte gute Verbindungen zum Fernsehen. Er vereinbarte sogar einen Soloauftritt für Kishor auf dem Privatkanal SAT 1 in Köln.

Durch die Urlaube in Almeria, Spanien, hatten die Jungs das Glück, mit Flamenco in Berührung zu kommen. Eine junge Lehrerin der Schule Semilla Flamenca, die Kinder unterrichtete, war ganz vernarrt in Kishor und Suresh und brachte ihnen Flamenco bei, vier

Tänze namens „Sevillanas". Die Kommandos „golpe" und „punta" klingelten ihnen noch Jahre nach dem Urlaub in den Ohren.

In der Zwischenzeit hatte Naveen eine Bauchrednervorführung ausgearbeitet. Im Gegensatz zu den üblichen Auftritten solcher Darsteller mit nur einer Puppe beinhaltete Naveens Show auch Stimmen von entfernten Gegenständen, das auch als „Stimmenwerfen" bekannt war. Mit dieser Ergänzung, die man fälschlicherweise als Neuheit ansah, wurde seine Vorführung immer beliebter und er wurde von Themenparks wie dem Fantasia Land in der Nähe von Bonn zum 25. Jubiläum angeheuert. Außerdem wurde er ersucht, Kurse in dieser Kunst auf Kongressen von Künstlern und Magiern zu halten. Kishor hatte sich neben dem Stepptanz noch einen ausgezeichneten Nachahmungsauftritt als Double von Michael Jackson ausgedacht. Da die Popularität des „King of Pop" gerade auf dem Höhepunkt war, erfreute sich diese zusätzliche Vorführung großer Beliebtheit.

Nahm man alle Vorführungen zusammen, konnte die Familie ein Programm anbieten, das locker eine Stunde füllte. Von da an wurden sie oft als alleinige Künstler für das abendliche Unterhaltungsprogramm gebucht. Es blieb alles in der Familie.

Renate beschloss, ihre Mutter an deren 80. Geburtstag zu überraschen. Alle fuhren mit ihren Requisiten nach Erlangen. Während der Geburtstagsfeierlichkeiten präsentierten sie ihr gesamtes Programm. Die Gande-Dame war überglücklich, dass die Familie ihrer Tochter ihr zu Ehren und zum Dank für ihren Beitrag zur Familie eine bewegende Vorstellung gab. Zuvor schon im selben Jahr hatten die Jungs ihren Vater Naveen mit einer neuen Tanzvorführung, die sie geheim einstudiert hatten, zu seinem 50. Geburtstag ähnlich überrascht. Es war nicht nur für Naveen eine Überraschung, sondern auch für all seine Kollegen aus dem Chemiewerk, die kaum Erfahrung mit künstlerischen, live aufgeführten Spektakeln hatten.

Einmal erhielt Naveen einen Anruf während der Arbeit. Renate war am Telefon.
„Hallo, rate mal, wer angerufen hat?", sagte sie höchst aufgeregt und redete gleich weiter, ohne eine Antwort von Naveen abzuwarten.
„Es war Herr Althoff, der Zirkusdirektor. Er will uns für die gesamte kommende Saison buchen."
„Was? Zirkus Althoff? Habe ich dich richtig verstanden? Würdest du bitte wiederholen, was du gesagt hast?" Naveen konnte es nicht glauben.
„Ja, du hast schon richtig gehört", antwortete Renate und stellte sich dabei Naveens ungläubigen Gesichtsausdruck vor.

Im 18. Jahrhundert gegründet war der Zirkus Althoff einer der ältesten und berühmtesten Zirkusse der Welt. Anfangs unter dem Namen Aldenhoven bekannt, erhielt er im Jahr 1770 den Namen Althoff. Die Familie Althoff zählte zu den Pionieren auf diesem Gebiet in Deutschland.

„Tatsächlich", sprach Renate weiter, „habe ich ihn zurückgerufen, um sicherzugehen. Erst habe ich ihn gefragt, ob ich wirklich mit Herrn Althoff, dem Direktor persönlich, spreche. Er sagte: ‚Natürlich, Sie wurden mir von meinem Agenten empfohlen. Ich möchte Sie und Ihre gesamte Vorstellung buchen. Sind Sie alle noch ohne Verpflichtungen in der nächsten Saison? Wenn dem so ist, dann können wir einen Vertrag ausarbeiten.' Ich wusste nicht, was ich sagen sollte. Eine ganze Saison, du auf der Arbeit und die Jungs

in der Schule? Keine Chance. Nachdem ich ihm für sein Angebot gedankt habe, sagte ich:
‚Ich weiß zu schätzen, dass Sie an uns herangetreten sind, aber sehen Sie, es ist so ...' Herr Althoff unterbrach mich:
‚Gut, gut, ich verstehe. Das habe ich befürchtet. Also sind Sie schon für die Saison gebucht worden und nicht mehr verfügbar. Das ist schade, ich bin wohl zu spät gekommen. So oder so, war nett, mit Ihnen zu reden.' Dann hat er aufgelegt."

***

Ein interessanter Auftrag, der sich zeitlich ausging, kam bald danach. Ein Agent rief Renate an, um die Familie für die diesjährige Weihnachtssaison zu buchen. Auf der Touristeninsel Djerba, die zu Tunesien gehört, wurde knapp vor Weihnachten das allererste Fünf-Sterne-Hotel der Insel eröffnet. Der Direktor des Hotels Royal Garden war ein Österreicher, der den Agenten um die Vorstellungen gebeten hatte. Die Reise zum Hotel und wieder zurück wurde natürlich, neben dem Honorar, auch bezahlt.

Bei ihrer Ankunft im Royal Garden wurden sie am Eingang von Ingrid, der Sekretärin des Hoteldirektors, und einer jungen Frau namens Iris, die für das Unterhaltungsprogramm zuständig war, begrüßt. Ein paar Stufen führten zu einem leicht erhobenen Eingang, durch welchen die Besucher in eine große Halle mit einer sehr hohen Decke traten; der Eingangsbereich war majestätisch und prachtvoll, aber der geräumige Saal erinnerte Renate an einen Flughafen. Der Boden aus Marmor war nur teilweise mit Teppichen bedeckt und die Fenster hatten keine schweren Vorhänge, waren also an das mediterrane Klima angepasst. Aber ohne etwas, das die Geräusche dämpfte, war dieser Ort voller Echos, die aus jeder Ecke schallten, auch etwas Mediterranes. Sie alle setzten sich für ein schnelles Gespräch an einen der Tische in der Lounge. Ihnen wurde gesagt, dass noch ein weiterer Künstler aus Ägypten mit seiner Familie am nächsten Tag ankommen würde. Er war Messerwerfer, der von seiner Frau (das Ziel, das er geschworen hatte nicht zu treffen) und seinem Kind begleitet wurde. Renate und ihre Familie wurden auf ihre Zimmer gebracht, eigentlich eine Suite in der Mitte des Hotels, das Beste, was sie zu bieten hatten. Zwei Tage lang konnten sie sich ausruhen und das Hotel und die Umgebung kennenlernen.

Die eigentliche Idee des Direktors war es, die Künstler in einem langen Korridor, der zu den Läden führte, auftreten zu lassen, um so die Aufmerksamkeit der Gäste zu erregen. Aber der Architekt hatte diesen Teil des Hotels noch nicht fertiggestellt. Er hatte nur geschafft, die Zimmer, das Restaurant und die Festhalle zu bauen, bevor das Hotel eröffnet wurde.

Diese Tatsache erforderte eine Änderung des Plans und brachte das Personal aus seinem Rhythmus. Nachdem der andere Künstler auch angekommen war, hatten die Darsteller eine schwere Zeit, das Personal jeden Nachmittag zu treffen und es zu überzeugen, wie man an die Situation herangehen sollte. Es gab keine andere Möglichkeit, als an der Bar und in der Disco aufzutreten und eine eigene Bühne in der Mitte der Eingangshalle zu bauen und auf dieser zu den Weihnachts- und Neujahrsfeierlichkeiten Vorstellungen zu geben. Das bedeutete, dass jemand ins nahegelegene Dorf fahren und all die notwendigen Materialien, um eine passable Bühne zu bauen, kaufen musste.

Als endlich die Proben beginnen konnten, kam das Personal mit einem weiteren Problem an. Der Direktor hatte einen großen Weihnachtsbaum aus Frankreich bestellt, der nahe am Eingang aufgestellt werden sollte. Der Baum war in Tunis angekommen, aber der Zoll gab ihn nicht frei. Die Behörden meinten, nicht-islamische Bräuche nicht unterstützen zu müssen und weigerten sich, den Baum durchzulassen. Aller Wahrscheinlichkeit nach würde er erst nach dem Fest eintreffen.

Renate erinnerte sich an ihren Weihnachtsbaum von ihrem ersten Besuch in Indien. Sie schlug vor, einen Baum der einheimischen Pflanzenwelt weihnachtlich zu schmücken. Nur musste es dieses Mal ein großer Baum sein, damit er den Gästen in der vornehmen Eingangshalle gefiel. Er hatte keine Ähnlichkeit mit einer Tanne, konnte aber mit Dekoration so geschmückt werden, dass nicht mehr ersichtlich war, was es für ein Baum war. Renate und das Personal bauten einen ungefähr drei Meter hohen Baum, der das Grundgerüst unter der üppigen Dekoration bildete.

Einen Tag vor Weihnachten strömten die Gäste heran. Das Hotel war vollständig ausgebucht. Die Hauptvorführungen kamen ohne Sprache aus, wurden nur von Musik begleitet, also gab es keine Sprachbarriere, die man überwinden musste. Einzelne Vorstellungen wie Bauchreden für die deutsch- oder englischsprachigen Gäste und die Tanzvorführungen in der Disco boten weitere Gelegenheiten zur Unterhaltung. Die meisten der Besucher waren durch Öl reich gewordene Libyer, die mit großen Familien für einen kurzen Urlaub gekommen waren. Alle anderen kamen aus ganz Europa, aus dem Königreich der Ewigen Wolken, die der tristen Kälte dort drüben entkamen, dankbare Seelen, die bereit waren, zu feiern, bereit waren, am Tag in der Sonne zu faulenzen und die Nächte zu durchtanzen. Weihnachten und der Baum war wichtig für sie.

Während der Vorstellungen freute sich Renate zu bemerken, dass die Libyer anders reagierten als die Europäer. Die Afrikaner waren wirklich humorvolle und fröhliche Charaktere, die spontan auf die Vorgänge auf der Bühne reagierten, die in Europa unbeachtet geblieben wären. Die Künstler erlebten durch das gemischte Publikum einen neuen Schwung, keine alltägliche Erfahrung für sie alle.

Nach den Sternen greifen
Renate beugte sich über das Geländer, um zu sehen, was darunter vor sich ging. Eine Reihe von barfüßigen Gepäckträgern, die Körbe auf ihren Köpfen balancierten und eine schmale Behelfsbrücke aus Brettern entlang eilten, jeder Korb enthielt die eine oder andere Sorte exotischer Früchte, manche davon kannte sie seit ihrem Aufenthalt in Indien, einige waren zu groß oder zu bunt und waren ihrer Erinnerung entschlüpft. Der unverkennbare Geruch von Mango, Ananas und Papaya wehte in der warmen Luft nach oben. Eine weitere Reihe von Arbeitern war auf dem Rückweg, sie quetschten sich auf der schmalen Brücke mit ihren leeren Körben in den Händen an den anderen vorbei. Nach einer Weile richtete Renate sich wieder auf, legte den Kopf in den Nacken und genoss die Sonne, die zwar heiß, ihr so aber recht war nach der Kälte und Dunkelheit der vergangenen Tage.
Sie hatte einen langen Weg hinter sich.

Renate war an Bord der Royal Star, einem mittelgroßen Kreuzer im Hafen von Mombasa an der Ostküste Afrikas. Das Schiff wurde mit Lebensmitteln für die lange Reise beladen.

Die ganze Geschichte hatte mit einer Nachricht begonnen, die sie in Marl übersehen hatte. Als sie eines Tages den Raum aufräumte, in dessen Ecke das Faxgerät stand, entdeckte sie ein zusammengerolltes Stück Papier, das unter dem Tisch hervor rollte. Sie hob es auf und las, dass es eine Anfrage eines Agenten aus Basel, aus der Schweiz war. Ein Tourismusklub namens African Safari Club wollte die Tanzvorstellung ihrer Söhne für eine Vergnügungsreise im Indischen Ozean buchen. Die Anfrage war zwei Wochen alt, unbemerkt und ungelesen!

Sie sammelte ihren Mut zusammen, verzichtete aber darauf, eine Ausrede zu erfinden, und rief den Agenten an. Er hatte geduldig auf ihren Anruf gewartet, denn der Klub wollte genau diese Vorführung für drei Wochen während der Weihnachtsferien. Der Flug, der auf Kosten des Klubs ging, würde von Frankfurt nach Kenia, Mombasa gehen, und von dort aus würde die Fahrt starten; nachdem das Schiff auf Inseln wie Madagaskar, den Seychellen, Réunion und Mauritius angelegt hatte, ging die Reise weiter nach Durban und, als Endstation, nach Kapstadt. Jedem der zwei Tänzer wurde erlaubt, einen Erwachsenen als Begleitperson mitzunehmen. Da es ein sogenannter europäischer Vertrag war, wurde von den Künstlern und ihrer Begleitung keine andere Tätigkeit als die Tanzauftritte verlangt.

Die Jungs waren zweifellos sehr aufgeregt bei dieser Aussicht. Erstens konnte der Zeitpunkt kaum besser sein, denn sie wollten ohnehin in den Weihnachtsferien Urlaub machen. Außerdem fühlten sie sich geschmeichelt, dass ihre eigene Vorstellung nun als professionell angesehen wurde und auf internationalem Niveau begehrt war. Sie wollten ihre Mama und Papa als Eskorte, um ihnen hinter der Bühne zu helfen.

Sie waren mit einem Flugzeug, das dem Klub gehörte, von Frankfurt weggeflogen und erreichten in der Nacht Mombasa. Bei diesem

Nord-Süd Flug gab es keine Zeitverschiebung. Allerdings machte sich der plötzliche Klimawandel vom europäischen Winter zum erwartet schwülen und stickigen tropischen Küstenklima bemerkbar. Sie wurden in einem Hotel, das ebenfalls zum Klub gehörte, untergebracht. Es war eine recht interessante Unterkunft, die aus einer Gruppe hüttenähnlicher Konstruktionen mit Dächern aus Palmblättern bestand. Die Hütten waren um ein großes zentrales Gebäude herum verstreut, wobei die große Hütte als Speisesaal diente. Nach einem einfachen, schnellen Abendessen gingen sie zu Bett. Sie blieben zwei Tage und genossen die herrliche tropische Pflanzenwelt und die dazugehörigen Delikatessen der Tropen, die zum Frühstück, Mittag- und Abendessen serviert wurden.

Am dritten Tag wurden sie mit einem kleinen Bus zum Hafen gebracht, um das Schiff gut zwei Stunden vor Ankunft der Gäste zu erreichen. Sie wurden von einer großen und schlanken dunkelhaarigen Frau um die vierzig in Sportkleidung und Turnschuhen begrüßt. Mit ihrer einfachen Frisur und dem minimalen Make-up sah sie aus, als wäre sie stets bereit, den Anforderungen des Tages entgegenzutreten. Sie stellte sich selbst als Maria aus Rumänien vor, als die Person, die für die Unterhaltung und Ausflüge an die Küsten verantwortlich war. Sie sprach ganz gut deutsch. Renate war glücklich, dass es hier eine Person gab, die die Welt der Künstler verstand, so wie ein Agent es tat. Maria führte sie nach achtern und durch den Tanzsaal, sie gingen nach oben zu einer kleinen Bar im Oberdeck, die in Disco umbenannt worden war. Dort trafen sie die anderen Darsteller, eine arabische Bauchtänzerin und eine philippinische Band bestehend aus einem Sänger und vier Musikern.

Sie setzten sich mit ihren Getränken für einige Minuten hin und erhielten Informationen über ihr Engagement. Unterhaltung gab es jeden Abend nach dem Essen im unteren Saal und nur an Tagen, an denen das Schiff von Hafen zu Hafen fuhr. In den Häfen brachte man die Gäste an Land und nahm sie mit auf Exkursionen, daher waren sie am Abend zu müde, um die Unterhaltung genießen zu können. Sie erläuterte das Programm und ihr kurzes Treffen war vorbei.

Als sie wieder durch den Tanzsaal gingen, sahen sie, wie an der Tür eine Furcht einflößende Frau stand, die mürrisch in ihre Richtung blickte. Es war schwer zu sagen, warum sie so grimmig aussah, ob es das permanente Stirnrunzeln und der missbilligende Ausdruck waren oder der Hohn, der gelegentlich anstelle eines Lächelns zu sehen war. Maria stellte sie als die Klubmanagerin vor, die sich um den Tourismus kümmerte. Als Antwort würdigte sie diesen seltsamen Haufen nur mit einem Lächeln, war aber gnädig genug, ihre Hand auszustrecken, eine unbezwingbare Festung, die ihre Zugbrücke herunter ließ. Dann kreiste sie ohne ein weiteres Wort um ihre eigene Achse und nach dem Manöver trottete sie in Richtung Tür. Als sie außer Hörweite war, sagte Maria, dass die Managerin nicht während der Fahrt an Bord sein werde, denn sie würde die Gäste an Land auf einer Safari behelligen. Die Künstler seufzten. Maria lächelte.

***

Maria starrte in den Himmel und war tief in Gedanken versunken. Sie sah frisch und aktiv aus, trotz des anstrengenden Tages. Die langsam untergehende Abendsonne schien zum Abschied auf ihr Gesicht. Renate saß mit ihr an Deck und betrachtete den Sonnenuntergang. Sie hatten nur Erfrischungsgetränke dabei, dennoch fühlte sie sich beschwipst; es war die Atmosphäre. Sie fragte sich, ob

Maria ein langes enges Kleid angezogen hatte, um wie eine Meerjungfrau aus dem Indischen Ozean auszusehen. Maria unterbrach die Stille.

„Diese Ecke der Welt ist wirklich ein vergessenes Paradies. Es ist ein Mikrokosmos", sagte sie und lehnte sich, nachdem sie das Glas mit Orangensaft vom Tisch geholt hatte, in ihrem Sessel zurück. „Auf diesen Inseln werden Sie alle Kulturen und Stile finden." Nach einem Schluck fügte sie noch hinzu: „Es ist eine beispielhafte Symphonie zwischen Mensch und Natur, zwischen Mensch und Kultur. Es ist ein echtes Miteinander, nicht nur ein unsicherer Waffenstillstand."

Nachdem sie Mombasa verlassen hatten, hatten sie einen Tag lang in Nosi Bay im Norden von Madagaskar angelegt und hielten danach auf der Insel Réunion. Die Passagiere der Kreuzfahrt hatten hier einen längeren Aufenthalt als geplant, denn am Schiff mussten ein paar Reparaturen durchgeführt werden.

Im Gegensatz zu den anderen Inseln, die jede für sich ein unabhängiger Staat ist, ist diese Insel, die den offiziellen Namen Département de Réunion führt, ein Teil von Frankreich, also ein tropischer Teil Europas. Dieser stille und abgelegene Ort ist stolz auf seine französische Sprache und Kultur. Außer Französisch wird auch Kreolisch gesprochen, die Sprache, in der man sich hier auf den Inseln verständigt. Da die Insel auch den Euro als Währung hat, fühlte sich Renate hier als Europäerin sehr wohl. Es war, als hätte sie nur den Rhein nach Frankreich hinüber überquert. Natürlich verstärkten tägliche Dinge wie Croissant zum Frühstück und Rotwein zum Abendessen die französische Gastfreundschaft. Aber von der tropischen Szenerie und der Architektur her erinnerte dieser Ort

Renate mehr an Indien. Das war eine Welt, in der sich der Osten tatsächlich mit dem Westen trifft, beides, Bombay und Paris, fand sich hier an der Spitze eines unterseeischen Vulkans.

Ungefähr 2000 Kilometer von Afrika entfernt hielten sie nun auf Mauritius zu, das südlich des Äquators liegt. Diese Insel war auch mit unberührter Natur gesegnet, wie die anderen Inseln, und konnte eine ebenso malerische Landschaft vorweisen. Darauf finden sich Nationalparks wie der Pamplemousses Garden mit den riesigen Victoria Regia Seerosen. Der Casela Vogelpark ist Heimat für 2500 Vögel von 140 unterschiedlichen Arten. Im Black River Gorges Nationalpark sieht man endemische Pflanzen. Domaine de Chausseur ist ein weiteres großes Naturschutzgebiet für Wild, Affen und Wildschweine in einer Vegetation aus Ebenholz- und Palmenbäumen und wilden Orchideen. Im La Vanille Crocodile Park werden Nilkrokodile gezüchtet.

Renate hatte ein bisschen über die Insel gelesen, deren natürliche Schätze und über die Einwohner. Aber so gut auch Vieles geschrieben war, so hatte es doch keiner der Autoren geschafft, brennendes Interesse in ihr zu wecken. Sie hatte angenommen, dass es eine dieser unzähligen grundsätzlich unschuldigen Inseln wäre, die überall auf dem Globus verstreut waren, und Weltenbummler und Groupies anzogen. Erst nachdem sie einige Tage auf der Insel umherwandernd verbracht hatte, konnte sie deren unnachahmliche Einzigartigkeit erkennen.

Als sie mit ihrer Familie zum Schiff zurückkehrte, war sie sich sicher, dass besonders eine freie Stunde auf dieser Insel immer in ihrem Gedächtnis bleiben würde: ein einsamer Spaziergang den Strand entlang. Weit draußen lag ein Korallenriff, das die gesamte

Insel umrundet. Es waren nur wenige Sonnenanbeter unterwegs. Als die Sonne in Richtung Westen wanderte, reflektierte der Sand das Licht und änderte im Verlauf des Sonnenuntergangs seine Farbe von weiß in goldgelb. Außer dem sanften Rauschen der Wellen, die sich am Riff brachen, herrschte eine verhaltene Stille. Eine plötzliche leichte Brise schien sie an das vierte und unsichtbare Element zu erinnern, die Luft. Sie blieb ein paar Sekunden stehen, schloss ihre Augen und atmete tief ein, um zu fühlen, aufzusaugen und zu reflektieren. Als sie ihre Augen wieder öffnete, versuchte sie, alle Faktoren auf einmal zu erfassen: Die verschiedenen Kulturen, die europäische, afrikanische und indische, waren überall ersichtlich, sei es in den Gesichtszügen und dem Kleidungsstil der Einwohner, oder im Lebensstil und der Architektur, eine in sich geschlossene Welt in Harmonie, Frieden und Würde.

In dieser meditativen Stimmung verstand sie, was Maria gesagt hatte: Es sind nicht Einzelstücke, sondern eine vollständige Symphonie, die diesen Ort von anderen unterscheidet. Es ist kein Abklatsch. Es ist einzigartig.

Wie sie von diesem „Mikrokosmos" Abschied nahm, klang ein Lied von Harry Belafonte in ihren Ohren, das Lied „Oh, Island in the Sun". Sie flüsterte den Text.

> „All my days I will sing in praise
> Of your forest, waters, your shining sand."

***

Wie die Sonne, die erst im Osten aufgeht und erstrahlt, während der Westen immer noch auf die Dämmerung wartet, kam der nachsichtige Geist der Toleranz erst über die Inseln im Osten, und musste im Westen, in Südafrika erst in vollem Glanz erscheinen. Die Südafrikanische Union wurde endlich Zeuge vom Aufgang einer multikulturellen Harmonie, die auf den Inseln östlich davon bereits selbstverständlich war.

Der Kreuzer näherte sich der Küste von Südafrika.

Die Republik Südafrika hatte gerade ihre miserable Trennungspolitik, die *Apartheid*, über Bord geworfen. Nach den Parlamentswahlen von 1948 als offizielle Politik eingeführt und für beinahe ein halbes Jahrhundert praktiziert, wurde die *Apartheid* vor ein paar Monaten aufgelöst. Der Entscheidung waren drei Jahre Verhandlungen und die Parlamentswahlen unter allgemeinem Wahlrecht am 27. April 1994 vorausgegangen. Nelson Mandela wurde zum Präsidenten gewählt und am 10. Mai in sein Amt eingeführt. In seiner berühmten Rede in Pretoria hatte er gesagt: „Wir haben gesehen, wie unser Land in diesem Konflikt zerrissen wurde. Jetzt ist die Zeit des Heilens gekommen... . Niemals, niemals wieder wird dieses wunderschöne Land die Unterdrückung des einen durch den anderen erleben."

Als Ergebnis davon wurden die Sanktionen, die andere dem Land auferlegt hatten und seit den späten achtziger Jahren wirksam gewesen waren, aufgehoben. Die Republik war nun in der internationalen Szene gesellschaftsfähig. Das Land war in der Stimmung, Fremde willkommen zu heißen. Bei Ankunft des Kreuzers am Hafen in Durban gab es dort verschiedenste Willkommensfeiern. Sogar noch bevor die Passagiere das Schiff verlassen konnten, wurde ihre Ankunft mit einer eigenen Tanzvorführung der Zulu an der Küste gefeiert.

Die Gäste wurden ins Hotel gebracht, in dem sie für ein paar Tage zur Besichtigung der Stadt bleiben konnten. Die Touristen wurden freundlich aufgenommen und allem Anschein nach war die Neutralität der Rasse gegenüber nicht gespielt. Niemanden schien es zu kümmern. Am Strand allerdings war es offensichtlich, dass jedes Liebespaar derselben Rasse angehörte, zwei Weiße, zwei Schwarze oder zwei Braune. Es war erst ein Jahr her, dass der Strand mit Schildern „Nur für Weiße" und „Nur für Nicht-Weiße" gekennzeichnet war. Renate und Naveen wollten dieses heikle Thema nicht vor den Einwohnern an Tageslicht bringen und entschieden sich für visuelle Beobachtung und Schlussfolgerungen.

Die Passagiere des Kreuzers wurden alle auf einen Busausflug nach KwaZulu-Natal, dem Land der Zulu im Norden eingeladen. Sie erhaschten einen Blick auf die malerische tropische Vegetation auf dem Weg dorthin, während die Reiseleiterin Jane, eine charmante weiße Dame mittleren Alters, ihnen die Geschichte des Volkes der Zulu unter spezieller Bezugnahme auf deren König Shaka (1787 - 1828) näherbrachte.

Die Gruppe hielt an einem Rastplatz neben der Straße, um Kaffee und Imbisse zu verzehren. Renate und ihre Familie teilten einen abgelegenen Tisch für sechs Personen mit der Reiseleiterin und dem Busfahrer, einem schwarzen Mann. Nachdem er zurück zum Bus gegangen war, um ihn aufzutanken, sprach Jane selbst das Thema an.
„Ich bin froh, Sie zu treffen, Sie sind ein Salut für multikulturelle Ehe und Kinder. Ich finde das äußerst interessant."
„Nett, dass Sie das sagen." Renate genoss das Kompliment mit Vorsicht. „Wir haben uns schon gefragt, warum *Apartheid* hier überhaupt eingeführt worden war."

„Arroganz. Weiße Arroganz. Das ist alles", antwortete die Reiseleiterin.
Renate war erstaunt.
„Tatsächlich", sprach Jane weiter, „war diese Haltung von der Politik vorgeschrieben, aber kaum einer der Bürger kümmerte sich darum. Als ich noch ein Kind war, war eine Familie indischer Abstammung sehr eng mit meiner Familie befreundet. Ich spielte beinahe täglich mit dem Mädchen dieser Familie. Dann befahlen die Behörden, dass wir aufhörten, uns „zu vermischen". Wir wurden gezwungen, den Kontakt zu ihnen abzubrechen. So ging es damals zu."
„Wir haben bemerkt, dass es keine Feindseligkeiten gegenüber Touristen einer anderen Hautfarbe gibt", sagte Naveen.
„So sind die Leute. Wie ich schon sagte, diese Geisteshaltung war unter den Bürgern schon lange tot. Es war nur der Staat, der so lange daran festgehalten hat. Stellen Sie sich vor, wären Sie etwas früher gekommen, hätte man Sie in verschiedenen Hotels untergebracht." Sie wandte sich an Renate: „Sie wären in einem Hotel für Weiße gewesen, und Ihr Ehemann in einem für Inder, und", fügte sie mit einem Blick auf die Söhne hinzu, „Ihre Söhne wiederum in einem anderen Hotel für Farbige. Können Sie sich das vorstellen? Sie hätten in drei unterschiedlichen Hotels bleiben müssen."

Diese freimütigen Stellungnahmen von Jane verursachten einen Ruck in Renates Sicht auf die Realität dieser Jahre. Ja, diese Art von Ungerechtigkeit, nicht nur der von Menschen gegen Menschen, sondern die vom Staat gegen die Person, wurde überall auf der Welt praktiziert. Sie hatte das persönlich im Osten und Westen erfahren. Und nun, hier im Süden, erlebte sie die gleiche Ungerechtigkeit der jüngeren Vergangenheit. Damals oder heute, dort oder da, es war überall die gleiche Geschichte, der Staat mischte sich in die Freiheit des Einzelnen ein im Namen von was? Religion, Nation, Rasse? Such es dir aus.

Nach dem Ausflug, als sie wieder an Bord hingen, fühlte Renate sich beschwingt von der Meeresbrise, die über ihre Wangen strich und von der unsichtbaren Hand, die ihr auf den Rücken klopfte. Ja, sie hatte sich gegen ihre eigene Version von *Apartheid* gewehrt, die ihr andernorts aufgetischt worden war, mehr als nur einmal. Aber das ist lange her.
„Kein Bedauern", sagte sie sich selbst.
Sie lebte nun in einer anderen Zeit und teilte ihre Freude mit Leuten aus sogar weit entfernten Ecken der Welt. Die Berliner Mauer gab es nicht mehr, so auch die *Apartheid*. Die Dinge auf der Welt veränderten sich zum Guten hin; so auch für ihre Familie und sie selbst.

Sie träumte nicht.

Kapitel VIII

Wiedergeboren

Sie träumte nicht.

Sie lag vollständig wach im Bett, und wenn sie durch das Fenster blickte, konnte sie den blauen Himmel mit ein paar verstreuten weißen Wolken sehen. Da das Fenster fest verschlossen war, konnte sie sich das Zwitschern der Vögel draußen an diesem späten Morgen im Sommer nur vorstellen. Das war eigentlich ein Moment, um aus dem Bett zu springen und einen wundervollen Tag auf wunderbare Weise zu beginnen.

Ausgeschlossen. Sie war ans Bett im obersten Stock eines Krankenhauses gefesselt.

Klopfen an der Tür
Ihre Seereise über den Indischen Ozean lag beinahe 10 Jahre zurück. Seitdem war es ein fortwährender Spießrutenlauf gewesen. Es begann 1999, als sie zu Hause zusammenbrach, in Ohnmacht fiel und Nasenbluten bekam. Es wurde ein Bluterguss im Gehirn diagnostiziert, und sie war bereits zwei Mal im nahe gelegenen neurologischen Zentrum operiert worden. Ihre Besserung wurde von anderen Krankheiten, die voneinander unabhängig waren, unterbro-

chen, ihr gesamter Körper von Kopf bis Fuß war betroffen. Nach einem mehrfachen Bruch ihres Beines hatte sie dreizehn Wochen lang mit Krücken gehen müssen. Aber das war nur eine Kleinigkeit im Vergleich hierzu. Während einem dieser Angriffe sämtlicher Krankheiten und zwischen den Operationen war sie innerhalb von vier Monaten in sechs verschiedene Krankenhäuser überwiesen worden. Alles in allem hätten drei dieser Gelegenheiten sie für immer in den Rollstuhl bringen können, zwei Mal wäre es beinahe tödlich ausgegangen. Sie hatte diese Hinweise, die schicksalshaft an ihre Tür klopften, ignoriert und erholte sich nun von der zweiten Operation an ihrem Rückgrat.

Ihr Vater hatte sich gegen den Widerstand ihrer Mutter, die sie Christa nennen wollte, auf den Namen Renate taufen lassen. Anstatt ihr kompromisshalber beide Namen zu geben, was zu dieser Zeit durchaus üblich war - ihr Bruder hieß Karl Dieter - erhielt sie nur einen: Renate. Das stand im Gegensatz zu ihren Vorfahren (Vater Werner hatte den Ursprung der Familie bis ins Jahr 1772 zurückverfolgt, das war alles in ihrem Stammbuch zu lesen). Sie nahm es nicht so ernst, sie scherzte immer, ihre Eltern hätten ihr wegen kriegsbedingter Knappheit nur den einen Namen gegeben. Renate bedeutet die Wiedergeborene. Vielleicht ahnte ihr Vater damals, was seiner Tochter noch bevorstand, und dass sie mehr als nur einmal im Laufe ihres Lebens wiedergeboren werden würde.

Es war kein Wunder, dass diese Torturen zu Depression führten. Ab einem bestimmten Zeitpunkt verweigerte sie jede Behandlung. Aber da war noch ein Rest des Lichtes, das immer noch in ihrem Herzen glühte, dieser Rest an Willenskraft, sich wieder der Herausforderung zu stellen, jener Instinkt, der immer ihr treuester Freund gewesen war und sie dazu brachte, gegen alle schlimmen Schicksalsschläge anzukämpfen, um dann zu fröhlicher Normalität zurückzukehren. Die Natur selbst konnte nur einen gewissen Beitrag leisten, Ärzte und Medizin vermochten auch nur einen Teil auszurichten, aber der letzte Anstoß musste von ihr selbst kommen, ihr eigener Mut und ihre eigene Entschlossenheit. Das war keine Herausforderung, welche die Menschheit an sie stellte. Der Feind lag in ihrem Inneren auf der Lauer. Und er forderte sie zu einem letzten Kampf heraus.

Eines Tages würde dieses körperliche Elend aufhören und sie wäre wieder daheim, wieder bei ihrer Familie und vor allem, sie wäre wieder sie selbst. Sie hing normalerweise keinen fatalistischen Gedanken nach. Aber selbst sie musste zugeben, dass viel Wahres im Vergleich zwischen dem Leben und dem Spiel Schlangen und Leitern, von dem Naveen oft erzählt hatte, lag. Ja, sie war auf eine Schlange getreten und in diesem Spiel nach unten gerutscht, aber sie würde wieder anfangen, nach oben zu klettern, egal, wie hoch die Leiter war, egal, wie lange es dauern würde, um dorthin zurückzukommen, wo sie gewesen war. Sie entschloss sich, alle moralische Unterstützung fortzuwerfen und frei wie immer weiterzumachen.

Schließlich war sie eine Batterie, sie war *wiederaufladbar*.

***

„Ich glaub's nicht", sagte Naveen voller Freude. „Sie hat sich so gut und so schnell erholt." Renate hatte unter großer Erleichterung ihre Sachen gepackt. Sie wurde aus einem weiteren der endlos wiederkehrenden Krankenhäuser entlassen. Sie hatte sämtliche Therapien und Rehabilitationsprogramme hinter sich. Nun war sie wieder sicher auf ihrem Pfad und brauchte keine Hilfe mehr, von nirgendwoher. Naveen war gekommen, um sie abzuholen und nach Hause zu bringen. Endlich wieder im trauten Heim.

Der verantwortliche Arzt, ein junger kleiner Mann, stand mit den Händen in den Taschen seines weißen Kittels im Türrahmen. Bescheiden und peinlich berührt vom subtilen Kompliment zuckte er nur mit den Schultern und lächelte seine Patientin an. Er war dankbar für jeden Satz, der ihm etwas Erfolg bei seinen Anstrengungen zuschrieb.
„Weißt du was?", protestierte Renate, „Ich habe immer noch meine Probleme."
„Aber du zeigst sie nicht, oder?", fragte Naveen.
„Ich habe Ihnen von Anfang an gesagt", warf der Arzt ein, „dass sie keine Wunder erwarten dürfen. Mit der Medizin, Operation und Therapie tun wir, was wir können, der Rest aber liegt beim Patienten."
„Für mich ist es trotzdem ein Wunder; lassen sie mich Ihnen für die Mühen danken. Sie haben sie um zwanzig Jahre jünger gemacht."
Naveen verbeugte sich vor dem Arzt und fügte mit lautem Flüstern hinzu:
„Und das macht es mir nicht leichter."

Alle drei lachten.

Im Rückspiegel
„Zugreisen haben ihren eigenen Charme", sagte Renate zu Naveen und genoss die Fahrt mit der Bahn. „Wir können uns entspannen, ohne uns ständig um den Verkehr vor und hinter uns zu kümmern, wie bei einer Autofahrt."

Jahre nach ihrer endgültigen Wiederherstellung machten sie einen vergnüglichen Ausflug nach Harburg, ein Vorort von Hamburg. Kishor wird sie am Bahnhof treffen, um weiter nach Sonderborg in Dänemark zu fahren, denn er heiratete am nächsten Tag. Zusammen mit seiner Braut Tania, sie war aus dem russischen Kaukasus eingewandert, hatte er beschlossen, die Hochzeit in Dänemark zu halten, da dieses Land die wenigsten bürokratischen Hindernisse für Personen unterschiedlicher Nationalitäten bereithielt. Nach der Zeremonie werden sie alle nach Zweifall in der Nähe von Aachen an der Grenze zu Belgien und den Niederlanden fahren, denn dort ehelichte Suresh seine Anke, eine deutsche Braut. Eine ziemliche Hetzerei, aber auch sehr aufregend für die Eltern: Wer bezeugt schon die Hochzeiten von zwei Kindern innerhalb einer Woche?

„Du hast recht", sagte Naveen. „Auf der Autobahn muss man mit allen Arten von Fahrern rechnen. Es sind nicht nur die jungen und alten, Männer und Frauen, sondern auch alle Nationalitäten, von den schnellen und hektischen Holländer über die Briten, die hilflosen Linksfahrer, die das Lenkrad auf der falschen Seite haben, bis zu den langsamen Nachmachern, den „Ossis."
„Nicht zu vergessen die schnellen und rasenden Deutschen natürlich", meinte Renate. „Die Einheimischen, immer auf Verfolgungsjagd bei halsbrecherischer Geschwindigkeit. Aber wenn man mit dem Zug fährt, spart man sich die ganzen Straßenkämpfe …"
„Aber", unterbrach Naveen, „man ist in der Hand einer unsichtbaren Macht irgendwo am vorderen Ende und auf einem vorgefertigten unabänderlichen Weg aus eisernen Schienen. Das ist Karma."
Renate mochte diese Metapher nicht.

Sie saßen einander gegenüber.

„Denk dir", sagte Renate. „Im Auto, wenn wir stundenlang nebeneinandersitzen, dann kann jeder nur die Hälfte des Gesichtes vom anderen sehen - als ob man nur eine Seite des Mondes betrachtet."

Das erinnerte sie an die frühen Tage in Berlin, an ihre ersten Verabredungen, wo sie sich gegenübersaßen, die Gesichter erhellt vom Kerzenschein und ohne Hindernis zwischen ihnen. Sie hatten minutenlang stillschweigend so dagesessen, vom Moment und dem Ort, vom Hier und Jetzt verzaubert. Die Stürme kamen später.

„Wir sind jetzt seit 43 Jahren verheiratet!", dachte sie.
„Wie bitte?" Naveen musste ihre Gedanken gelesen oder sie gehört haben.
Renate sprach die Worte laut aus. Naveen lächelte und nickte.
„Erinnerst du dich an das letzte Mal, als wir in Dänemark waren?", fragte er.
„Sicher", antwortete sie. „Wir waren jung, frei und auf der Suche nach Spaß."
„Und bankrott."
„Aber glücklich. Ich war damals immer noch Fräulein Behnke und nicht Frau Sridhar."
„Damit willst du sagen, dass ..."
„Nein", gab Renate hitzig zurück. „Ich wollte damit nicht sagen, dass ich aufgehört habe glücklich zu sein, nachdem ich Frau Sridhar geworden bin."
Beide lachten.
„Das war in einem anderen Jahrhundert", fügte Naveen mit einem tiefen Seufzer hinzu und schloss seine Augen.

Der Zug war ohne ersichtlichen Grund langsamer geworden. Es kam keine Durchsage, dass es eine Verspätung geben würde. Renate hoffte, dass sie noch rechtzeitig in Harburg ankommen würden. Als ob er ihrem Befehl folgen würde, wurde der Zug wieder schneller. Erleichtert zog sie sich in ihre eigene Welt zurück, auf die Reise in ihr eigenes Leben.

Ihre Gedanken wanderten zurück zu den Anfängen. Tatsächlich waren sie sehr unterschiedlich in ihren Ansichten und Vorlieben gewesen, aber ihr gemeinsames Interesse an Reisen und anderen Kulturen, je weiter entfernt, desto besser, hatte ihre Beziehung gefestigt.

Sie fragte sich, ob Naveen den gleichen Gedanken nachhing.
„Woran denkst du?" fragte sie. Naveen antwortete nicht. Er war eingeschlafen.
"Gut, dann was träumst du?", flüsterte sie.

Der Zug bewegte sich nun mit voller Kraft. Sie schwor, sie konnte die schnelle Geschwindigkeit auf ihrer Haut spüren. Die eintönige Landschaft der norddeutschen Ebene lud sie nicht zum Verweilen, Betrachten und Erfreuen ein, sondern brachte sie zum Grübeln, Zurückziehen und Nachdenken.

Sie war in ihrem Leben weit gereist, oft alleine. Naveen und ihre Söhne verstanden ihre Wanderlust und ermutigten sie, ein paar Tage lang der täglichen Plackerei zu entkommen. Da ihr bewusst geworden war, dass sie bessere Englischkenntnisse brauchte, wenn sie kommunizieren wollte, hatte sie zwei vollständige Vertiefungskurse für Englisch besucht. Für den einen blieb sie ein paar Wochen in London an der Canning Schule und ein Jahrzehnt später für den Zweiten in Dublin an der Ceran Schule. Diese Fortbildungen hatten ihr auf Reisen zu den unterschiedlichsten weit entfernten Zielen sehr viel geholfen, wenn sie alleine unterwegs war oder Naveen auf wissenschaftliche Kongresse, an denen er Vorträge hielt, begleitete. Orte wie Las Vegas, Hongkong, Shanghai und Peking und Sydney tauchten in ihren Gedanken auf. Sie war alleine nach Texas geflogen, um Naveens Onkel Anand und Tante Kalyani zu besuchen. Von dort aus war sie nach San Francisco geflogen, zu Naveens Cousin Gopal und dessen Frau. Jedes Mal, wenn sie nach Indien flog, konnte sie fühlen, wie die Gespräche mit den Verwandten leichter wurden, so auch als sie einmal mit Naveen nach Kenia flog, um seinen Neffen Suchin, der dort arbeitete, zu besuchen. Sie hatten eine herrliche Zeit zusammen auf Reisen und Safaris, als sie schlussendlich das Neujahr 1999 im Wildreservat Massai Mara feierten.

Gleichermaßen davon überzeugt, dass Reisen eine ausgezeichnete Art des Lernens ist, auch für ihre Kinder, hatte sie gerne das Angebot von Vijaya, Leelas Tochter, dem kleinen Mädchen, das sie bei ihrem ersten Besuch in Indien kennengelernt hatte, angenommen. Vijaya war nun verheiratet und lebte in Kansas, USA. Leela war gerade auf Besuch in Deutschland. Renate erlaubte Kishor, der neun Jahre alt war, Leela zu ihrer Tochter zu begleiten und für drei Monate in den USA zu bleiben. Als Suresh in dieses Alter kam, wurde er von Anand und Kalyani auf deren Rückweg von den USA nach Bangalore mitgenommen. Der Junge blieb drei Monate lang bei Leela. Bei ihrer Rückkehr sprach jeder der Jungs fließend Englisch.

Der Staat Nordrhein-Westfalen erlaubte jedem Schüler im Alter von 17 Jahren, sechs Monate lang eine ausländische Schule ihrer Wahl zu besuchen. Die Jungs trafen ihre Entscheidung: Kishor ging nach

Bangalore und wohnte, während er dort auf ein Kolleg ging, bei Leela. Zwei Jahre später ging Suresh auf eine Schule in Farmington, New Hampshire in den USA und lebte bei einer Gastfamilie in Middleton. Mit siebzehn Jahren, in Deutschland war man somit noch minderjährig, machte er dort sogar seinen Führerschein.

Kishors Aufenthalt in Indien war im Jahr 1989. Naveen hatte ihn nach Indien begleitet und gegen Ende der Semesterferien flog Renate von Deutschland aus hin, um ihn abzuholen. Neben seinem Unterricht am Kolleg war Kishor sehr aktiv in der YMCA, einer bekannten Organisation in Bangalore, welche die Jugend förderte, aber keine missionarischen Absichten hatte. Jeden Montagabend gab es ein Treffen unter dem Namen Toastmaster's Club. Die Gruppe traf sich, um ein paar Minuten lang eine Rede über ein spontan festgelegtes Thema zu halten. Kishor nutzte die Gelegenheit, um seine Mutter bei seinen Freunden in der YMCA vorzustellen. Die Mitglieder waren natürlich hoch erfreut, die Dame aus Deutschland kennenzulernen. Für den Vorsitzenden des Tages war es eine Selbstverständlichkeit, Renate aufzufordern, für zwei Minuten zu sprechen, sie war schließlich die Mutter eines Mitglieds. Renate erschrak. Aber nach ein paar Sekunden sprach sie, ohne sich zu verstecken, einige Minuten lang über ihren ersten Besuch in Indien und das zu ihrer Überraschung in fließendem Englisch. Mit einem Schlag war ihr Zögern, das sie seit ihren Schultagen, nachdem sie aus dem Osten geflohen war, immer begleitet hatte, verschwunden. Das bedeutete vollständiges Eintauchen in die Sprache, eine Rede auf Verlangen, auf Bestehen.

Es stellte sich heraus, dass dieses Jahr, als es sich dem Ende näherte, ein historisches sein würde. Am 9. November traute Renate ihren Augen kaum, als sie in Indien im Fernsehen den Zusammenbruch der DDR sah, als die Mauer fiel. Es war zu gut, um wahr zu sein, ein Traum, von dem sie nie gedacht hätte, dass er sich zu ihren Lebzeiten erfüllen würde. Als Berlinerin konnte sie sich den Indern um sich kaum verständlich machen, die Erleichterung, Freunde und der Triumph der Deutschen, die ihren Feind im Inneren eroberten und „So ein Tag, so wunderschön wie heute" sangen. Das waren reine Emotionen, die sich in Freudentränen, erleichterten Seufzern und triumphierendem Lachen ausdrückten. Bis dahin war Renate eine Westdeutsche gewesen, von nun an war sie schlicht und einfach eine Deutsche. Die verdammten Beifügungen West und Ost bei ihrer Identität, die sie ein ganzes Leben lang wie ein Schatten verfolgt hatten, waren für immer verschwunden.

***

Jahre waren seit diesem Besuch in Indien vergangen. Kishor war nun als Unternehmensberater in München und Suresh bei einem Unternehmen in der Nähe von Aachen, welches Essen an Fluglinien lieferte, angestellt. Bald würden beide verheiratet sein und sie wurde in dieser Woche gleich zwei Mal zur Schwiegermutter gekrönt.

Plötzlich gab es ein Geräusch. Ein Zug fuhr an ihnen in die andere Richtung vorbei. Der Donner war nach ein paar Sekunden vorüber. Naveen bewegte sich, murmelte protestierend, drehte seinen Kopf auf die andere Seite und versank wieder im Schlaf.

Die helle Junisonne schien und sie konnte ihr eigenes Spiegelbild klar und deutlich im Fenster sehen.

Sie spulte ihre Gedanken um Jahrzehnte vor und zurück bis hin zu ihren ersten Erinnerungen an die Nachbarschaft in Berlin. Die Fackel der Erinnerung erhellte ihr Gedächtnis und enthüllte, was sie schon alles durchgemacht hatte.

„Durchgemacht?" Das Gesicht im Fenster lächelte - sie sah vor ihrem inneren Auge, wie sie durch das Fenster eines Zugabteils gereicht und von ihrer Mutter gepackt worden war.

Sie versuchte, sich an alles zu erinnern, an alles, für das sie gekämpft, gegen das sie gekämpft und was sie sich erkämpft hatte. „Ich gegen den Rest der Welt" war immer ihr Motto gewesen.

Würde sie all ihre Lebenserfahrung zusammenfassen können, sollten ihre Enkel jemals etwas darüber wissen wollen? Zuallererst würde sie ihnen sagen, dass widrige Umstände eine Herausforderung sind. Es war ihre Überzeugung, so zu handeln: die Sache selbst in die Hand nehmen. Wenn man das Leben alleine bestreitet, kämpft man alleine und man schafft es alleine oder geht dabei alleine unter. Wenn Gott es will, hilft einem jemand von außerhalb dabei. Bei manchen Gelegenheiten war der eine oder andere gekommen und hatte sie gerettet. Sie dachte an den Blockwart Schön in Apolda, an Heaschke in Berlin, der ihr im Westen einen Unterschlupf geboten hatte, an Leela und ihre Familie, die ihr die Tür nach Indien geöffnet hatten, die Wiedereinstellung bei der Firma MAN durch Herrn Koch, an Dr. Pfeifer in Marl, der verhindert hatte, dass sie ausgewiesen worden war, an die belgischen Soldaten, die wie Schutzengel aus dem Nichts aufgetaucht waren, um ihr Kind zu retten. Die meisten dieser Retter waren Fremde oder Personen, die ihr gegenüber keine Verpflichtung hatten.

Sie fühlte sich zutiefst dankbar.

***

Traurig war, dass ihre Mutter nicht bei den Hochzeiten dabei sein konnte. Erika lebte nicht mehr. Sie wäre vor Freude übergegangen, hätte sie diese beiden Gelegenheiten miterleben können, die Hochzeiten ihrer geliebten Enkelkinder.

Erika war 1998 verstorben. Dank Gottes Gnade litt sie nur zwei Wochen, als im Krankenhaus ihre Organe, eines nach dem anderen, versagten. Ein langes Leben, das achtundachtzig Jahre voller Gesundheit währte, kam zu einem plötzlichen Ende. Sie hatte ihr ganzes Leben lang in einem Umkreis von 500 Kilometern gelebt, aber sie hatte viele Regierungen und Regierende mitgemacht. Geboren war sie in einem Kaiserreich, hatte den Niedergang dessen erlebt, das Versagen der Weimarer Republik, dann die Verwüstungen unter Hitler, die Flucht in den Osten, wo sie in der amerikanisch besetzten Zone festsaß, die danach von den Sowjets übernommen worden war, und Erika war Zeugin des Aufstiegs und Falls der Deutschen Demokratischen Republik. In Westberlin lebte sie in einer von drei Alliierten besetzten Zone. Ihre letzten Jahre hatten sie im Freistaat Bayern verbracht, der ein Teil Westdeutschlands und nun zuletzt Teil von Deutschland war. Mensch! Ungefähr acht oder neun Regentschaften und Regierungen insgesamt.

Mutter hatte immer, ohne zu jammern, ihre Pflichten erfüllt, ganz gemäß ihrem eigenen Motto:
„Klage nie, ohne zu leiden, lerne zu leiden, ohne zu klagen."

Sie hatte ihre beiden Kinder großgezogen, hatte sich darum gekümmert, dass es ihnen gut ging und sie ihre eigenen Familien gründen konnten. Erst dann hatte sie sich erlaubt, innerhalb ihrer

Mittel ein entspannteres Leben zu führen. Sie verließ diese Welt, um mit ihrem Ehemann vereint zu sein, ihrem lieben Werner, den sie ihr ganzes Leben lang geliebt und vermisst hatte, in dessen Abwesenheit sie gleichzeitig Mama und Papa für ihre Kinder gewesen war und ein halbes Jahrhundert überstanden hatte. Sie hatte ihre Mission mehr als nur erfüllt und hatte sich schlussendlich von ihren Kindern verabschiedet. Renate dachte an das Rezept ihrer Mutter; das war die Lösung.
„Ich will, ich muss, ich werde."
Diese Maxime hatte auch Renate gedient. Sie hatte sich beinahe vollständig von ihren Leiden erholt.

Als Renate heiratete, hatte sie nicht verstanden, warum sich ihre Mutter so gewehrt hatte, ihre Tochter „herzugeben." Der Bräutigam, dieser dunkle Mann aus Indien, war kein weißer Ritter. Er war aus dem Nichts aufgetaucht, um ihre Tochter an einen fremden Ort außerhalb ihrer Reichweite zu entführen. Erst viel später hatte sie zu Renate gesagt:

„Jetzt denke ich darüber anders. Ich hatte Angst, dass ich eine Tochter verliere. Das habe ich nicht. Ich habe einen Sohn gewonnen."
Das war das schönste Kompliment, das eine Mutter ihrem Schwiegersohn machen konnte.
War nun Renate an der Reihe? Gab sie ihre Söhne her? Oder gewann sie zwei Töchter?

Renate hatte nie einen Sinn darin gesehen, Energie darauf zu verschwenden, die Vergangenheit zu bereuen und die Zukunft zu fürchten. Sie machte es sich bequem, um aus dem Fenster die vorbeiziehende Zeit, die Gegenwart, das Hier und Jetzt zu betrachten.

Der Zug eilte auf den Schienen von einem Halt zum nächsten. Das Leben raste auf seiner Reise von einem Ruf zum nächsten.

Epilog

Die Unsicherheit über den Verbleib eines vermissten Vaters kann grausamer sein, als die Sicherheit eines tragischen Endes.

Vor ein paar Jahren ergab es sich, dass Kishor einen alten Schulkameraden, Jan Beukenberg, traf. Sie waren bis zu ihrem Abitur im Jahr 1991 Klassenkameraden gewesen und hatten sich danach aus den Augen verloren. Da sie sich nun nach 20 Jahren wieder sahen, hatten sich die beiden viel zu erzählen. Jan hatte seine Wehrpflicht in Deutschland abgeleistet. Während dieser Zeit begann er, sich für die Geschichte und Entwicklung des deutschen Militärs zu interessieren. Er bemerkte, dass sich die Fundamente der deutschen Armee, der Bundeswehr, bis zum preußischen Königreich zurückverfolgen lassen und sich von der Wehrmacht der Vergangenheit unterscheiden. Jan erzählte Kishor, dass er versuchte, Informationen über vermisste deutsche Soldaten der Wehrmacht zu sammeln. Er tat dies als Gefallen für einige Freunde. Kishor brachte dann seinen eigenen Großvater, Dr. Werner Behnke, der auch im Krieg vermisst aber für tot erklärt worden war, zur Sprache. Jan meinte, er würde sehen, ob er dazu mehr Informationen finden könnte.

Ein Jahr später kam Jan mit reichlichen Informationen vorbei. Er hatte nur 13 Monate für die Nachforschungen gebraucht. Sein Militärdienst hatte ihm dabei sehr geholfen, denn er verstand die Organisation und den Aufbau der Armee. Aber in aller Bescheidenheit sagt er, dass nicht nur sein Durchhaltevermögen und seine Gewissenhaftigkeit, sondern auch eine gehörige Portion Glück zu den Ergebnissen geführt haben. Er erhielt Zugang zu den sorgfältig dokumentierten und bewahrten Militärarchiven in Berlin und Moskau. Das Glück half ihm auch bei einem anderen Fall, in dem er das Grab eines gefallenen Soldaten ungefähr 250 Kilometer südöstlich von Kiew, in der Ukraine, identifizieren konnte.

Da Jans Eltern auch in Marl wohnten, schaute er bei einem seiner Besuche auch bei Renate und Naveen vorbei, um seinen Bericht persönlich zu überbringen. Er ist eine sehr eloquente, extrovertierte Person mit ebenso ausgezeichneten Schreibfähigkeiten und wusste um die Bedeutung dieses Momentes. Er freute sich vor allem, Renate das Ergebnis seiner Nachforschungen zu präsentieren, denn er konnte sich die Qual eines Menschen vorstellen, der ein Leben lang den Vater vermisst hat. Es war nicht bloß eine journalistische Präsentation einer investigativen Recherche. Sein aufrichtiger mündlicher Bericht spiegelte persönliche Sympathie für die Zuhörer und die aufkeimenden Emotionen wider.

Jans Meinung ist, „dass diese Recherchen nicht zwingend zum Erfolg führen müssen, denn das Forschen und oftmals auch Rätseln über den Verbleib eines Familienmitglieds stellt ein „Befassen mit den Ahnen" dar. Auch wenn ich keiner Konfession angehöre, ist mir dieser Aspekt der Metaphysik wichtig. Wir treffen in einem anderen Leben auf unsere Ahnen, und sie werden es wertschätzen, wenn die Generation nach ihnen sich mit ihnen und ihrer Zeit befasst hat." Der Autor dieses Buches kann sich dieser Ansicht nur aus ganzem Herzen anschließen.

Dank seines Berichtes kann man nun schließlich ein klares Bild über Werners militärisches Leben zeichnen. Außerdem ist es anhand der Details, die die Deutsche Dienststelle (WAST) in Berlin bereitstellte, möglich, den Bewegungen seiner Truppe folgen:

Die Informationen bezüglich des Militärdienstes von Werner Behnke wurden von der WAST Berlin zusammengestellt (keine persönlichen Dokumente oder Papiere konnten gefunden werden, da sie offenbar im Krieg verloren gingen):

Dr. Behnke, Werner, geboren am 08.09.1907 in Brandenburg/Havel

Heimatanschrift: Ehefrau Erika B. geborene Wenk, Berlin-Mariendorf, Schützenstr. 18
später: in Apolda/Thür., Schillerstr. 26a

1. Erkennungsmarke: - 19 - Schtz.Kp. 6/272
(= Schützen-Kompanie 6/272)

Truppenteile:
lt. Meldung vom 13.11.1939 6. Kompanie Infanterie-Regiment 272
- auf dem Truppenübungsplatz Jüterbog aufgestellt -
Unterstellung: 93. Infanterie- Division
Einsatzraum:
1940 = Frankreich

lt. Meldung vom 08.04.1940) 2.Kompanie Infanterie-Ersatz- Bataillon 9
und am 17.10.1940) Standort: Potsdam

ab 20.10.1940 1. Kompanie Infanterie-Ersatz- Bataillon 9
Standort: Potsdam
ab 02.05.1941 2. Kompanie Infanterie-Ersatz- Bataillon 9
Standort: Potsdam
Abgang: am 17.07.1941 zum Landesschützen-Ersatz-Bataillon
Standort: Strausberg

ab 18.07.1941 4. Kompanie Landesschützen- Ersatz-Bataillon 3
Standort: Strausberg
Abgang: am 29.07.1941 zur Ortskommandantur I/V Berlin N 4

lt. Meldung vom 15.08.1941 Ortskommandantur I/253 (V)
- am 14.07.1941 im Wehrkreis III Berlin aufgestellt -
Einsatzraum: Heeresgebiet Süd (Vorstoß bis zum Don, Winterkämpfe am Mius); ab 1942 Heeresgebiet A, Küstenabschnitt Asow, Kaukasus, Am Kuban und auf der Krim
Abgang: am 25.01.1944 zur 153. Feldausbildungs-Division

lt. Meldung vom 28.01.1944 7. Kompanie Grenadier- Feldausbildungs-Regiment 23
Unterstellung: 153. Feldausbildungs-Division
Einsatzraum: Krim

am 24.03.1944 3. Kompanie Feldausbildungs- Regiment 715
Unterstellung: 153. Feldausbildungs-Division
Einsatzraum: Krim

am 07.05.1944 6. Kompanie Grenadier-Regiment 117
Unterstellung: 111. Infanterie- Division
Einsatzraum: Krim (Sewastopol)

vermisst:
07.05.1944 bei Sewastopol/UdSSR

Über seinen weiteren Verbleib ist hier nichts bekannt.

Sollte uns noch eine Nachricht zugehen, die Aufschluss über sein Schicksal gibt, erhalten Sie umgehend Bescheid.

Dienstgrad:
lt. Meldung vom 07.05.1944 Unteroffizier
(kein Beförderungsdatum)

Jans Bericht:

„Werner Behnke trat am 13.11.1939, also gut 3 Monate nach Kriegsbeginn aktiv in die Wehrmacht ein. Im Rahmen seiner Tätigkeit war er ursprünglich der 93. Infanteriedivision Jüterborg unterstellt.

Nach dem Polenfeldzug 1939 marschierte die Wehrmacht 1940 nach Frankreich ein. Dr. Behnke war hier lt. Auskunft WAST im Jahre 1940 involviert[33]. Es ist daher davon auszugehen, dass er in verschiedenen Regionen in Frankreich stationiert war. Nähere Auskunft erteilt die WAST an dieser Stelle nicht. Es existiert ein Aktenvermerk, dass er ab dem 17.10.1940 in diversen Infanterie-Ersatz-Bataillonen tätig war. Als Unteroffizier mit akademischer Ausbildung erfolgte wie in der Regel der Dienst im Stabsoffiziersbereich

(Organisation). Die Abteilungen und Kompanien wechselten bis Mai 1941 und anschließend erfolgte eine Überstellung nach Strausberg in das Landesschützen-Ersatzbatallion.

Am 15.08.1941, als zwei Monate NACH Einmarsch Russland erfolgte die Mobilmachung Richtung Heeresgruppe Süd. Die Gebiete des Einsatzes sind: Don, Winterkämpfe Mius, Küstenabschnitt Asow, Kaukasus bis zum Belarus, Kuban und Krim. Einsatzort und -zeitraum deckt sich mit der Porträtaufnahme in Familienbesitz (1942). Auf dieser ist zugleich die Winterkriegszeitauszeichnung 1941/1942 auf der Brust deutlich zu erkennen.

Anfang 1944 wurde die Krim von der russischen/ukrainischen Hauptlinie abgetrennt. Hier wurden am 28.01.1944, 24.03.1944 und 07.05.1944 Umgruppierungen vorgenommen[34], die alle seitens der WAST in Berlin bestätigt wurden. Durch die zahlreichen Verluste wurden die Kampfverbände durch andere Kompanien entsprechend aufgefüllt.

Für die letzte Station, 6. Kompanie, Grenadier Regiment 117 (zu welcher Dr. Behnke seit dem 7. Mai 1944 gehörte) übersendete mir das Deutsche Rote Kreuz aus München den Status der Vermissten per Mai 1944. Vor dem Hintergrund, dass die Sollstärke dieser Kompanie zum Zeitpunkt bereits stark dezimiert war, haben wir hier ein halbes Dutzend Kameraden, die für eine weitere Recherche infrage kommen. Bei allen Personen (5 Personen) ergab die Suchauskunft „Heldenfriedhof Gontscharnoje".

In der Anlage übersende ich darüber hinaus das Frontbild an besagten Tagen. Im Zuge meiner Recherche, habe bereits Kishor darüber informiert, habe ich herausgefunden, dass sich diese geografischen Punkte schnell mit modernen Medien wie Google Maps lokalisieren lassen.

Anhand dieser Unterlagen lässt sich das Gebiet geografisch auf wenige Kilometer eingrenzen. Bei den Nachforschungen war es mir wichtig, eine etwaige Kriegsgefangenschaft etc. auszuschließen. Lt. DRK Auskunft liegt hier nur eine Negativ-Meldung vor… .

Die von mir angestellten Recherchen wurden von drei Stellen unterstützt: WAST Berlin, Deutscher Bund für Kriegsgräber und das Deutsche Rote Kreuz in München… . Besonderer Dank gebührt den ehrenamtlich organisierten Gruppen im Internet, welche mir unentgeltlich bei der Recherche mit diverser Sekundärliteratur geholfen haben. So wurde mit in digitaler Version der chronologische Werdegang der letzten Infanteriedivision übersendet, dieses Werk ist normalerweise ausschließlich im Antiquariat erhältlich und erzielt hohe dreistellige Beträge."

Der oben stehende Bericht über die chronologischen Abläufe der letzten Tage der Infanteriedivision an der Front bezeichnet den Rückzug der Wehrmacht von der Halbinsel Krim. Während die

Evakuation am Hafen von Sewastopol bereits begonnen hatte, war Werner Behnke immer noch in der Kampfeinheit, hielt die Front und bildete die Nachhut. Die Schlacht am 8. Und 9. Mai beschreibt die verzweifelte Verteidigung sogar mit Luftabwehrwaffen gegen die vorrückenden Panzer der Sowjets. Da Werner Behnke ab dem 7. Mai als vermisst gemeldet wurde, ist es wahrscheinlich, dass er ein Opfer des Artillerieangriffs geworden war. Nur dass seine Erkennungsmarke nicht unter jenen der anderen fünf Vermissten, die man identifizieren konnte, gefunden wurde. Seine Überreste befinden sich allem Anschein nach auf dem zuvor genannten Friedhof in Sewastopol-Gontscharnoje. Laut dem DRK[35] wurden sein Name und seine persönlichen Daten ins Erinnerungsbuch dieses Friedhofes eingetragen.

***

Nach Jahrzehnten der Ungewissheit, Mutmaßungen, Ängsten und Resignationen gibt es endlich Sicherheit in Bezug auf Vati. Die Beweise deuten stark darauf hin, dass Vati ein Opfer wurde, bevor sich alles änderte und sich das Glück für die Wehrmacht wendete. Es war das Debakel von Sewastopol auf der Halbinsel Krim. Sein Leben endete am 7. Mai 1944, ein paar Monate nach seinem Besuch bei seiner Familie in Apolda, nachdem er seine Tochter zum ersten und einzigen Mal in ihrem Leben gesehen hatte.

Wie tragisch auch immer die Realität ist, es liegt etwas Trost darin, dass er nicht gefangen genommen und in ein abgelegenes Gefangenenlager gebracht worden war, nur um dort zu leiden und einsam zu sterben. Außerdem lässt sich seine Beteiligung am Krieg strikt nur auf militärische Aspekte zurückverfolgen. Er hatte in keinster Weise etwas mit den Befehlen der Nazis zu tun, die die Verfolgung von Zivilisten jeglicher Herkunft befahlen.

Diese Nachrichten geben Dieter und Renate ein bisschen Seelenfrieden. Nur für ihre Mutter kam es zu spät. Seine Kinder wünschen nun nur noch, dass seine Seele in Frieden ruhen möge.

Ende

Glossar

Bangalore: alter Name für das heutige Bengalooru, Hauptstadt des indischen Staates Karnataka

Bombay: alter Name des heutigen Mumbai, Hauptstadt des indischen Staates Maharashtra

Burma: alter Name für das heutige Myanmar

FDJ: Freie Deutsche Jugend

BRD: Bundesrepublik Deutschland, damals Westdeutschland

DDR: Deutsche Demokratische Republik, damals Ostdeutschland, bis 1949 von den Sowjets besetzt

IAF: Interessensgemeinschaft der mit Ausländern verheirateten Frauen e.V., abgekürzt IAF, später umbenannt: Verband binationaler Familien und Partnerschaften

Madras: alter Name für das heutige Chennai, Hauptstadt des indischen Staates Tamil Nadu

MfS: Ministerium für Staatssicherheitsdienst, „Stasi"

NSDAP: zu Nazi abgekürzt: Nationalsozialistische Deutsche Arbeiterpartei

OPEC: Organisation der Öl produzierenden und exportierenden Länder, die auch nicht- amerikanische Nationen umfasst. Zu dieser Zeit waren das: Irak, Iran, Kuwait, Saudi-Arabien, Venezuela, Katar, Libyen, Vereinigte Arabische Emirate, Algerien und Nigeria

SED: Sozialistische Einheitspartei Deutschlands, die sich aus einer Fusion der kommunistischen KPD und der sozialdemokratischen SPD im Jahr 1946 in Ostdeutschland bildete

VEB: Volkseigener Betrieb in der DDR

VOPO: Volkspolizei, Polizei in der DDR

Zone: dieser Begriff wurde von den Westberlinern benutzt, um das DDR-Gebiet, das Berlin umgab und zur sowjetischen Zone vor Gründung der DDR im Jahr 1949 gehörte, zu bezeichnen

Mutter Erika mit Renate und Dieter

Vater Werner als Richter

Vater Werner in Uniform

Großmutter „Emi"

Anhalter Bahnhof, Berlin (1940), Foto: ullstein bild

Fahrgäste im Bahnhof, Forot: ullstein bild

373

Haus in Apolda
(vorne die Straße Heidenberg, zu rechts die Schillerstraße)

Das Kino heute

Die rote Pestalozzi Schule (die graue wurde abgerissen)

Trümmerfrauen in Berlin (1946), Foto: ullstein bild

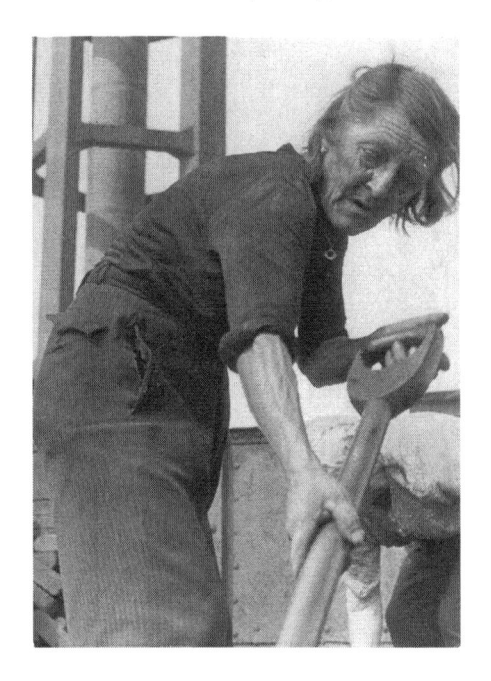

Eine Trümmerfrau (1947), Foto: ullstein bild

Renate im Alter von sechzehn

In Zehlendorf, Berlin

Bei einer Fete

Dieter mit ca. 20 Jahren

Berliner Mauer (1961), Foto: ullstein bild

Präsident John F. Kennedy bei der Anrede an die Berliner (1963), Foto ullstein bild

In 1963

Hello!

Mit Mama und Schwiegermama

„Coconut woman"

Mit ihren Söhnen (Suresh zu ihrer rechten Seite, Kishor zu links)

Menschen feiern den Sturz der Mauer, die Polizei der DDR schaut zu (1989), Foto ullstein bild

Mutter Erika an ihrem 80. Geburtstag

Immer bester Laune

Bei einer Feier

[1] Sebald, W.G. (1999): Luftkrieg und Literatur. Carl Hanser Verlag
[2] Garber, Marjorie (2011): The Use and Abuse of Literature. Pantheon Books, New York, S. 188-194
[3] Ibidem S. 273
[4] Der erste Angriff der RAF war in der Nacht vom 18. Auf den 19. November 1943, aber der Feind konnte keinen Schaden anrichten, da Berlin von Wolken geschützt war. Aber der nächste in der Nacht vom 22. Auf den 23. November auf Wohngebiete verwüstete alles. Seit dem Beginn des Jahres 1944, setzten sich intensive Bombardierungen bis März fort. Die 16 Angriffe von 1943 bis 1944 kosteten dem britischen Kommando 500 Flugzeuge und den Verlust von beinahe 4000 Männern, die getötet oder gefangen genommen wurden. Die Schlussfolgerung: Die Schlacht von Berlin war ein Fehlschlag in operativer Hinsicht, sogar eine Niederlage.
[5] Um die Deutschen damit zu beeindrucken, wie sich die Alliierten von den Deutschen distanzierten, wurde das sogenannte „Verbrüderungsverbot" (non-fraternization policy) von General Eisenhower und dem Kriegsministerium erlassen.
[6] Auf der Konferenz von Jalta auf der Krim von 4. Bis 11. Februar 1945, drei Monate vor der Kapitulation Deutschlands, hatten sich Churchill, Roosevelt und Stalin geeinigt, Berlin aufzuteilen, auch wenn die Sowjets sie alleine erobern sollten. Die Briten, Franzosen und Amerikaner wollten seinen symbolischen Anteil an der Hauptstadt nach der vereinten Eroberung Deutschlands. Im Austausch dafür wurde am 2. Juli 1945 ganz Thüringen an die Sowjets übergeben. Die amerikanische Besetzung Thüringens dauerte gerade einmal 100 Tage an.
[7] Zu Beginn des 18. Jahrhunderts behauptete der Alchemist Johann Friedrich Böttger, dass er aus wertlosen Materialien Gold machen könnte. Der sächsische König Augustus der Starke verlangte in Dresden, dass er es beweisen sollte. Anstatt mit Gold kam er 1708 mit der Erfindung von europäischem Porzellan an. Augustus ließ es 1710 patentieren und hielt die genaue Herstellung geheim.
[8] Watson, Peter (2011): „Der deutsche Genius". Simon & Schuster, London

[9] Gerwarth, Robert: „Hitler's Hangman: The Life of Heydrich". Yale Univ. Press (siehe auch: Robert Gerwarth (2011): Reinhard Heydrich. Biographie. Siedler Verlag, München)
[10] Behnke, Werner (1931): „Die Zustellung unerwünschter Waren". Universität Marburg, Rechts- und Sozialwissenschaften.
[11] "Climate Change and Naval War", Trafford Publ. Victoria, BC Canada ISBN 1-4120-4846-X, climate-ocean.com. [Klimawandel und Seekrieg - kein deutscher Titel]
[12] Oehlsen, Karlheinz (1999): „Befreit und ausgerottet". Verlagsgesellschaft Berg
[13] Laut Schätzungen waren bis zum Jahr 1949 100% der Autoindustrie, 90-100% der Chemie- und 93% der Brennstoffindustrie im Besitz der Sowjets.
[14] Als Abkürzung für „Cooperative for American Remittances to Europe" (Kooperative für amerikanische Sendungen nach Europa), wurden CARE-Pakete von sowohl der Armee der USA als auch Ex-Patrioten, die in den USA lebten und ihren Verwandten in Deutschland helfen wollten, versendet. Ein typisches Paket enthielt Grundnahrungsmittel wie Fleisch, Kohlehydrate und Fette mit einem Nährwertgehalt von ca. 40000 Kcal.
[15] Tagesspiegel 17.06.2006
[16] Diese Maßnahme lief natürlich unter dem Namen Nationale Sicherheit, und unterschied sich kaum von den bei Weitem fortschrittlicheren Methoden, die heute in der freien Welt praktiziert und genossen werden, auch wieder, ohne Zweifel, im Namen der nationalen Sicherheit. Der Unterschied: Überwachung durch einen Blockwart war offenkundig, letzteres passiert verdeckt. Nebenbei kann man den Begriff des zuständigen „Big Brother", der Staatssicherheitsdienst, oder kurz Stasi, beinahe eins zu eins ins Englische mit National Security Agency (NSA) übersetzen.
[17] In Westdeutschland war die entsprechende Wehrpflicht in der Bundeswehr schon 1956 eingeführt worden.
[18] Marler Zeitung 29.03.2012
[19] Die Berichte wie auch die Kommentare zur Polizeiarbeit stammen von „The Wall" von Eliot Weinberger, die von der Ausstellung

„Aus anderer Sicht: die frühe Berliner Mauer" übernommen wurde und dem Dokumentationskatalog, der von Hantje Cantz im Februar 2011 veröffentlich wurde - London Review of Books, 5. Ausg. Juli 2012

[20] Auch genannt in „Berlin marks 50 years of Wall Building..." www.bloombergcom/ news/2011-08-11/berlin-remember

[21] „Spiegel Online International", 15. August 2011

[22] Führenden Pressemedien zufolge soll dieser Besuch sie von der Abhängigkeit von LSD befreit haben; danach folgte, laut ihrem Biografen Marry Miles (1998): Paul McCartney: Many Years from Now". S.427, MacMillan ISBN 978080505 2487) eine Zeit außerordentlicher Kreativität, in der sie die meisten Lieder der Alben White Album und Abbey Road schrieben.

[23] Am 14. Februar 1967 nahm Air India die Boeing 707-337C, genannt „Kamet", auf. Das Flugzeug konnte ohne Zwischenlandung 7935 Kilometer zwischen London und Bombay in 7 Stunden und 54 Minuten fliegen und stellte so einen neuen Geschwindigkeitsrekord für alle Boeings auf (Indian Aviation, http://indianavaition.freeforums.org/ai-timeline-post-independence-t284.html).

[24] Am 24. November 1968 war der Flug Pan American 281 mit 103 Passagieren an Bord auf dem Weg von New York nach Puerto Rico. Luis Armando Pena Soltren, ein US-amerikanischer Bürger, entführte das Flugzeug und zwang es zu einer Landung auf Kuba, indem er die Flugbegleiterin mit einem Messer bedrohte und sein Komplize eine Pistole in der Hand hielt. Nachdem er über 40 Jahre später, im letzten Oktober, wieder in die USA zurückkehrte, gestand er vor einem Richter in Manhattan am 15.03.2012 sein Verbrechen. - The Telegraph, UK, 3. April 2012.

[25] Sogar 1975 hatten nur einige wenige Städte, insgesamt sieben, ein Fernsehprogramm, das von All India Radio produziert wurde. Bangalore erhielt erst am 1. November 1981 Zugang zum Fernsehen; bis dahin waren Presse und Radio die einzigen Informationsträger; die Informationstechnologie ging nicht über diese Mittel hinaus.

²⁶ Erfolge von Satyajit Ray bei der Berlinale: (1957-1978) 8-maliger Gewinner von 1957 bis 1966, sieben Auszeichnungen in den 1960er Jahren für fünf Filme von 1963 bis 1966 (sechs Auszeichnungen, vier Filme).
²⁷ Erst jetzt, da das Studio Babelsberg in Potsdam in der Nähe von Berlin 2011/12 sein hundertjähriges Bestehen feierte, gab es eine Annäherung an das indische Kino und die Szenen für den Film „Don" wurden 50 Tage lang mit Shah Rukh Khan gedreht.
²⁸ Der gesamtdeutsche Terrorismus der „Roten Armee Fraktion" RAF von Andreas Baader und Ulrike Meinhof musste erst geboren werden.
²⁹ Der Westfälische Frieden - ein Friedensvertrag, der in Münster und Osnabrück unterschrieben wurde und den Dreißigjährigen Krieg, der größtenteils in Deutschland ausgetragen worden war, im Jahr 1648 beendete.
³⁰ Außer einem Polizeibeamten wurden nur fünf Terroristen getötet. Die drei anderen waren gefangen genommen worden und nach der Entführung eines Flugzeuges der Lufthansa freigelassen. Später wurden sie vom israelischen Geheimdienst, dem Mossad, verfolgt und getötet.
³¹ Damals musste ein Ausländer, wenn er auch nur die Absicht hatte, eine deutsche Frau zu heiraten, seine Potenz per Bescheinigung beweisen - *aus der Frankfurter Rundschau, Stadtausgabe vom 10. Juni 1975.*
³² Matthäus 18, 20
³³ Deutsche Dienststelle (WAST) Berlin
³⁴ Bestätigt von der WAST in Berlin.
³⁵ Deutsches Rotes Kreuz, Volksbund Deutsche Kriegsgräberfürsorge e.V.